杭州市人民防空办公室（民防局）、杭州市民防协会研究专项

社区民防概论

主　编　林友保　刘建民　余潇枫
副主编　廖丹子　王宇焕

知识产权出版社
全国百佳图书出版单位

图书在版编目（CIP）数据

社区民防概论 / 林友保，刘建民，余潇枫主编. —北京：知识产权出版社，2017.5
ISBN 978-7-5130-4840-8

Ⅰ.①社… Ⅱ.①林…②刘…③余… Ⅲ.①社区—民防 Ⅳ.①E115

中国版本图书馆 CIP 数据核字（2017）第065937号

责任编辑：刘　爽　　　　　　　　　责任校对：潘凤越
封面设计：吴晓磊　　　　　　　　　责任出版：卢运霞

社区民防概论

主　编　林友保　刘建民　余潇枫
副主编　廖丹子　王宇焕

出版发行：知识产权出版社有限责任公司	网　　址：http://www.ipph.cn
社　　址：北京市海淀区西外太平庄55号	邮　　箱：100081
责编电话：010-82000860转8125	责编邮箱：39919393@qq.com
发行电话：010-82000860转8101	发行传真：010-82000893/82005070/82000270
印　　刷：北京科信印刷有限公司	经　　销：各大网上书店、新华书店及相关专业书店
开　　本：720mm×1000mm　1/16	印　　张：15.25
版　　次：2017年5月第1版	印　　次：2017年5月第1次印刷
字　　数：254千字	定　　价：68.00元
ISBN 978-7-5130-4840-8	

出版权专有　侵权必究
如有印装质量问题，本社负责调换。

编 委 会

主　编　林友保　刘建民　余潇枫
副主编　廖丹子　王宇焕
编　委　杨松林　张飞烽　姜明军　金永福　刘含赟
　　　　　孟子然

本书由杭州市人防办（民防局）、杭州市民防协会、浙江大学非传统安全与和平发展研究中心共同编写。

本书为国家社科基金重大项目"中国非传统安全威胁识别、评估与应对研究"（项目批准号：12&ZD099）和国家社科基金青年项目"中国国门非传统安全威胁识别与跨域治理研究"（项目批准号15CZZ043）的阶段性成果。

第二节　预警体系建设 / 097

第三节　人才队伍建设 / 102

第四节　物资设施建设 / 108

第五节　宣传教育建设 / 113

第六节　法制与规划建设 / 118

第七节　预案与演练建设 / 126

第八节　绩效评估建设 / 133

第五章　应对空袭灾害的社区战备民防 / 137

第一节　现代空袭特征与战备民防 / 138

第二节　社区战备民防的主要行动 / 147

第六章　参与应急支援的社区灾备民防 / 155

第一节　应急支援的基本原则 / 157

第二节　社区灾备民防的行动要求 / 161

第七章　防控日常灾险的社区生活民防 / 171

第一节　"生活民防"的提出 / 172

第二节　社区生活民防的一般内容 / 179

下　篇

第八章　杭州市社区民防探索与实践 / 193

第一节　杭州市"分工联动"的民防模式概述 / 194

第二节　杭州市社区民防的探索内容 / 199

第九章　社区民防建设的基本标准（以杭州为例）/ 205

第一节　社区民防工作站建设标准 / 206

第二节　社区民防应急物资储备建设标准 / 207

CATA 目
Logue 录

导 论 / 001

上 篇

第一章 民防概述 / 019

第一节 民防的源起、内涵与构成 / 021
第二节 民防的任务与行动 / 028

第二章 国外民防的历史演变与现代特征 / 037

第一节 国外民防的历史演变 / 038
第二节 国外民防的现代特征 / 041

第三章 我国民防的形成发展与体制探索 / 061

第一节 我国民防的形成 / 062
第二节 我国民防的发展 / 067
第三节 我国民防的体制探索 / 085

中 篇

第四章 社区民防建设的基本内容 / 09?

第一节 组织机构建设 / 094

第三节　社区民防志愿者建设标准 / 210

第四节　社区民防宣传教育标准 / 211

第五节　社区民防应急避险场所建设标准 / 213

第六节　社区民防应急预案文本标准 / 215

第七节　社区民防演练标准 / 219

第八节　社区民防工作考核标准 / 221

参考文献 / 227

导 论

一、总体国家安全战略与中国现代民防建设

民防作为人类安全发展史上的重要防护形式，有其特定的历史形成过程、多样的实践与探索过程以及对自身发展进行认识与反思的理论提升过程。① "民防"的基本含义是"民众防护"。民众防护自古有之，而针对空袭进行民众防护的现代"民防"则源起于第一次世界大战。自1914年伦敦市民针对德国空袭组成民防组织开始，各国日益重视为防范和减轻战争空袭危害的"民众防护"建设，国家组织力量对遭受空袭危害的平民（civilians）实施生命与财产保护，逐步成为国际通行做法。民防概念的英文表达是civil defense（北美）或civil protection（欧洲尤其是北欧），民防的内容与形式在各国有不同的侧重与表现，且随着其国内外安全形势与国家安全认知的变化而逐步调整。我国"民防"的产生和发展在整体上基本与国际民防发展同步，同时又因自身国情而又具有鲜明的"中国特色"。进入21世纪特别是中共十八大以后，我国一方面面临以"冷战"与霸权为主导思维的国际政治格局，另一方面所遭遇的非军事性、非战争性挑战也更加综合复杂，国家安全维护和保障的任务愈加艰巨。同时，我国正值全面深化改革的历史新时期，国家安全的理念、法治、制度及体制机制等的改革有了新定位、新部署，围绕总体国家安全战略的我国现代民防正在开展全新探索，对于民防的内涵与职责、制度与机制、改革与发展等都需作出新的思考。

民防一般被认定是"民众防护"或"民事防护"，随着安全形势的发展，民防的内涵与外延不断扩展，将平时非战争性灾害的防护纳入民防体系成为国际的普遍做法，将民防仅作单一防空战备的定位明显与民防自身发展和当前全球安全和国家安全治理的需要不符，现代民防的理论与实践需从更广的角度进行理解。

本书将现代意义的民防定义为：政府主导下多方参与的对民众生命、财产及生存环境实行灾险防控与安全保护。这一界定在传统民防内涵上作了拓展：防护目标

---

① 余潇枫，廖丹子. "现代民防"：安全治理新建构［J］. 浙江大学学报（人文社会科学版），2012（1）：98-107.

除了民众的生命与财产，还包括了生存环境和与生存环境相关的诸多安全问题；对防控对象作了拓展，除了战争中的空袭和非战争性灾害，还强调了"危险"与"风险"的"灾险"威胁，内含了灾险前的"防控"、灾险降临时的"安全保护"以及灾险恢复阶段的多方力量协同与民众权利的保障。①

在错综复杂的国内外安全背景下，我国国家安全战略稳步推进，国家安全内涵、国家安全法治、国家安全战略纲要的顶层设计和切实举措有序展开，这对我国现代民防建设提出了新的要求。随着全球化与信息化的推进，加上国际政治经济格局动荡的冲击，我国面临的安全威胁已经完全不是单一、线性、静态的，而是明显呈现出内容复杂、形式多变、对象多重、传统与非传统交织等复合性特征，特别是非传统安全威胁如同"不定时炸弹"，具有不对称、不单一、不确定、不易控的特征②，我国面临的安全形势极为严峻，安全维护压力明显增大。2014年4月15日我国国家安全委员会第一次会议提出"总体国家安全观"，确立了以人民安全为宗旨，以政治安全为根本，以经济安全为基础，以军事、文化、社会安全为保障，以促进国际安全为依托，提出了涵盖11个安全领域的新国家安全体系，并就如何处理当前的复杂安全关系提出了五项基本原则：既重视外部安全、又重视内部安全；既重视国土安全，又重视国民安全；既重视传统安全，又重视非传统安全；既重视发展问题，又重视安全问题；既重视自身安全，又重视共同安全。③ 同时，《国家安全战略纲要》（中央政治局2015年1月23日会议审议通过）关于我国当前所面临的内外变革和复杂多样的安全风险挑战、国家核心利益和维护标准、党对国家安全工作的绝对领导、集中统一和高效权威的国家安全工作领导体制，以及高素质的国安队伍建设等都作出了明确规

---

① 在我国人民防空实施防空防灾的实践中，有部分人防机构也探索了机构名称的更改，大多是在"人防办"的机构名称上加挂"民防局"，如杭州市人防办（民防局）、南京市人防办（民防局）。有地方是"民防局（人防办）"，如宿迁市民防局（人防办）；还有地方是直接换牌成"民防局"，如北京市民防局、上海市民防局、苏州市民防局。因此，为行文统一，除机构保持其本来名称外，本书应特定语境需要，都用"民防"或"民防（人防）"来指称"人防""人防（民防）""人民防空""人防应急救灾和服务"等活动。
② 余潇枫.非传统安全治理能力建设的一种新思路——"检验检疫"的复合型安全职能分析[J].人民论坛·学术前沿，2014（05）（上）：86.
③ 坚持总体国家安全观，走中国特色国家安全道路[EB/OL].新浪财经(2014-04-16).

定。《中华人民共和国国家安全法》（2015年7月1日通过实施）以法律的形式明确了国家安全的内涵、制度、情报与危机防控等关键内容，对一切担负国家安全保障职责的部门运作作出了原则性规定。这共同构成了中国特色国家安全道路的总体图景。在国家安全战略和全面深化改革的总体规划下，中共中央、国务院、中央军委作出了《关于深入推进人民防空改革发展若干问题的决定》（中发〔2014〕15号）（下称《决定》），把国防和军队改革纳入国家改革战略全局，对新时期人民防空的深化改革提出了新定位、新要求，将对推动人防事业发展产生重大而深远的影响。[①] 国家人民防空办公室作出《关于进一步依法依规开展人民防空工作有关问题的通知》（国人防〔2015〕103号），提出了"战时防空、平时服务、应急支援"的时代新使命。[②] 2016年5月13日，全国人民防空第七次会议提出了"贯彻总体国家安全观""有效履行战时防空、平时服务、应急支援职能使命"等新的改革和发展要求[③]，这为新时期我国民防围绕以国家安全与发展为核心的改革设定了新的方向。

我国民防"战时防空、平时服务、应急支援"的职责定位具有深刻的时代内涵：战时防空就是根据国防需要，动员和组织群众采取防护措施，防范和减轻空袭危害，铸就护国护民的坚强盾牌。这是人民防空的根本使命和核心任务，也是立身之本。应急支援就是积极参与政府应急管理行动，充分利用人民防空战备资源为应对和处置平时突发公共事件、抢险救灾和应急救援提供支援保障，勇当为国为民的先锋骨干。平时服务就是利用人民防空战备资源优势服务经济社会发展、服务城市建设、服务人民生活，展现利国利民的独特价值。这既是党的宗旨在人民防空事业上的具体体现，也是建设服务型政府对人民防空提出的基本要求，是人民防空战时使命任务在平时的延伸。[④] 总之，我国现代民防是战时防空护国护民、平时服务利国利民、应急支援为国为民的整体体系。这为我们重新认识"民防"的内涵与外延、职责定位、历史任务、改革发展等设定了极其重要的价值原则和目标

---

① 兰政.悟透要旨凝神聚力纵深推进人防改革发展［J］.中国人民防空，2015（11）：4.
② 姜秀元.立足国家安全战略全局，推进人民防空深化改革［J］.中国人民防空，2015（7）：4-7.
③ 习近平.坚持人民防空为人民 开创人民防空事业新局面［EB/OL］.中国共产党新闻网（2016-05-14）.
④ 孙卫东.深刻理解人民防空的使命任务［N］.中国国防报，2015-07-06（4）.

指导。

我国现代民防的改革与发展在国家安全治理体系和全面深化改革中的意义重大。首先，对民众的生命、财产、健康与环境安全的优先关切，体现了现代民防以"人民安全"为宗旨的价值目标。"人民安全"的价值目标突破了以军事、政治、外交等为内容的"高政治"的传统安全定位，而转移到了注重经济、社会、环境等的"低政治"的非传统安全。这意味着安全指涉对象向下延伸至个体，意味着安全所要保护的核心内容将围绕民众日常生活境况而展开——食物、居所、职业安全、社会治安、校园安全等，这与总体国家安全观中"以人民安全为宗旨"的定位是一致的。其次，现代民防十分重视国防安全目标的实施与推进。我国国防安全总体呈现"国家领土主权安全与国家战略利益拓展相互交织；国防安全与国内安全稳定相互交织；传统领域安全与新兴领域安全相互交织；军事安全与其他安全相互交织；现实安全与潜在安全相互交织"[1]，这表明我们面临着越来越复杂多元的国家安全需求，现代战争的"小打大备、小攻大防、小行动大保障"特征需要全社会资源的调动与全民的参与行动，民防在可持续的国防安全建设中有着全新的使命与职能。再次，现代民防平战结合性涉及总体国家安全中的军事安全、政治安全、科技安全、信息安全、国防安全等重要方面，现代民防平战结合能力的提升将为国家复合型、交织型安全问题的治理发挥重大作用，两防一体化的推进也为政府公共安全能力的提升准备了体制、队伍、信息等方面优势，现代民防的防护战略（主动防护、精确防护和体系防护）与防护路径（物理防护、机理防护、心理防护和网电防护等）也为政府的危机治理能力建设提供了不同层面的支撑。最后，在较为微观层面上，现代民防突出强调了对"灾"和"险"的"防控"与"保护"，强调对与生存、环境相关安全问题的关注，重视事前、事中与事后的全过程防控，强调政府、军队、社会的齐抓共管与协同治理，重视发挥人防系统资源以服务平时的城市经济与城市发展，致力探索社区安全，等等。总之，现代民防的改革与探索将成为我国国家安全治理体系现代化的重要组成部分。

从全面深化改革和总体国家安全战略稳步实施的整体要求看，当前我国民防存

---

[1] 姜鲁鸣.军民融合深度发展与中国国防安全[J].中国人民防空，2014（12）：11.

在"两个不适应",即人防现代化水平与打赢信息化条件下局部战争要求不相适应,建设发展、行政管理方式与社会主义市场经济体制改革的要求还不相适应。这突出表现在五方面:一是人民防空指导思想没有随着战争形态深刻演变而实现根本性转变,在强调城市防护和人员防护,注重运用工事防护手段的同时,对信息防护、网电防护、心理防护、重要经济目标防护研究不够、筹划不多。二是人民防空信息化水平没有跟随信息技术水平而迅速提高,特别是防护设施信息化含量低,基本没有入网集成,发挥不了体系增能效应。三是人民防空没有随着城市化进程不断加快而与之相互协调,一些地方还没有将人民防空建设纳入城市建设总体规划,城市基础设施建设、地下空间开发利用和重要经济目标布局落实人民防空要求不到位,城市中心区、人口密集区、商业繁华区和重要目标毗邻区的防护设施功能结构不够合理,特别是一些城市新区、开发区、工业园区的防护设施建设还很薄弱。四是人民防空建设市场化改革没有随着市场经济体制逐步健全而逐步到位,仍存在市场体系不完善、市场规则不统一、市场秩序不规范、市场竞争不充分的问题,市场在配置资源中还没有发挥决定性作用。特别是产权制度缺失,成为制约防护资源市场化开发利用的瓶颈。五是人民防空行政管理方式还没有随着国家治理体系不断完善而与转变政府职能要求相适应,在一些人防部门,计划和行政命令的色彩还比较浓厚,管理职能上的"越位""错位""缺位"问题还比较突出,政企不分、政资不分、政事不分、政府与中介组织不分问题还没有完全解决,社会管理和公共服务职能亟待加强。[①]

在新的历史时期,我国民防应充分发挥完善的军政双重领导体制和健全的法规政策体系这两个优势,基于国家安全治理能力现代化的目标,以人防军事斗争准备为牵引,以"战时防空、平时服务、应急支援"为主线,全面致力于国家安全与国家发展。

[①]《中国人民防空》评论员.深化改革要认清人民防空的阶段性特征[J].中国人民防空,2014(4):1.

二、社区民防建构的意义及其理论研究

1. 社区民防的内涵

社区是现代城市的细胞和城市管理的基础单元,也是人口比较密集、生活要素相对集中的重要区域,同时也往往是城市灾害、突发事件的直接现场和第一防线。社区对灾险的防控状态直接关系着民众的生产、生活与生存,也不同程度影响到社会稳定与国家安全。因此,社区是保障人民安全的基本场所,社区民防是社区安全维护的重要方面。在非战争或非重大灾害时期,民防工作在社区中体现的往往不是大规模的防控与救援,而是与民众日常生活息息相关的各类灾险的处置。与此同时,民众的自救及互救能力更多的不是表现在抵御战争空袭危害中,而是表现在应对日常的各类自然灾害、事故灾难与突发事件上,因而"社区民防"理所当然地成为当下民防关注民生、保障民生的重要抓手。

根据本书对"民防"的广义界定,"社区民防"则可界定为:社区组织主导下多方参与的,以自救与互救为主要方式的灾险防控与安全保护。国家层面的民防界定中的"灾险防控"与"安全保护"更为强调"公救",而社区民防中的"灾险防控"与"安全保护"则更为突出"自救"与"互救"。基于当前我国民防"战时防空、平时服务、应急支援"的职责新定位,本书将社区民防建构为三部分:应对空袭灾害的社区战备民防、保障应急支援的社区灾备民防和防控日常事故的社区生活民防。

理解社区民防的内涵需要明确五大问题,即防什么(what)、为谁防(whom)、谁来防(who)、如何防(how)、防得如何(outcome)。

一是"防什么"?现实生活中,"灾难""危机""危险""风险""威胁""突发事件"等均是不安全的"危险源",社区民防要防护的危险源主要是三种:来自于社区外部的从国家到街道的危险源;来自于社区内部的一般共有的危险源;来自于社区内外部相结合的危险源,即社区与外部相关联的特定区位与区情引

发或存有的特殊危险源。

二是"为谁防"？"民防"的保护对象为所有民众，就国家民防来说，社会民众均是其保护对象；就社区来说，民防的防护对象是社区特定地域空间内的聚居人群。然而，社区聚居人群的复杂性与流动性决定了社区民防工作是一个不断跨越社区边界与逐步推进的过程。

三是"谁来防"？主要行为体是政府，即政府担负起引导、组织、动员、救援的职责。在我国当前的安全维护活动中，行政动员主导、社会动员不足的现状折射出政府与社会力量的不均衡，社会力量还远未发挥它可以达到和应该具有的效用。对社区民防工作来说，除了政府主导的"公救"之外，民众"自救"与"互救"应成为灾险防控与安全保护的重要路径，因而社区管理者、物业公司、社区志愿者队伍、各常驻单位以及居民均是社区民防的重要行为体。

四是"怎么防"？这是一个技术路线问题，即设计和建构以政府指导和引导、社区力量共同参与的自防自救的社区民防体系。社区民防建设必须有规则、有制度、有组织、有队伍、有经费、有设施、有物资。同时，由于社区之间在物质条件与精神文化上的差异，社区民防工作应依据具体情况，有创意、有组织、有计划、有步骤地开展与实施各项工作。

五是"防得如何"？民防工作包括建立组织体系、强化安全教育、培植安全文化、拟定防护措施、添置防护工具、应对灾险事件等，这是一个有计划、有组织、有领导和有控制的过程。"防得如何"要求对社区民防工作进行考核和评估，而考核与评估的标准除了"战备效益、社会效益和经济效益"之外，还应该加上"文化效益"的维度，建立涵盖安全意识、安全心理、安全教育、安全培训的社区民防"安全文化"评估维度。

最为根本的是，社区民防要以人民安全为导向，以服务民生为基点。首先，以"人民安全"为导向。以人为本是科学发展观的核心，人民安全是总体国家安全观所确立的安全宗旨。社区是我国最基层的社会单位，社区工作与社区管理构成了我国现代社会管理的重要内容。推进社区民防就要深刻把握社区的本质属性及其环境，充分尊重社区产生、发展过程中所形成的独特情境，要从社区管理体制的现状出发来探讨以"人民安全"为价值导向的社区民防实践。其次，以服务民生为基点。关注民生、重视民生、服务民生、保障民生和改善民生是党和政府工作的重中之重。要把社区民防作为民防建设的切入点，以服务民生为目标导向，发挥好社区民防的民生效益。

2. 社区民防探索的现实意义

加强社区民防建设或人防进社区是民防建设的大趋势。1989年以来，世界卫生组织一直积极倡导和推广安全社区建设，迄今为止，全世界近200个社区获得世界卫生组织认可的"安全社区"称号，主要分布在瑞典、澳大利亚、美国、加拿大等发达国家。进入21世纪以来，许多国家日益重视社区民防建设，如美国推出"社区行动"，日本探索"社区营造"，韩国开展"社区动员"等。

近几年来，越来越多的发展中国家也加入了安全社区的探索活动，我国也涌现了诸多各具地方特色的"民防工作进社区"的探索。如江苏省社区每年结合自身情况开展至少一次居民疏散演练，开展面向中小学生的民防知识教育，致力于打造平安社区、平安校园、平安家庭与平安社会[1]；北京市民防局秉承"以人为本、民防为民"的理念和"平战结合、公益为民"的要求，积极推进民防建设与经济社会发展、城市建设、应急管理融合发展；上海市是我国首批（另有辽宁省）"平战结合"和人防专业队伍参与核化事故救援的试点单位，在组织机构、法律法规等方面走在全国前列[2]，并在组织指挥、教育培训、地下防护、应急救援、依法行政、网络信息等为内容的社区民防体系建设中取得显著成效，不断提高履行"战时防空、平时服务、应急支援"的水平；深圳市则探索建立了将应急指挥中心、安监局、安委办、民防办、地震局五部门归入市应急管理办公室（应急办），归市政府办公厅领导，由市政府副秘书长领衔挂帅的"大部制"民防体制。另外，全国各省、市、县（区、市）民防机构和社区防灾减灾基地组织的民防演练、社区民防宣教等活动也持续推进。当前，融入式发展是我国现代民防建设的重要指导思想，这就要求民防在主动融入中体现"战时保护人民、平时造福人民、灾时救助人民"的重要职

---

[1] 杨建国. 民防知识教育向小学拓展势在必行[J]. 中国人民防空，2014（12）：43.
[2] 1992年，上海市人防办正式更名为上海市民防办，成为我国首个正式民防机构，开启了我国现代民防的历史；1999年8月1日，《上海市民防条例》颁布实施，是本书截稿为止我国第一部现代民防意义上的地方性民防法规。

责。对社区民防工作来说，要做到"健全社区工作网络，完善硬件设备设施，开展防护技能培训，把防空防灾工作融入和谐社区、文明社区和平安社区，减灾示范小区建设，强调服务保障功能"[①]。

社区民防是我国现代民防体系中的基础内容，也是我国现代民防改革与探索的重要试验田；是城市民防建设的重要基础，也是社区建设的重要内容。社区民防是我国现代民防建设、社会管理创新与安全治理改革的宝贵"试验田"。

第一，从我国民防所提出的"战时防空、平时服务、应急支援"的新定位看，社区民防构成了我国现代民防改革的有利突破口。一方面，新型现代化战争及其空袭模式对民防提出了新挑战。随着战争的发展，人类社会的军事工具从"冷兵器"到"热兵器"到"热核兵器"又到"信息武器"等其他新型武器，战争模式从"陆战"到"海战"到"空战"又转向了"信息战"，与此相应，空袭与轰炸的水平也随着科技革新而迅速提高，现代空袭方式越来越转向瞄一个、击一穴、轰一楼、毁一点的定点精确打击，已经形成了以"空对地"为主导的模式，并将进一步发展到"外太空对地"为主导的模式，"空"具有了绝对的制高性与主导性。此外，要害目标的人防工程已经通过战备地铁四通八达，可实现机动调配与快速转移。据相关统计数据：将全国国民隐蔽于地下的能力，以色列是100%，瑞士是89%，瑞典是85%，美国是70%。这一数据为我国民防能力的构建提供了重要参考。在做好"防空"工程建设、做到"实行伪装，进行干扰，加固工程，提前预防"的同时，就要大力提升民防的组织指挥能力、通信预警能力、快速反应能力、应急救援能力和整体抗毁能力，民防建设的重点也应集中到防核生化、防精确打击、防电磁武器攻击和防新概念武器打击等方面。社区民防为应对这些新挑战和新问题的探索，构成了我国现代民防改革的"第一线"。另一方面，新型非传统安全威胁对民防形成了新挑战。与传统军事安全相比，非传统安全则表现出更少的军事对抗和国家中心主义特征，更多地关注国民的生存与生活状态。非传统安全在现实中直接表现为安全形态的"非传统"景象，如恐怖主义、民族冲突与分裂、跨国犯罪、生态破坏、难民移民、毒品走私、大规模传染病、重大灾难事故及认同危机等，其威胁涉及的范围

[①] 蒋卓庆.融入上海经济社会全局，推进人民防空改革发展［J］.中国人民防空，2015（11）：8.

超越了军事和战争的威胁,波及的层次也跨越了国家层面(上至跨区域乃至全球,下至社区乃至个人)。这对非传统安全治理及其相应的民防能力建设提出了新要求,我国民防的"应战、支援、服务"职责显得极为重要。在社区开展民防探索,可以在一定程度上突破自上而下的改革而遭遇到的体制与观念的阻碍,可以更多地基于社区民众的安全需求而展开工作,因此将成为推动现代民防事业进步的一股重要力量。

第二,从社会治理的角度看,社区民防通过重组社区组织结构而推动社会管理创新。十八届三中全会提出要创新社会治理,建立总体国家安全观。社区组织结构是指在社区中承担不同功能的各类组织所组成的结构性系统。社区的组织结构是国家社会管理的落脚点和重要组成部分。我国现行社区组织架构包括社区党组织、政府组织(政府职能部门、街道办事处)、辖区单位(社区内的事业单位和企业单位)、社区自治组织(包括正式的自治组织如居委会、居民代表大会、业主委员会等和非正式的自治组织如腰鼓队、健身队和各种小型俱乐部等)。从结构形态看,社区组织结构分为垂直式结构和水平式结构两种。改革开放后,我国城乡二元制结构逐渐被打破,多元利益主体开始在城市社区出现,基层民主建设步伐加快,社区作为探索民主治理的最基层单元,在城市社会中的作用逐渐显现。近几年来,我国社区的组织结构不断革新,形成了诸多地方特色,较为典型的如上海"两级政府、三级管理、四级网络"结构下的社区体制,沈阳市"一个大会、两个机构"的社区体制,以及武汉市"江汉模式"的社区体制,等等。然而,就整体而言,我国社区组织仍存在"小、弱、老、少"的不足:"小"主要指社区组织的规模小,特别是群众自治的社会团体,甚至仅有一两个人;"弱"是指参与人员的能力较弱,知识结构薄弱;"老"是指参与人员主要以老年人为主,活动样式也较为传统、单一;"少"主要表现高质量的社区自治组织少,社会效果有限,高素质的人才少,专职从事社区组织工作的人较少,一定程度上影响了组织的健康持续发展。社区民防探索,就是在上级政府机构的指导下,在社区党组织的组织下,鼓励社区多元主体共同参与(如相关社区管理职能部门、街道办事处、辖区单位、居委会、居民代表大会、业主委员会、社区企业、社区志愿者、党员等),提高社区民防意识,建立社区民防网络。因此,社区民防在内容与形式上的创新,实质上是社区治理方式的创新,也是社会治理体制机制的探索与创新。

第三,从安全治理的角度看,社区民防通过推动社区安全而提升总体安全能力。1989年,世界卫生组织(WHO)第一届"世界意外事故与预防"大会首次正式提出"安全社区"的概念,将其界定为"进行涵盖所有年龄、性别和区域的安全促进,进行伤害、暴力、自杀预防和对自然灾害造成的人身伤害的预防的自治市、县、市或区"[1]。2001年联合国提出了"发展以社区为中心的减灾战略"口号。依据我国安全生产监督管理总局颁布的《安全社区建设基本要求》(AQ/T9001—2006)标准,安全社区是指"建立了跨部门合作的组织机构和程序,联络社区内相关单位和个人共同参与事故与伤害预防和安全促进工作,持续改进地实现安全目标的社区"。WHO在全球设立14个安全社区推广中心,还规定了六条认定标准。迄今为止全世界近200个社区获得WHO认可的"安全社区"的称号,主要分布在瑞典、美国、日本、澳大利亚、美国、加拿大等发达国家和地区,如瑞典建有以公共安全健康活动为主题内容的立德雪平社区(Lidkoeping community),日本建有主动防御的"社区营造",美国建有基于国土安全的"社区行动",韩国推动建立社区层面的全民安全促进计划,等等。近几年来,越来越多的发展中国家也加入了安全社区建设中。我国21世纪初引入"安全社区"的概念,随后安全社区的建设和发展十分迅速。香港地区于2000年引进安全社区的计划,并在当年成为世界上第六个安全社区支持中心。2002年,国家安全生产监督管理总局组织召开"建设安全社区"研讨会,引进WHO安全社区理念和经验。2003年,香港地区的屯门和葵青社区获得WHO授予的"安全社区"称号。台湾地区和澳门地区紧随其后,也相继成立了国际安全社区。自此,我国安全社区建设蓬勃发展并达到新的水平。2006年,中国职业安全健康协会制定了《安全社区建设基本要求》,济南市的青年公园街道成为我国大陆地区第一个安全社区。2014年,四川省质监局发布《安全社区建设与管理基本规范》,成为全国首个省级安全社区标准。我国还建立了全国安全社区促进中心和国际安全社区支持中心。截至2014年11月底,在中国职业安全健康协会备案、已经启动和建设全国安全社区的单位达2606个,分布在全国26个省、自治区、直辖市,

---

[1] 吴宗之. WHO安全社区建设标准简介[J]. 中国安全生产报,2004-07-08(8).

覆盖人口超过了1.5亿。截至2016年9月26日,我国大陆已有575家社区通过全国安全社区认定,91家社区通过国际安全社区认定。① 实践证明,安全社区的实践活动,有利于社区安全防护能力的增强与民众安全意识的提升,切实维护了民众的生命健康与财产安全。因此,社区民防是人民安全维护的重要实践,也是总体国家安全维护的有益探索。

第四,从融入式发展的角度看,社区民防是社区基层治理中推进机构联动、资源共享、队伍合建、互助互救的重要行动。我国社区民防融入式发展模式已有不少好经验与好典型。如常州市人防工作进社区的探索中,提出了"进得去、留得住、用得上"的总体要求,注重将社区管理与应急管理、人民防空、民生警务、地震安全、气象服务等工作结合推进。2012年起常州市文明办将民防进社区工作纳入文明社区创建内容,加大了推进"多站合一、多员合一"的社区综合防灾减灾和应急管理工作机制,并创建了"一站式""独立站"和"兼容站"三种模式。2014年还试点开启民防工作站向乡村延伸,在武进区雪堰镇城西回民村建成全省首个农村社区民防工作站。2014年10月29日,在社区民防工作站的具体组织下,全市125个城市社区、16000多人参加空前的防空应急避险演练。至2015年年初常州市已建成社区民防工作站357个,完成率达100%。② 再如南京人防进社区:2012年年底南京市人防进社区工作就已经实现100%全覆盖。南京市鼓楼区的社区人防工作更是走在前列,于2014年出台了《居民防空防灾教育计划纲要》,将鼓楼区委党校设为区人防学校,每年至少开展两次人防培训活动。鼓楼区的将军庙社区设有防空防灾教育馆,馆内设计了"人防的回顾与发展""防空知识教育""防灾知识"和"身边的人防"四个展区,馆内还有心肺复苏模拟、灭火模拟、逃生体验、防空警报体验等互动体验项目;滨江社区利用长江大桥引桥立交桥下丁字路口的三面墙壁建设了南京首个室外人防文化墙;丁山社区利用丰富的影视资源,在社区服务中心三楼的电影放映厅配有人防宣传教育片,每播放新上映的电影时就会插播人防宣传教育片,在每年的"5·12防灾减灾日""全民国防教育日""12·13"南京大屠杀死难者

---

① 资料来自中国安全社区网主页。
② 王粉龙,邱志愿,骆如华,金勇兵.进得去留得住用得上——常州市人防工作进社区的探索与启示[J].中国人民防空,2015(4):67-69.

国家公祭日等重要纪念日，电影放映厅还会开设人防专场，形式多样地向社区居民宣传人防知识。①

3. 社区民防的理论研究

近年来，我国大部分省、市、区、县，尤其是沿海或较为发达城市的民防部门都在大力探索民防进社区，社区民防建设的制度性举措，如组织领导、部门设置、人力队伍、经费保障、物资保障、预警预案、宣传教育等，都在不断的建立、健全与推进，并有了一些标志性、典型性的做法。同时，关于社区民防建设的理论思考，如关于其基本内涵、主要内容、关键任务、整体定位、发展方向等，各个层面的民防研究者与民防实务人员也有了许多新思考。但整体看，相比于我国较为兴盛的社区民防实践和西方较为成熟的社区民防理论研究，我国社区民防的理论研究却较为滞后与薄弱，关于社区民防的系统性、专门性的理论研究尚显空白。在本书付印前，编写组再次在中国学术期刊网（CNKI）以"社区民防"为篇名进行搜索，发现只有两篇研究性的专题论文，其分别从社区民防建设的基本内容与城市社区安全的角度，对我国社区民防建设进行了探析。②此外，在中国国家图书馆的图书检索中，也未能检索到以"社区民防"为题的专门论著或编著。当然，国家人民防空办公室主办的《中国人民防空》杂志中的"基层观察""应急支援""人防文化""宣传教育"等栏目中，刊登有较多的关于社区民防或人防工作进社区的研究论文与经验介绍文章。因此，对社区民防开展体系性研究是一项开拓性课题。本书就是尝试对社区民防的理论与实践进行专门、系统的探讨，期许能进一步丰富社区民防的理论研究，也为其实践提供一定的指导。

本书认为社区民防研究应集中关注四方面内容：一是基本内涵与特征研究。在对民防的历史与内容进行全面梳理的基础上，对社区民防的基本含义、特征进行研究，深入分析社区民防的本质、内涵、维护对象、施动主体、基本规律、现实需求等，为社区民防理论奠定范畴基础与逻辑前提，为社区民防的发展定位提供科学依

---

① 黄莺，杭玲. 以鼓楼区为例看南京人防进社区［J］. 中国人民防空，2015（9）：70.
② 这两篇论文分别是：廖丹子. 城市社区安全新建构：以杭州市社区民防为例［J］. 城市发展研究，2012（8）；周鹏. 社区民防——城市建设的"安全带"［J］. 城市减灾，2009（5）.

据。二是必要性与可行性研究。社区民防是在社区特定区域内开展灾险防控与安全保护活动，这就带来两个问题：①社区是一个综合性的基层"共同体"，各条"工作线"都通向社区，"安全社区""平安社区""文明社区""和谐社区""防灾型社区"等都是社区建设的重要内容。那么，如何确定社区民防工作的地位、定位及具体职责？②民防内容广泛且与各方各部门都有紧密相关性，那么，社区民防如何有效地整合多方资源，合理地开展以"自救"与"互救"为主要内容的防灾救险活动？这就是社区民防所关涉的横向及纵向体制问题。三是发展定位研究。进入21世纪以来，许多国家日益重视社区民防建设，不断推出"社区行动""社区营造""社区动员"等举措，我国在不断探索现代民防的新体制过程中，开始重视"社区民防体系建设"，社区民防的发展定位与职责体系研究就是第一要务。这一研究必须对世界民防发展的普遍趋势、我国民防的现有体制机制、我国社区沿革的独特环境以及灾害发生的一般规律进行综合分析，提出现阶段社区民防建设的发展定位。同时，要认识社区民防理论与实际的差距，提出符合我国实际发展需要的社区民防发展定位。四是路径优化研究。社区民防建设的路径优化是一项系统工程，也是难度最大、挑战最强的部分。以"社区共同体"为基本特征的社区形态在我国尚未形成，这决定了无法直接"嫁接"国外的社区理论与社区民防建设经验。就社区民防建设的路径来说，它所关涉的关系冗杂而复合，涉及平级行政职能部门以及社区中的企事业单位、家庭、民众等不同的社会行为体。因此，研究社区民防路径的优化，要体现科学性、可行性与有效性，必须建立在对信息全面汇集与分析、对利益关系深入调查与分辨、对体制机制综合考察与比较的基础之上。

三、本书结构安排

本书分为导论篇和主体部分的上、中、下三篇。其中，导论基于总体国家安全观和国家安全治理体系现代化的背景，对新时期我国民防的新语境、新定位、新改革作了总体论述，对社区民防的内涵、意义、研究内容进行了整体阐述。上篇是民防的总体图景阐述，对民防的源起、内涵与外延、一般规律，以及国外和我国民防的历史与发展分别作了基础性介绍。中篇是社区民防体系的三大模块建构，在分析社区民防建设的八个方面的基础上，对社区民防体系建设的三个模块即社区战备民防、社区灾备民防、社区生活民防作出了专题分析。下篇是社区民防建设的实施案例，介绍了杭州市社区民防的探索与实践，归纳了社区民防建设的八大标准。

另外，需要说明的是，本书因特定语境需要而使用了"民防""人防""民防（人防）""人防（民防）"等不同表述，"人防"和"人防（民防）"则指人民防空及以此为核心的服务和支援定位，而"民防"和"民防（人防）"则突出强调防空防灾和平战结合的"大民防"。

上 篇

第一章 民防概述

从安全的视角看，人类发展史就是一部人类不断获得生存条件与发展保障的安全史，是人类与战争灾难和非战争危害的抗争史。人类社会发展到今天，不仅以军事与政治为主体内容的传统安全威胁没有消除，而且以经济、社会、环境等为主体内容的非传统安全威胁日益凸显，甚至还面临着传统安全威胁与非传统安全威胁相互交织的严峻形势。在传统安全领域，战争一直是给人类带来重大灾难的不安全来源。随着科技的新突破、新进展与作战思维的转换，战争样式与手段逐步从机械战、阵地战转向信息战、机动战，战争模式也从接触式的单一陆地正面对抗升级为非接触式的陆海空天电一体化联合作战。人类应对传统安全威胁的方式与手段也相应地逐步改变。在军事武力以外的非传统安全领域，随着国家间大规模武装侵略与反侵略的可能性减少，非战争威胁如环境恶化、资源短缺、经济恶性竞争、食品卫生事件、流行疾病、恐怖袭击、难民与非法移民等，逐步上升为挑战国家、社会与人的安全的极为紧迫、现实和重大的威胁，全面、有效地应对各层次、各领域的非传统安全威胁已成为各国广义国家安全战略的重要内容。同时，传统安全威胁与非传统安全威胁不仅相互重叠、交叉，而且还相互转化和缠绕，形成一种复杂的"交织安全"[1]和"多元性安全"的态势。[2]民防的源起及其发展，不仅在一个侧面反映了上述安全态势的演变，同时也成为国家组织力量应对这些安全挑战的重要形式。

本章包括两部分内容，一是介绍民防的源起、内涵与构成；二是概述民防的基本任务和主要行动方式。

---

[1] 我国"十六大""十七大""十八大"及"十八届三中全会""十八届四中全会""十八届五中全会"多次指出我国面临"传统安全威胁与非传统安全威胁相互交织"的挑战。姜维清教授对此提出"交织安全"概念，以标示传统安全威胁与非传统安全威胁的相互交织。参见：姜维清. 交织：国家安全的第三种威胁［M］. 北京：世界知识出版社，2011（1）.

[2] 廖丹子. "多源性"非传统安全与现代民防体系的构建［C］//余潇枫. 中国非传统安全研究报告（2012—2013）［M］. 北京：社会科学文献出版社，2013.

第一节　民防的源起、内涵与构成

一、民防的源起

空袭是现代战争过程中最重要的作战手段。"民防"伴随于"防空"而产生，起初是指遭遇空袭时对民众发出警报并实施救护。"民防"的概念源自西方国家，指在战争中为有效应对战争空袭灾害、减少与消除战争后果、保护平民生命与财产安全的一切行动。可见，"民防是一种重要的防御形式，从战争的逻辑上讲，民防是'空袭'这种作战方式'炸'出来的一种防护形式"[①]。纵观整个世界战争的沿革与演变，民防随着空袭的产生而产生，并随现代空袭的发展而发展；同时，第二次世界大战以后，空袭成为主要的作战样式，以城市为重点打击目标的空袭越来越成为国家安全防备的重中之重，空袭和反空袭亦将成为未来战争的重要作战样式。本质上看，民防是伴随人类科技发展出飞机并将之用于战争空袭行动而产生，并经过了从民间自发行为上升为政府行为，进而在某些方面上升为国际行为的过程。

1903年，美国莱特兄弟完成了世界上第一架飞机的成功试飞，不久飞机被应用到战场。1911年意土战争中，意大利陆军第一飞机连首次利用飞机实施空中侦察并投下第一颗炸弹，开创了人类战争史上飞机参战并实行"空袭"的历史，与此也相应产生了"防空"概念。由于当时受技术条件的限制，空袭范围狭小，军事作用也相当有限，仅起到震慑作用。但是，从民防发展的历史演变逻辑来看，早期的空袭是民防产生的直接原因。

一般认为，民防正式产生于第一次世界大战。第一次世界大战爆发后的第三天，即1914年8月3日，德国飞机空袭法国城市留内比尔，成为人类战争历史上飞机首次大规模空袭城市的作战行动，"民防"开始登上历史舞台。随后，德、英、法

[①] 商则连.民防学［M］.北京：国防大学出版社，2006：48.

等参战国相继对敌方实施大规模空袭轰炸。为减轻空袭造成的危害，英国于1914年率先在伦敦建立了民防组织，主要开展警报发布、居民疏散、消防救护、灯火管制、伪装隐蔽等工作，正式大规模、有组织的民众防护行为已经产生。在对德的民防行动中，英国政府部门发现民众自发的防空袭行动存在组织松散混乱、反应迟缓、装备落后、效率低下等缺陷，无法满足大规模防空行动的需要，因此，英国政府将民间的、自发的民防行动纳入政府管理日程之中。1917年8月，英国政府在伦敦成立了世界上第一个国家层面的民防机构——防空指挥部，掌管空袭警报、灯火管制、防空洞建设、人员疏散、消除空袭后果等活动。

世界大战的空袭范围逐渐扩大，国家实施的民防活动也更加有组织化。1914年8月，比利时地面部队使用步枪将英国一架低空飞行的飞机击中，成为世界战争史上反空袭的首个成功战例。1915年，德国派出两艘飞艇对英国实施空袭，破坏了伦敦的建筑物，并造成人员伤亡。截至1916年10月，德国使用飞艇进行了51次空袭，造成死伤军民约两千人。第一次世界大战时期也是军事技术和武器装备迅速发展的时期。1917年德国制造一批载弹量大、射程远的"GIV型哥达式"轰炸机，改进了体积、速度、机动性、防御性等多方面性能，成为空袭的主角。之后德国又制造出"巨人型"轰炸机。1918年11月停战后，英国因遭受空袭而损失惨重，空袭在战争中的重要影响得到全面体现。作战过程中，英法等协约国从最初的惊恐好奇转变为组织防护。英国于1924年起开始对空袭灾难进行统计，在1935年成立内政部并赋予其"防空袭"（Air Raid Precautions, ARP）职能，1938年颁布《民防法》，开始在公园和广场挖建防空庇护场所。1939年，为了防止德国的空袭和攻击，英国政府从城市疏散了150万居民到被认为安全的城镇与乡村。至此，城市居民的生命与财产安全保护成为了政府的一项重要职能。可见，民防源起并发展于战争中组织民众实施"防备空袭"的系列活动之中。

二、民防的内涵

由于民防源起于战争环境，世界各国对民防的解释都明显带有战备特征。"冷战"后，随着国际安全态势、作战理念、战争形式的变化，民防的概念有了新的扩展与延伸，逐步发展为综合应对战争灾害与平时灾害的新理念。

根据世界各国民防发展的普遍历程及其涵盖的一般内容，本书将现代意义的民防定义为：政府主导下多方参与的对民众生命、财产及生存环境实行灾险防控与安全保护。这一界定除了涵盖民众的生命与财产，还包括了生存环境（如能源与环境、政府与政制、社会与文化等）；强调对"灾"和"险"的"预防""控制"和"保护"，除涵盖各种具象"灾害"，还包含各种"危险"与"风险"，除指向传统安全威胁还指向非传统安全威胁；除突出"政府主导"式的"公救"与"他救"，还强调社区自治和社会行为体自觉参与的基础上的"自救""互救"；重视灾险前的"防控"、灾险降临时的"保护"和灾后"重建"与"修复"，强调了预防、救急与恢复的整体过程及平时的可持续建设与管理。民防具有"灾""险""防""控"的综合内容，强调平战结合与防空防灾一体化。国际民防已成为涵盖防空防战、防核防毁、防灾防恐、防毒防乱等极具综合化的民众防护活动。[①] 在防空防灾一体化逐步深入的背景下，民防将在更广的领域显示其国防性作用与灾防性作用。

从民防所防护的灾害性质的演变来看，民防的内涵也在不断发展，大致历经了三次延伸。

第一次延伸：从"防备空袭"到"防战争伤害"。曾在第一次世界大战期间救治过伤员的法国医生乔治·圣保罗于1931年正式向法国政府提出申请，成立了第一个国际性非政府民防组织——日内瓦区国际协会。在第二次世界大战中的西班牙战争和中日战争中，该组织曾动员并组织志愿者参与人道主义援助工作，其主要目标便是保护民众免受和少受战争伤害。"冷战"时期，核武器与核威胁带来的恐惧，使民防增加了"遭遇核武器威胁或伤害时的民众防护"这一新内容。为了保护民众在战争中的生命安全和财产安全，许多国家都十分重视民防建设，民防工程、空情情报网与警报传递网、民防专业队伍、民防知识教育与训练等均为当时民防建设的主要内容。

第二次延伸：从"防战争伤害"到"防平时灾害"。1958年日内瓦区国际协会

[①] 余潇枫，廖丹子."现代民防"：安全治理新建构[J].浙江大学学报（人文社会科学版），2012（1）：98-107.

改名为国际民防组织（International Civil Defence Organization, ICDO）。1966年，国际民防组织根据《关于战时保护平民的日内瓦公约》重新制定了《国际民防组织组织法》，并于1972年向联合国申请注册并得到承认，进而成为各国政府参加的世界最大的民防组织，《国际民防杂志》（International Civil Defence Journal）是该组织的会刊。随着国际民防组织的成立和其对民防事业的推进，民防的内涵得以大大拓展，不仅包括了战时防空袭以及在任何其他军事冲突中保护民众免受各种伤害，而且延伸到平时在灾害中对民众生命和财产安全的保护。如1994年国际民防组织在《阿曼宣言》中强调："不应该将民防仅限定为对战争期间或武装冲突中所导致的灾害采取某种人道主义行动，而应当确认民防这一概念应包含人类为抵抗各种事故和灾害，保护人口、环境和财产所采取的一切措施。"

第三次延伸：从"战争防备、灾害防护"拓展到"经济目标""关键基础设施"和"物质与文化财产"防护。这一拓展始于20世纪中叶，当时美、苏两大"冷战"军事集团在提出打击经济目标的同时又提出了"经济目标防护"（又称"工业防护"）的概念，美国和苏联民防部门对经济防护进行了大量的研究试验并制定了防护标准和技术措施规范。随后，日本、法国、德国、韩国、以色列等国家也都对其民防部门赋予了保护工业企业的经济防护任务。到20世纪90年代，美国提出了"关键基础设施（即经济目标、政治目标和军事目标的总称）防护"，并把"对受敌攻击、受自然或技术灾害而毁坏的重要设施和设备进行紧急抢修和恢复"写入《联邦法规》的民防工作任务中。俄罗斯则强调"物质与文化财产"的防护，其1998年颁布的《民防法》规定：民防是为保护俄罗斯联邦境内的居民、物质与文化财产免遭军事行动或自然、人为灾害所采取的综合措施。

21世纪初，恐怖主义在全球的泛滥对国家的民防工作提出了新的挑战。以美国为例，2001年"9·11"事件以后，美国于2002年年底成立国土安全部（Department of Homeland Security），预算投入近400亿美元，拥有17万名工作人员，下辖22个联邦机构，其主要防护任务包括运输安全、危机准备和应急、基础设施保护、美国国内可能遭受的恐怖袭击及自然灾害防护。国土安全部领导其民防事务，并由其下属的联邦紧急事务管理局（FEMA）负责和实施相关工作。

综上所述，民防已历经一个多世纪，伴随着人类灾难形势和各国对防护重点的不同设定和探索，民防目标经历了从防空到防战、防核、防灾、防恐、防毁、防乱等一体化的拓展和延伸过程，但"民众防护"这一基本目标却始终是鲜明而明确的。为简明起见，可用图1.1标示民防内涵的延伸过程。

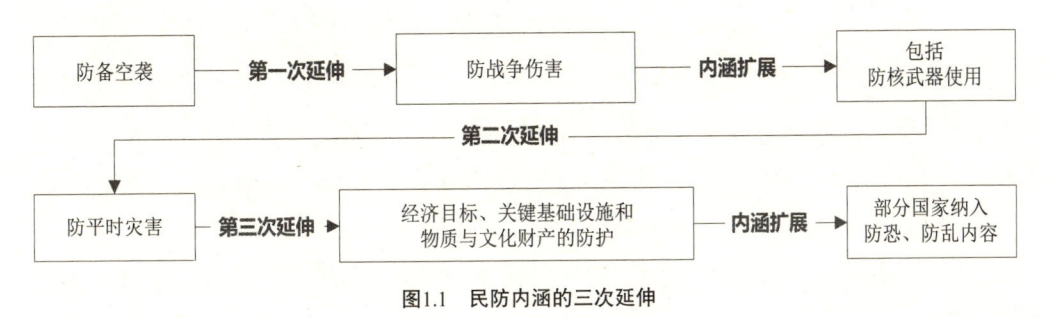

```
防备空袭 ──第一次延伸──> 防战争伤害 ──内涵扩展──> 包括防核武器使用
    │                第二次延伸
    ↓
防平时灾害 ──第三次延伸──> 经济目标、关键基础设施和物质与文化财产的防护 ──内涵扩展──> 部分国家纳入防恐、防乱内容
```

图1.1 民防内涵的三次延伸

上述民防内涵的变迁也凸显民防地位的不断提升。20世纪70年代以来，随着联合国的维和行动与人道主义援助工作日益加强，非政府组织参与人道主义援助行动日益普遍，民防工作的不断推进以及与军事行动的日益远离，特别是国际和区域冲突类型的不断变化和各类新型威胁的不断出现，民防的范围在不断地扩大，其地位、作用、重要性、优先性也将发生新的变化，民防内涵将越来越趋向于一种综合、整合的态势。比如，许多国家以"民众防护"为基线，将民防的内涵扩展至防毒（制止民众受毒品侵害，制止毒品交易、吸食等行为）、防暴（防止各类暴力袭击）、防乱（防护社会秩序受到人为危害、对各类突发事件进行防控和修复）、防险（防护各类自然、人为风险和灾害）等内容。如韩国的《民防卫基本法》规定民防部队的任务是"当由于遭受入侵或灾害而使得全国或局部地区安全与秩序受到危害时，政府统一指挥开展防空、防灾、抢救、恢复活动"；美国2010年在海地地震救援中也已经提到，民防不仅是防护平时的"人为事故灾害"，还有对战时或灾时社会秩序的防控。因此，综合化的民众防护是新世纪民防的必然趋势，民防的防御目标将越来越与应急管理和国家安全目标相结合。

从整体看，民防是贯彻积极防御军事战略的重要方面，是国防建设的重要组成部分；民防总和城市建设相互交融、密切相关，是现代城市基础建设的重要内容；民防在和平时期还可以直接为救灾、救援和日常经济生活服务，因而又是一项全民的社会公益事业。

三、民防的构成

民防的构成要素就是构成民防的必要因素。民防构成要素之间的相互联系与相互作用,推动着民防的发展,也决定着民防行动的综合成效。商则连主编的《民防学》认为,构成民防的基本要素包括五个:民防实施主体、民防作用对象、民防保护对象、民防使用力量、民防基本形式。[①]民防实施主体,即民防活动的施动主体。在不同国家,民防具有不同的领导与管理体制,有些国家由内政部领导(如法国、英国),有些国家由军事部门领导(如俄罗斯),有些国家由军政双重领导(如中国)。尽管民防活动由不同部门领导,但一般由政府进行领导与管理。民防作用对象,即民防活动要防护的灾害对象,一般认为包括战争灾害、技术灾害与自然灾害。民防保护对象,即民防行动所防护与救助的目标,一般包括人员、物资与重要经济目标。保护民防对象是民防行动的根本目的。民防使用力量,即民防活动具体开展的人员力量,包括民防实力与民防潜力,一般包括准军事性专业组织和群众性专业组织。准军事性专业组织是由部队、警察、消防、民兵等组成的抢险抢修、医疗救护、防化防疫、消防通信、运输治安等专业救援队伍,群众性专业组织是按专业组成的担负民防勤务的群众性组织,如红十字会、红新月会、慈善团体等组织。民防基本形式,即民防活动的实施手段,一般包括隐蔽防护、疏散防护与消除后果。民防指挥、民防工程、民防信息、民防保障构成了实现民防目标的基本手段。

《民防基本理论》认为构成民防的基本要素有六个:民防力量、民防工程、民防指挥、民防信息、民防对象和民防保障。[②]民防力量包括骨干力量和支援力量,前者是按专业组成的担负民防勤务的群众性组织,后者包括中国人民解放军、武装警察部队和民兵。民防工程是指为保障民防指挥、通信人员、物资隐蔽等需要而修

---

① 商则连.民防学[M].北京:国防大学出版社,2006:20.
② 李扬.民防基本理论[M].北京:解放军出版社,2011:15-16.

建的工程。民防指挥是指民防指挥员及其指挥机关对民防行动的组织领导活动。民防信息指应用于民防行动的各种情报和消息等的总称。民防对象指民防行动所防护和救助的目标，包括被防护和救助的人员、物资和重要经济目标等。民防保障指为顺利实施民防建设和行动而采取的各项保证性措施与进行相应活动的统称。

从民防所要解决的威胁与脆弱性的关系来看，民防构成要素就有了新的内容。安全的状态由脆弱与威胁之间的关系来决定，也即由"致灾、承灾与抗灾"的互动结构来决定。也就是说，一个威胁的形成，除了其特定的形成"致灾"（破坏因子的施动性）的性质外，还与"承灾"能力不足（静态结构的脆弱性）和"抗灾"能力不足（动态力量的脆弱性）直接相关。因而，从脆弱—威胁的关系角度看，民防的基本构成要素可归结为三个：致灾对象、承灾对象、抗灾主体。致灾对象即民防要防控的战争灾害、技术灾害、自然灾害与日常生活灾害。这里强调日常生活灾害作为防控对象，不仅是因为日常生活灾害防护具有综合性且与战时灾害防护能力紧密相关，而且在非传统安全威胁挑战下，从大气、水资源到生活环境污染等的生活灾害越来越成为人们挥之不去的阴影。承灾对象即民防要保护与救助的人员、物资、重要经济目标、信息化网络平台和相应的民防保障工程。这里强调信息化网络平台的防护，是因为"信息化条件下的防护已经突破了人员防护的范畴，目标防护由人员防护走向人物防护，信息防护由实体防护走向无形防护，防空管制由以防为主走向防管结合"[①]。抗灾主体即民防力量与民防指挥体系。除了战时国家的军队及其他武装突击力量，民防力量包括抢险抢修、医疗救护、消防、防化防疫、通信、运输、治安等专业队伍和各民间的志愿者组织。其中，民防指挥体系是抗灾主体的核心，对于民防行动的效能取得起到关键作用。

---

① 和治伟，王云龙.对人民防空行动的再认识[J].中国人民防空，2013（8）：21.

第二节　民防的任务与行动

一、民防的任务

一般而言,民防的基本任务包括三个方面:基本任务、战时任务和平时任务。

民防的基本任务,即民防按照法律法规在战时和平时的实践中应承担的基本职责和实现的基本目标。苏联的民防教材对民防基本任务的规定是:保护民众免于大规模杀伤性武器的伤害,在外敌入侵时确保国民经济稳定,在敌人毁坏区对人员和设施等进行抢险和救护;民防还应承担扑灭大规模森林火灾,协助和参与消除自然灾害和重大安全事故造成的危害。[①] 日本民防学家乡田丰认为民防的基本任务包括四方面:确保国家和政府的基本职能,有效保护国民,保障居民生活安定,必要时协助或支援军队。[②] 随着"冷战"结束与大规模战争发生率的降低,大部分国家在强调民防保持应对战时灾害的职能的同时,还强调民防在和平时期的新任务,如对风、火、水、地震等自然灾害和突发事件等人为灾害的预防和救护,趋于将民防基本任务扩展到应付战时和平时灾害的统一。因此,综合世界各国民防发展的普遍做法及其未来趋势,民防的基本任务包括:保护公民的生命财产安全,保卫国家的经济安全,维护政治和社会稳定,支援作战。

民防的平时任务,即民防按照法律法规在和平时期所承担的任务与职责。一般而言,平时任务是民防为减轻或消除平时重大人为与自然事故灾害而采取的准备和应对任务。民防的平时任务是极为繁重且重要的,主要包括七项:①普及民防教育,即对民众开展民防知识、技能等的教育和培训;②建设和完善民防工程,即对战时防空袭的人员、物资、机械车辆掩蔽部、用于救护和消防的交通要道等进行改

[①] 北京军区人民防空办公室.苏联民防,1990:12;北京军区人民防空办公室.外国民防资料选编,1998:8.
[②] 转引自:商则连.民防学[M].北京:国防大学出版社,2006:86.

造、修复和修建[①]；③建立通信和警报系统，即建立和完善为获取和处理各种飞行器情报、核生化等放射性物体扩散情报、传递民防信息的系统；④组建和训练民防专业队伍，即根据民防建设需要而组建抗灾救灾的技术骨干力量[②]；⑤拟制防灾减灾预案，即拟定和不断更新对各种灾害与事故、防空减灾举措、行动内容与方式等的设想与规划，提升民防行动的计划性与科学性；⑥组织民防的科学研究，即对民防规律、活动与发展等方面内容进行理论研究，提高民防理论对民防实践的指导力；⑦处置平时灾害或事故，即对平时状态下的各种人为与自然灾害、事故等进行预防、协助处置与消除后果等。

民防的战时任务，即民防按照法律法规在战备和战时空袭过程中及之后所承担的职责与任务。战时是民防活动强度最大、任务最紧张也最复杂的时期，其任务重且艰巨、责任大。一般而言，民防战时任务包括五项：①发放预警信号和解除警报，发放预警信号即将获取的敌对空袭信息迅速传递至民防指挥系统和警报系统，及时发放到民防各个终端，要求各政府相关部门、民防单位与公众做好相应的预防与疏散，解除警报信号即将敌对空袭停止的相关信息及时发送到民防警报系统及各终端，解除隐蔽防护状态，进入消除空袭后果和恢复阶段的实施工作；②组织人员与物质疏散，即将相关人员和重要物资从危险区域转移至安全区域的行动；③组织城市管制，即根据战时防空需要，适时组织对城市实施的强制性管理活动，如对交通、信息、治安、灯火等的管制；④消除空袭后果，即组织民防专业队伍和人民群众对敌空袭造成的危害、灾害及其衍生性灾害后果，进行有效及时的消除、减轻、救护、救助、救援、抢险、抢修与修复等综合性活动；⑤配合要地防空和城市防卫作战，即必要时为军队提供各种直接支援，如提供防护设施以及人力、信息、物资、医疗等保障性力量。

[①]《中华人民共和国人民防空法》（1996）第十八条规定："人民防空工程包括为保障战时人员与物资掩蔽、人民防空指挥、医疗救护等而单独修建的地下防护建筑，以及结合地面建筑修建的战时可用于防空的地下室。"
[②]《中华人民共和国人民防空法》（1996）第四十二条规定，组建六类群众防空组织：城建、公用、电力等部门组建抢险抢修队；卫生、医药部门组建医疗救护队；公安部门组建消防队、治安队；卫生、化工、环保等部门组建防化防疫队；邮电部门组建通信队；交通运输部门组建运输队。红十字会组织依法进行救护工作。

二、民防的行动

1. 民防行动的基本形式

民防行动的基本形式主要包括疏散防护、紧急避险、消除灾害后果三种。

（1）疏散防护。

疏散包括平时疏散和战时疏散。①平时疏散。平时疏散是指在自然灾害或人为事故性灾害爆发前后，把人员、物资、设施等有计划地疏散、转移、搬迁到安全地区，为减少人员伤亡和经济损失所采取的防护行动。平时疏散分为预防疏散和应急疏散。预防疏散是指在灾情发生前后，在对灾情可能导致的危害范围和程度都无法预知的情况下，为保证人员安全和财产安全，对可能受损人员和财产进行疏散。随着非常态危机凸显，对危机预防的需求越来越多，建立对公共危机的预警机制是各国政府治理危机的最基本制度，目前世界多数国家都建立了应对紧急灾害的预警体系。如2013年10月台风"菲特"到达我国沿海地区后，浙江、福建等地立即组织台风紧急疏散和应急救灾计划，从而把台风可能造成的损失降至最低。应急疏散是指在灾害发生后采取应急疏散的行为。组织严密、及时的应急疏散行动将大大减轻灾害造成的损失，这就需要民防行动遵循"第一时间"的原则。这其中对"临界点"的识别尤为重要。临界点的识别标志是：人员的直接伤亡程度、财产的直接损失程度、相关环境的破坏程度、社会秩序的破坏程度、国际社会的负面影响程度。临界点的识别不能"就事论事""就'点'论'点'"，因为危机的不确定性往往使突发事件的临界点发生"漂移"，或者说，因危机的连锁反应，临界点就转变成诸多临界点组合而成的"临界面"。临界点的控制主要是对危机事件的隔离，即发挥"防火墙"的作用。防火墙的特点"直接有效"和"超越程序"，因此，民防领导者可以通过非程序化的决策和超越某些法律限制的权力的运用，对危害人员的生命和最基本的生存权利及时进行救援。①②战时疏散。战时疏散是指在战争爆发前

---

① 余潇枫.非传统安全与公共危机治理［M］.杭州：浙江大学出版社，2007：119-120.

后,把城市内的人员、物资、工厂、设施等,有计划地疏散、转移、搬迁到安全地区,从而减少人员伤亡和经济损失,减轻城市负担,保存战争潜力。战时疏散一般采取区分轻重缓急分期分批实施、条块结合、以块为主和集中与分散相结合的方式进行。按照疏散时期分为早期疏散、临战疏散和紧急疏散。早期疏散发生在战争迹象逐渐形成之时,行动较为主动从容,能将伤亡损失降到最低限度。早期疏散的最大难点是必须提前做好周密的计划,加强组织领导,采取多种办法。临战疏散是在转入战争状态时采取疏散行动。由于早期疏散的行动采取较为困难,许多国家将临战疏散作为重点。临战疏散的最大挑战是必须在较短时间内完成,准备时间短、疏散人员多,工作任务繁重。紧急疏散是指在发现明显的突袭征兆时所采取的疏散,这种疏散时间紧迫,对组织工作的要求高。紧急疏散通常与利用人防工事隐蔽相结合。一般而言,紧急疏散作为对抗常规空袭的措施或来不及组织早期和临战疏散时而采取的补救性行动。与前两种疏散相比,紧急疏散的时间更为紧迫,对组织工作的要求更高。

(2)紧急避险。

紧急避险分为平时紧急避险、战时紧急避险。①平时紧急避险。平时紧急避险指民防组织在应对平时危机时所采用的避险方式。平时紧急避险的方式通常包括应急疏散防护和现场疏散防护。应急疏散防护根据防护对象可分为火灾的应急防护、水灾的应急防护、地震的应急防护、流行性传染病灾害的应急防护、风灾的应急防护、核事故的应急防护和有害气体泄漏的应急防护。②战时紧急避险。战时紧急避险亦称隐蔽防护,是指在遭到敌人空袭时,有计划、有组织地将城市人员、物资、工厂等相关设施转移到地下进行隐蔽,对地面的重要目标进行防护。其主要方式包括:转入地下、利用地形地物、对重要目标进行伪装等。

平时紧急避险与战时紧急避险相比区别主要在于:第一,避险的对象不同。前者主要针对公共危机事件,后者目标是战争灾害。第二,适用法律不同。平时避险防护适应于平时法律法规,战时紧急避险主要适应于国防法律法规。第三,背景条件不同。平时紧急避险只考虑如何以最佳方法达到避险的目的,而战时避险还要考虑战场环境对避险行动的影响。但二者也有联系:二者行动的形式和准备内容有相似性,都要注重紧急避险的科学性和合理性,都应注重对常识的宣传和法律教育。

（3）消除灾害后果。

消除灾害后果分为消除平时灾害后果和消除战时灾害后果。①消除平时灾害后果。主要任务是扑灭与控制森林火灾、防洪抗险等。前者主要采取的方法包括扑打灭火法、火烧灭火法、隔离灭火法、水土灭火法；后者主要包括消除洪水、地震、核化学事故灾害等，其中对洪水的处置方法包括管涌的处置、堤坝滑坡的处置、坍塌的处置、裂缝的处置、满溢的处置、水工建筑物险情的处置。②消除战争灾害后果。主要包括战时消防灭火、战时重要设施抢险抢修、战场医疗救护、战时防化与洗消、战时维护社会治安。

消除平时灾害后果和消除战时灾害后果的区别。第一，消除灾害后果的行动背景不同。消除灾害后果是在没有敌情的情况下进行的，主要考虑如何组织的问题。而战时消除灾害后果即要考虑如何组织，又要考虑特殊的战场环境对消除灾害后果行动的影响。第二，消除灾害后果的目标不同。消除平时灾害后果的目标是避免或减少公共危机事件对人员和财产造成的危害；消除战争灾害后果行动的目标是围绕重点目标防空袭而进行的战场救护、抢险抢修、消防灭火、维护治安、卫生防疫等行动。第三，消除灾害后果对象的范围不同。战时消除灾害后果是有选择的，要在大量的消除空袭后果任务中，选择最紧迫的任务，而平时消除灾害后果通常是对单项灾害的消除。第四，消除灾害后果的组织者不同。战时消除灾害后果的主要任务是防备敌人空袭，配合军事行动，依托民防机关组成民防指挥部，组织、指挥民防专业队伍和民众，开展消除灾害后果。第五，二者的任务范围不同，平时消除灾害后果任务范围广，包括消除城市、郊区、森林、水域等区域的灾害，而战时消除灾害后果主要是空袭灾害。

消除平时灾害后果和消除战时灾害后果的联系。平时消除灾害后果与战时消除灾害后果的目的相同，即二者的目的都是保护人员和财产，避免或减少灾害造成的损失。此外，平时消除灾害后果与战时消除灾害后果的指挥程序相同，即二者都有经组织力量编成、组织开进、现场情况处置等基本程序。

2. 民防行动的基本原则

民防行动的基本原则包括统一组织与分区负责相结合、前瞻性与时效性相结合、协调性与机动性相结合、全程保障与突出重点相结合。

（1）统一组织与分区负责相结合。

①统一组织是对参加民防行动的各种力量及其行动，实施集中控制与统一协调。危机的应对需要使各种救援力量和各项救援活动协调一致地行动，发挥整体优势。贯彻此项原则，必须做好三个统一：第一，统一指挥，统一部署。通常应根据灾害的类型、规模、搏击范围和危害程度，依据上级意图和本级能力，对任务区分、目标确定、协同动作、保障措施、完成行动准备的时限、开始行动的时间等进行统一部署，对民防救援力量进行合理的编组和计划。第二，统一行动，集中控制。在实施民防行动的过程中，各种力量必须坚决执行上级的命令和指示，严格遵守纪律，加强请示报告，准确遵守时间，严格按照统一的计划和命令行动。第三，统一协调，统一保障。应合理区分任务，明确各级职责和协同范围及协同关系；合理区分保障对象，明确保障重点；规定保障方法，明确保障手段。②分区负责原则，指根据灾害波及范围、影响区域和行动力量，为便于组织指挥和协调保障，而划分救灾区域，区分救援任务，有效应对灾害。当灾害处于动态的发展变化中，危害困难复杂，明险与隐患并存，各种灾害相互交织，就需要跨部门、跨区域、跨组织联动，互通信息，加强协作，形成合力完成救援任务。

（2）前瞻性与时效性相结合。

①前瞻性原则。凡事预则立，不预则废。缺乏充足的准备，仓促开展民防行动，不但难以实施有效救援，还有可能造成更大损失。因此，在灾害发生前，民防指挥机关和人员就应当做好思想、组织、物资、技术等方面的准备工作。民防救援准备的内容很多，涉及面广，包括救援队伍、物资器材、宣传教育、救援计划、救援技术等。其中，人是最核心的要素，民防专业队伍素质的优劣、装备的好坏、能力的强弱，将直接影响民防行动的效果。因此，需认真组织民防专业队伍，着眼于对现代灾害对实施民防行动的要求，配备骨干，加大技术人员配备，做好充足的物资、器材储备。②时效性原则。时效性是指以最快速度动员和组织救灾力量，以科学高效的方式开展救援行动。灾害发生后，成灾强度、造成后果和产生影响会随时间推移而发生变化，若不能及时有效采取民防行动，会丧失有效的民防行动时机，甚至会发生衍生灾害和次生灾害。因此，在民防行动中，必须高度重视民防行动的

时效性，提高行动效率，提升应对效果。其中，决策、及时、效果是增强时效性的重要因素：快速决策，充分发挥指挥机关"智囊团"的作用，是保障民防行动及时实施的先决条件；及时开展民防行动，在最短的时间内控制灾情，消除灾害后果，恢复正常的生产生活功能；效果，即争取以最小的投入保护更多的生命财产安全，注重发挥技术优势，科学施救。

（3）协调性与机动性相结合。

民防行动是一项复杂的社会活动，由各民防行动区域、民防行动阶段、民防行动活动组成。因此，民防指挥员和指挥机关在筹划和指导民防行动时，应站在全局利益的角度，认真组织各个方面和各个阶段的民防行动。这就要求局部行动应服从和服务于总体民防行动的需要；下级民防行动要服从上级民防行动的需要；各专业队伍的行动要服从民防指挥员的行动。协调一致开展民防行动，是发挥民防队伍整体性效用的重要保证。这要求：首先是加强民防专业队伍的协同。民防专业人员、民防志愿者、民众之间，都应规定具体的民防行动任务、范围和方法，并按规定的计划开展行动。专业救援队伍与志愿者队伍之间的协同，应以政府民防专业队伍为主，专业队伍与非专业队伍之间，应以专业队伍为主；多支专业队伍之间，应以执行主要任务的队伍为主。其次要加强局部与全局的协同。在民防行动中，民防救援队伍之间分别执行任务，相对独立，同时又都是整体民防行动的重要组成部分，它们之间的协调与衔接，直接影响民防行动的效果。为此，要先抢救重点目标，后抢救一般目标；先控制灾害蔓延，后消除灾害后果；先抢救人员，后抢救物资。

由于民防行动环境复杂，因此在强调集中统一指挥的同时，倡导在特定情况下的机断行动。当灾情与民防行动环境的变化之快，来不及向上级请示或无法向上级反映时，指挥员和指挥机关应根据上级意图，结合实际情况，灵活、主动、果断予以反应；在出现新的险情，发生新的危害时，应主动采取民防措施；在行动遇到挫折时，应主动调整部署，改进方式方法；当情况变化，出现新时机时，应迅速调整力量，做到灾变我变。

（4）全程保障与突出重点相结合。

全程连续保障是民防行动成败的关键。民防行动中，需要保障的单位和任务十分繁杂，保障要求也很高。要有效实施保障，应在统一保障的前提下，协调和处理好各保障力量、保障阶段、保障目标之间的关系。处理好前序保障力量与后续保障力量之间的关系，应着重满足当前需要，保障持续能力；处理好保障一般目标与重点目标的关系，应突出重点地区、重点方向、重点目标；处理好保障主要民防专业队伍与保障次要民防专业队伍之间的关系，重点保障执行主要任务的专业队伍。

3. 民防行动的基本特点

（1）范围广。

第一，民防对象广泛。民防行动的作用对象包括平时和战时发生的各类灾害。随着当前人口增长和生存环境的变化，人类生产生活空间不断变换和拓展，灾害波及的领域增多，空间范围不断扩大。以非战争方面为例，2008年汶川地震所造成的灾害，波及各个领域，其灾害损失预估3000亿元，受灾人口保守估计4000万，当地丰富的文化遗产所遭到的破坏不可估量。第二，参与主体广泛。民防行动是全社会成员的义务，包括政府组织、武装集团、社会团体和个人，并且不断向国际化方向发展。

（2）准军事性明显。

民防行动具有明显的准军事性，突出体现在开展防空袭行动中，国家为满足战争要求，减少空袭损失，成立了具有准军事化性质的机构——民防指挥部。此外，非战争灾害的具体行动同样具有军事化特征，体现在民防专业队伍上，就是世界各国的民防专业队伍都是按照军事编制（营、连、排或大队、中队、分队）进行组建，在非战争的行动中，通常以建制单位投入使用。

（3）时效性强。

灾害的成灾后果会随着时间延长不断增大，对于抢险救灾而言，时效性至关重要，它关系到生命、财产和环境的危害程度和救灾效果，而灾害的突发性特点决定了抢险救灾的时效性和不确定性。2008年汶川地震中，第一天从废墟中救出的人，成活率约为80%，而第二天减少为30%，第三天存活率仅有5%，因此民防行动的时间和效率，直接关系到抢险救灾的效果。尽管针对个别灾害根据量变到质变的演化过程能够预测其发生和发展而采取相应防护措施，但大多数灾害发生的具体时间和地点具有突发性和不确定性，给民防行动带来巨大困难。对空袭而言，由于敌人空袭通常要采取干扰和欺骗行动,因此防护的一方难以预设确切的空袭时间、方式、目标和手段。同样,对非战争性灾害的防护难度也很大,如印度博帕尔毒气泄漏事故,使得熟睡中的3000多名居民中毒身亡。因此,灾害一旦发生,如不及时采取措施,原生灾害将会扩大威胁形成次生灾害,抗灾救灾的行动紧迫,对时效性要求非常强。

(4)行动指挥与保障难度大。

一方面,由于灾害的波及范围广、影响力大,因此全社会的共同参与尤为重要。世界上100多个国家设立了民防专业队或民防部队,以及民间的志愿者组织。专业人员与普通群众、军队与地方组织、政府组织与群众等各种力量的统一协调极其复杂,因此,民防的指挥跨度大,保障内容多、难度大。另一方面,灾害造成的破坏不仅有人员伤亡,还有建筑物倒塌、交通堵塞、水电气中断等,使得抗灾救灾及恢复内容复杂,某些特殊灾害如核泄漏等,还涉及技术性保障措施和需要专业救援队伍。再加上事故现场还需协调记者媒体、受害者家属等各种紧急状况,这都加剧了受灾现场的混乱程度,无形中增大了民防行动的复杂程度,使得民防保障难度极大。

第二章　国外民防的历史演变与现代特征

民防的产生有其特定的历史背景，民防的发展紧密伴随着其所处的安全态势的发展。综观国外民防的产生与发展史，民防源起于对空袭灾害实施民众防护的活动，并随着国际安全形势的不断起伏与变迁而经历不同的发展阶段，总体上形成了民防定位不断转换、民防职能不断拓展、民防战略地位不断上升的发展过程。国外现代民防在体制探索、力量整合与军民融合等方面富有特色，特别是其社区民防探索中的"社区行动""社区营造"以及"平安社区"等经验值得我国学习和借鉴。

本章主要是对国外民防的历史、发展及现代特征作一阐述，具体内容包括两部分，一是概述国外民防的历史演变过程，二是分析国外民防的现代特征。

第一节 国外民防的历史演变

第一次世界大战催生了空袭的大规模使用，民防随之应运而生。随着第一次世界大战的进行，诸多国家纷纷加大民防设施建设，对民众的防护行动进行统一指挥，将防空行动扩大至保护重要工业和城市基础设施，还创立了民防法律法规，将民防行动上升为国家统一的系统性部署。"民防"的重要性及应该担负的主要职责，已在参战各国和受"一战"影响的国家中达成普遍共识，民防基础设施也基本完成。

第二次世界大战期间，全球范围内的民防体系初步形成。民防的作战形式从一般性的袭击破坏，变为分地域、分目标的体系性作战，民防的功能从辅助性作战手段上升为战略性手段，轰炸规模也变为昼夜集中轰炸、同时轰炸和连续轰炸，轰炸规模和摧毁度达到空前程度。被轰炸国家遭到了惨重的人员伤亡和财产损失，战争第一年，英国工业总量降低25%~30%，军事工业遭到严重破坏。1941~1945年英美对德国的空袭打击动用了两万架战机，对德国的潜艇制造厂、飞机制造厂、机械制造厂等重要军事工业和经济目标进行毁灭性的打击，造成德国工业产量和能源产量大幅降低。同时，德国居民住宅20%被炸毁，死伤人数在城市居民中占很大比例。在1943~1945年苏美对柏林进行的42次大规模空袭的破坏下，柏林市区一半以上的建筑设施被毁，死伤5万多人。1944年美国空袭日本的行动中，日本98个城市被严重破坏，住房炸毁244万所，伤亡55万余人。战争后期美国用2万吨级的原子弹空袭广岛、长崎，81%的建筑被摧毁。1945年8月8日，据美国报纸报道，东京广播电台的广播描述广岛的破坏："盟军听到日本电台广播员说'几乎所有活的东西，包括人类和动物都被烧死'"，由此带来的核污染还导致当地有些地方至今寸草不生，对当地人的生命安全及后代的健康繁衍和生态环境造成了巨大危害。惨烈的空袭战争给"二战"期间的参战国带来空前的灾难，客观上也推动着民防的快速发展，为世界各国将民防纳入战略体系奠定了基础。

第二次世界大战中更大规模的空袭对各国民防行动提出了更高的要求：从对某个目标的防空扩展到对全国所有战略区域的防空；从事中对敌方空袭武器的打击，扩展到事前、事中、事后各个阶段的民防系统的建设。为此，世界各国开始将民防纳入国家战略体系，从战略层面对民防工作进行统筹规划与制度建设。首次将民防纳入国家战略体系的是英国。早在"一战"后，英国就已经总结了"一战"中民防行动的经验教训，并于1938年制定了世界上第一部有关民防的法律《民防法》，从法律上奠定了民防的战略地位，并对民防工作进行了规范。此外，英国政府还不断完善城市和重要工业区的民防设施，建立统一的防空体系。"二战"期间，英国遭受了长时间和大规模的德军空袭，但损失在参战国中却是最小的，战争期间的生产生活未受到严重威胁，这都得益于英国较为完备的民防体系。苏联也较早将民防纳入国家整体战略。"二战"期间，苏联参与民防行动的人数达到1600万人，消除空袭灾害3万余次，排除了43多万颗炸弹和250发炮弹，扑灭了9万起火灾，良好的民防系统保护了本国居民的生命财产安全和经济发展，为取得战争胜利提供了有力支持。一些中立国家也将民防纳入整体战略当中，如1934年瑞士联邦政府成立"联邦防空救护处"，由联邦军事部领导，负责统一指挥全国的防空预报、救护和灯火管制。此后，瑞士还成立"防空救护部队局"，增设了组织、行政和建筑三个部门单位，具体管理相关民防事务。这也为瑞士应对华约、北约两大军事集团的对峙和配合本土防御战略奠定了军事基础。

"二战"后，美苏两个超级大国随即开展了空前激烈的军备竞赛，美国率先推出了"遏制战略"和"规模报复战略"，以及以"第一次打击"为核心的核战略方针。为此，苏联积极发展核武器和远程打击武器，打破了美国的核垄断地位。在势均力敌的背景下，美国调整战略，修改了以"第一次打击"为核心的方针，主张侧重打击对方城市，建立一支打击城市目标的"第二次打击力量"，即运用核力量摧毁苏联20%~25%的人口和50%的工业。苏联相继发出"足以让美国的全部目标摧毁三四次"的口号。美苏核军备竞赛带来的是各国民防的发展及其地位不断受到重视，各国更加重视防护工程建设。苏联成立了民防司令部作为民防领导机构，美国也于1950年根据联邦民防法成立了"民防组织"，并将民防事务与国防动员合并，对民防组织进行重大改组，加强预警系统建设，在城市中建立"家庭掩蔽部"，在城郊推行"掩蔽部计划"，大型工业部门以及市政设施都采取了防护措施。1961年，美国再次调整民防体制，民防事务由国防部统一管理，并设立"民防局"，统一领导全国的民防事务。

20世纪70年代，美苏"冷战"双方的战争僵持导致人财物的大量损耗，为此不得不采取战略上的"收缩"方针。美国针对"国家生存战略"展开了长时间的大讨论，并最终肯定了民防的地位；而苏联在研究中确立了"疏散"和"掩蔽"并重的防护之路。20世纪70年代后期，国际局势相对稳定，公共领域频发的非空袭性突发事件愈来愈受到各国政府重视。多个国家树立了民防"平战结合"的建设思路，按照战时防空、平时防灾的思路，推进民防平战结合建设。以美国为例，1979年，美国政府将民防准备局从国防部分出，将之纳入新成立的联邦应急事务管理署（FEMA），FEMA直接由联邦政府领导，其领导人可以直接参与国家决策。

随着苏联解体和"冷战"结束，世界大战和大规模国家间战争发生的可能性逐渐减小，空袭及带来的可能危害也随之减少，而同时各个领域和形态的"非战争性"危机又日益凸显，并愈加严峻地挑战着国家和民众的生存与发展，如环境恶化、能源危机、宗教冲突、非法移民、粮食风险、恐怖危害、疫病疫情，等等。进入21世纪，人类在经济、社会、环境、能源、人口、宗教等领域的风险和危机呈现常态化、复合化、跨界化的趋势。可以说，人类时刻处在"危机中"，"风险社会"成为描述当下21世纪的一个关键词。在这个历史转折中，风险、危机、危害的形态和演变规律也发生了深刻转变，民防的发展也因此而自然地发生着改变：第一，民防进一步强化对重要经济目标的防护。和平与发展成为时代的主题，世界各国对军事、经济和外交政策均作出相应调整，民防工作重点也相应转移，其中最突出的转变是对重要经济目标的防护。重要经济目标是国家的"生命线"，一旦遭到破坏，将对社会稳定和人民生产生活带来重大危害。为此，各国在民防理念、民防措施、建设规划、专业队伍、法律法规等方面进行了新的深入探索。第二，民防行动开展无边界合作。随着时代发展，各种灾害、事故灾难等非传统安全威胁呈现跨国性、复合性和频发性等特点，而这些灾害单纯依靠一国力量难以应对，只有走国际化道路才能将灾害损失控制在最小。这就促使国际民防组织的交流从战争层面转向围绕防灾救灾而开展广泛、深入的国际合作与交流。第三，民防理论研究提上日程。美国、俄罗斯、法国、瑞士等国在相关院校设立专门的民防理论研究机构，发表大量论文、专著等，研究内容主要包括：民防的内涵、地位与作用，民防宣教，民防体制机制，民防法律，民防手段和形式等，国外的民防理论已形成较为完整的体系。

综观国际范围内民防的产生与发展，民防在战争空袭的条件下产生，在第一次世界大战中被各涉战国普遍适用，在第二次世界大战中被纳入国家安全战略体系，在"冷战"中开始由单一战备防空向防核防毁、防灾防乱的综合防护体系转变，21世纪以来发展成为国家国防战略与社会公益事业的重要内容。世界各国民防的发展经历了从民间到政府、从自发到自觉、从零散到系统、从单一到综合的历史过程，综合反映了国际安全局势的动荡变化与国家安全目标的次序转换，在国防保障和民众安全维护中发挥了重要作用。

第二节　国外民防的现代特征

一、民防法规不断完善

国际民防组织（ICDO）框架下的"民防"是政府主导下的公共产品，它包括两项内容，即保护和协助，并认为"民防并非自发式的行为过程，而是在法律规定或法律原则的基础上实施的有组织、有计划的活动"。"民防活动以民防法为指导"成为民防的基本要求之一。"政府主导的、由各种社会力量全方位参与的群防群治应急机制,究其根本而言是一个如何通过宪法、行政法来理性配置行政权与公民权的问题。一方面要通过立法授予行政机关以必要的防治突发事件的紧急行政权,另一方面又要依据法律来严格规范紧急行政权,以确保其在法定的范围内、以法定的方式良性运作。"[1] 民防法规的不断完善是国外民防建设的主线之一。

从民防立法的时间进程看,20世纪30年代立法的有英国、比利时、丹麦,如英国政府于1938年制定了世界上第一部较全面的民防法律《民防法》,对民防的体制架构和运行机制均作出了明确的规范;40年代的苏联、50年代的美国、加拿大、以色列、荷兰、挪威、法国、东德、意大利、芬兰、新西兰、土耳其,60年代的澳大利亚、奥地利、瑞士、印度等,以及80年代以后的英国、法国、德国、瑞士等国都对其民防法进行了修订以适应防灾救灾与应急救援新形势的需要。如新加坡以《民防法》《消防安全法》《民防工程法》作为配套法律,体现了民防的整体性战略,英国在1978年、1984年和1986年对《民防法》进行了三次修正。为了更好地发挥民防的安全职能,世界各国不仅普遍建立了关于民防的法律法规体系用以明确民防的机构、权限和职能,而且除《民防法》外,还制定了与民防职能相关联的《紧急状态法》《非常事态法》《居民保护法》等法律法规。英国、法国、瑞典等国除有《民防法》外,还制定了相关配套的法令和规章制度,形成了较为完善的民防法规体系,如瑞典从国家到市政区形成了自上而下完整的民防法规,除《民防法》外还建立了掩蔽、救护、训练等17种法规。此外,各国民防有着越来越强调民防执法的趋势,越来越重视对于未履行民防义务或阻碍救援的责任追究。

整体上看,国外民防法规体系主要分为三个层次,即民防法律、民防法规和民防规章。民防法律是由国会通过并颁布,主要规定关于民防的大政方针,如民防的基本任务、政府和有关部门的职权、公民的民防、民防建设的基本原则等,是民防活动的基本依据。民防法规是由总统(总理)或政府发布,主要是对民防行动的内容、方法、程序、措施等作进一步明确。如印度《民防条例》、韩国《实施民防卫

---

[1] 应松年.突发公共事件应急处理法律制度研究[M].北京:国家行政学院出版社,2006:109.

基本法总统令》、瑞士《关于民防的政府令》、美国关于民防的《总统指令》等。英国《民事突发事件法》规定，面临突发事件时，首相、内阁或财政委员会可制定发布临时应急法规，对需要采取的一切防护和恢复措施，特别是经费保障、食品、水和能源、通信系统、政府行动等作出规定。民防规章是由内政部或国防部制定，主要是对民防机构设置、民防计划、民防训练、军队参与民防行动等作出更加具体的规定。如法国《关于民事安全局机构与职能的决定》、韩国《民防卫基本法施行规则》、瑞士《关于民防教官学校的规定》、美国陆军文件《民间动乱》和《民防》等。①

　　法律一经公布，就具有绝对的权威性和不可抗拒性，实施也会持续较长的一段时间。但法律并非一成不变，一些国家根据世界战略形势和本国战略思想、军事方针、外交政策的调整以及社会经济发展的需要，会在实践中不断对之进行修订和完善。如美国对早前制定的《紧急状态法》进行多次修改并制定出针对不同行业、不同领域的应对紧急状态的实施细则，"9·11"事件后，美国又对紧急状态应对预案和法规进行了更加严密、细致和更具时效性的修订。1994年瑞士联邦政府根据国际形势和民防建设情况，对原有《联邦民防法》进行修改并重新颁布，此外，瑞士还颁布了《联邦民防条例》及其配套的法规，使民防各项建设和训练、执勤、服役都有章可循，形成了依法建设民防的局面。瑞士将民防的法律概念列入联邦宪法，宪法规定："民防立法属联邦职责。"根据瑞士宪法第22条规定，联邦政府于1962年2月正式制定并批准颁布《联邦民防法》。这部法明确指出："民防是国防的组成部分，旨在战时保护与救援人民，预防并减少战争对人民生命和财产带来的损失，平时用来抢险救灾。"1963年10月，瑞士联邦政府又颁布了《民防建筑法》，对各类民防工程防护技术标准作了规范。1994年，经全民公决并得到84%的瑞士公民拥护，重新修订颁发了《联邦民防法》和贯彻实施的配套法规《联邦民防条例》。瑞士联邦政府在1973年、1979年、1984年、1990年先后4次发表《瑞士安全政策报告》，强调"民防是防范、抵御外来侵略和维护国家独立、领土完整的重要组成力量，是战时保证民族长期生存和战后重建家园的必要条件，也是平时进行

---

① 杨胜利，耿跃亭.当代外国民防建设的主要特点及启示［J］.中国人民防空，2013（3）：5.

抢险救灾和人道救援的主要突击力量"。瑞士民防法律还规定，凡20~52岁男性公民必须服民防役，接受民防训练，所有退役军人也要转入民防役至52岁，妇女可志愿服民防役。再如，苏联解体后，俄罗斯继承了苏联制定的《民防法》，并在1997年对此重新进行了修订，民防的基本任务由原来的"民防只担负防范军事攻击的任务"扩展到了"保护俄罗斯联邦境内的居民、物质与文化财产免遭军事行动或自然、人为灾害的毁伤"。英国则在2004年颁布《民事突发事件法》并以该法取代以前颁布的所有相关民防法规。法律的不断完善确立了民防在国家安全和总体防御中的重要地位和作用，确保了民防工作有法可依、有章可循。

二、民防建设纳入国家战略

"民防"的核心在于"对民众实施防护和保护"，"民防"也是"国防"的重要组成部分。随着安全威胁的领域从政治、军事等"高政治"（high politics）形态向环境、灾害、水资源、突发事件等"低政治"（low poitics）形态下沉，有预见性的国家已经越来越重视民防工作"先行"，将民防作为国家发展方略中的重要内容，并将财政投入、工作重点、资源配置等向民防领域倾斜和下沉，民防建设逐步走入国家发展战略之中。

1. 强化国家的统一建制

一是国家统管。这主要体现为民防机制的集中统一。由于民防工作极其复杂，其涉及方面包括政府、军队、民间和社会组织，而相对来说，由军事部门、民防机关和相应的军事性团体共同组织实施比较高效，所以国家统管民防是各国民防建设的首要特征。如俄罗斯将原属国防部的民防司令部改组为俄联邦民防事务、紧急情况和消除自然灾害后果部，下设9个局和若干处，大大加强了民防的职能和任务，加强了政府统管下应付各种工业事故和自然灾害的工作。

二是重点防护。进入20世纪90年代，随着几场高技术局部战争的爆发，大规模、密集型的地毯式轰炸被各种高精度打击所取代；打击的对象从以军队有生力量和普通百姓为主，转变为以打击军事节点和要害目标为主，随着这一战争手段的提升与战争形式的转变，对要害目标采用高科技手段实行重点隐蔽和防护，对要害目标周边的民众进行疏散和防护，以及防范敌方对重点目标的袭击成为了民防新任务。

三是注重效益。实现民防工程的战备效益、经济效益和社会效益是各国民防实践的又一特点。20世纪70年代以来，世界各国普遍减少了单纯为战时防护而修建的防护工程，而是强调平战结合，突出防护工程的平时经济效益。许多国家把地下掩蔽工程用作地下商场、地下车库、地下娱乐场等，发挥了防护工程的平时效益。与此同时，各国民防坚持把民防与城市建设融合发展作为民防建设的重要指导思想，如修建地下车间、地下粮库、地下发电站、地下停车场、地下旅馆等，既满足了民防的战备防空需要，又为城市发展创立了经济效益和社会效益。

2. 深化平战的灵活转换

一是军民兼容。同时发挥政府、社会组织、军队和民众的整合作用，建立军民结合的民防专业队伍是世界各国的普遍做法。许多国家还在法律上明确军队参与民防活动的规定。如新加坡在1982年启动国家民防计划，成立了隶属于新加坡警察部队的民防部队，负责领导全国突发事件应急救援工作；韩国建立了民防卫队作为民防的专业队伍，将一般居民统一进行军事化编组，将民防卫队作为与乡土预备军、警察一样的"预备战力"。

二是平战结合。"冷战"结束以后，各国更加重视平战结合的法律法规和组织机构建设，以保障民防平战转换的职能与任务得以落实与实现。如法国规定了民防工作的主要任务是预防空袭或核、生、化袭击及有可能遇到的任何危险，抵御各种意外事件、自然灾害和重大事故造成的损失，最大限度地保护人员、财产安全。瑞士《联邦民防法》规定民防是国防的组成部分，旨在战时保护与救援人民，预防并减少战争对人民生命和财产带来的损失。随着民防工作的推进，平战结合的内容也不断丰富：体制上平时防灾救险，战时防空救灾；技术上高技术的民防装备同时为军事和经济服务；人员上则是"常备军"与"后备军"共同发挥作用；基础工程上则从消耗型向增殖型、从战备型向战备和日用结合转变；功能上向军事功能和经济功能并重的建设道路转变。

3. 突出社会的多元参与

一是媒体参与。媒体在灾害情境下的报道将会从整体上影响人们的危机意识和对危险的感知与判断，危机报道不仅能给政府决策提供信息支持，帮助实施新闻发布，保持信息公开透明等，而且也能给民众以预警、告知、沟通、协调以及救援导引上的广泛帮助。媒体参与是各国民防工作的特色内容之一，发挥了危机预警、信息沟通、舆论引导、危机记录等重要功能。同时，为规范媒体参与危机管理和应急救援，美国、日本、法国、加拿大等50多个国家普遍制订了信息公开法，对信息公开的范围、内容、方式、步骤、时间作出详细规定，以保证信息发布的制度化、规范化与法制化；而日本更是通过法律明确赋予了媒体参与防灾救灾的义务。

二是社会广泛参与。随着公民社会的成长与其他社会性力量参与意识的增强，政府组织（如联合国、国际民防组织）、非政府组织（如国际红十字委员会等）、各类社会团体、企事业单位、社区、个人正越来越多地以积极的姿态组织、号召、实施、参与各种形式的"民众防护"活动。从政府"独导"到政府"主导"民防工作，从政治动员到广泛的社会动员，允许并鼓励非政府组织积极参与其中是各国民防工作的经验积累，也代表着未来的发展趋势。以专业队伍训练为例，美国民事支援队成员要接受包括应急、反恐、急救和通信等14种专业训练，每年训练时间为350~700小时；日本国际求援队要求队员熟练掌握吊车、铲车、推土机等工程机械的驾驶操作技术。再以民防演习为例，日本从1971年开始，每年在关东大地震纪念日（9月1日）举行全国性综合防灾演习，2011年3月11日大地震后，东京等大城市大大增加了地震演习的频率，学校、地铁、工厂等甚至是每月开展一次地震演习；以色列自2007年以来举行了多次全国民防演习，演练遭到导弹、火箭及化学武器袭击后的行动，各级政府和社会公众全部参加。

4. 推进社区的自救互救

一是全民动员。民众的自觉防护意识与能力会直接影响灾害防控效果，因而各国均把民众自救和互救能力的提升作为民防建设的重要内容。此外，由于恐怖主义袭击的主要目的是要引起全民恐慌，因而如何通过民众意识与技能的提升来应对恐怖袭击事件也越来越成为各国关注的重点。民防全民动员的方式主要有院校教育、全民教育与训练、全民动员等的民防宣传教育和训练体系的建设。院校教育如德国设有联邦民防学院和联邦灾害防护学校，在州一级还设有7所灾害防护学校，民防人员主要在学校培训；英国设有紧急计划学院，专门培训应急管理人员。全民教育与训练如法国自1998年以来每年举办"公共安全日"活动；美国将每年9月确定为"国家准备月"。全民动员还体现在各类全民性队伍的组建，如瑞士法律规定，20~40岁的男性公民（军人除外）都必须接受民防训练，掌握防护和救援技能；韩国将年龄在20~40岁的男性公民则直接纳入民防部队，使得全民动员纳入法制框架。

二是"社区行动"与"社区营造"。"社区行动"是近年来各国民防建设的一个热门词汇，亦是典型经验。"社区行动"的重要特色是强调全民参与，重视"社区营造""社区演练""社区防护"和"社区建构"等工作，形成"防灾社区""安全社区""和谐社区""新型社区"等建设目标，提出了"国际安全社区""居家安全社区"等与民众生活更为贴近的民防概念和更为细化的民防目标。也就是说，民防工作下沉、重视社区民防建设正在成为民防发展的又一个新趋势。

瑞典立德雪平（Lidkoeping）社区是世界卫生组织授予的第一个安全社区，该社区于1984年成立了由各个部门组成的公共安全健康理事会，制订公共健康计划，推广公共安全健康活动，同时成立了安全工作小组负责具体的伤害预防工作，工作范围覆盖了各个年龄、性别、场所和条件的人员，尤其是为儿童和老人等高风险人群专门制订了健康计划。除常规性的安全推广活动，该社区还专门创建了户外环境事故和犯罪等方面的防范计划，向各方专家咨询并征求意见，营造安全的居住环境。为更好地开展预防工作，从1978年起，该社区的健康和医疗卫生服务机构开始登记意外事件，所有数据为社区的伤害预防工作提供参考依据，使社区有针对性地制订伤害预防计划。

美国探索建立本土安全战略下的"社区行动"。"9·11"恐怖袭击事件后美国于2002年年底成立国土安全部，将海岸警卫队、海关、移民局、交通安全管理局及联邦紧急事务管理局等22个联邦机构及其十几万职员纳入其中，以保证对紧急情况迅速有效地作出反应。机构重组更加突出了和平时期应对恐怖袭击等应急管理职能，并将"国土安全"战略作为新世纪美国民防的工作重点。以"国土安全"为战略导向的民防工作要旨是：把对美国的攻击或灾害造成的损失减到最低限度，同时处置因这类攻击或灾害引起的直接紧急事态，并修复因这类攻击或灾害而遭受破坏或损失的重要公共设施。与此相应，美国开展了"防灾型社区""社区救援队""市民梯队"建设等一系列民防建设的"社区行动"。

日本探索建立主动预防的"社区营造"行动。日本高度重视"全民"防灾意识和抗灾能力的培养以做到主动预防，形成了特色鲜明、渠道多样、成效显著的防灾宣传教育体系，其中政府起关键的主导作用。除此，学校、社区和公共媒体都是重要的宣传教育渠道。日本把防灾教育作为一种系统的教育形式，贯穿国民教育的全过程，并努力创造持久浓厚的宣传教育氛围，如设立全国性防灾教育日，建立灾害主题纪念馆、纪念公园、防灾教育中心、灾害体验馆等。更为重要的是，日本的防灾教育充分考虑到了国民的身心发展规律和教育规律，结合防灾的学科特点和认知心理学的相关内容，根据不同年龄、年级，开发了各种由简单到复杂、功用多样的课程和相关教育载体。近年来，日本改变了政府"独导"的救灾体系，提出了以政府、民众、企业、非政府组织、非营利团体、志愿者相互合作的"公救""共救""自救"体系，建立了横跨部门之间的"勤报告""多联系""快协商"的信息沟通制度，推行了中央危机管理部门与地方政府对应部门相互协调的跨行政区的年度防灾训练，开展了以"居民自主防灾会"为特点的"社区营造"活动，使得以"主动预防"为导向的社区营造式的民防得以落实。

韩国建有全民安全促进计划。韩国水原市政府在1999年开始安全社区推广计划，2002年成为世界卫生组织认可的安全社区。水原市建立了基于致命伤害的医学报告和医院急诊的信息伤害监控体系。2001年3月，在水原市实施各种伤害预防计划，根据对伤害数据的分析，伤害预防计划的内容主要包含交通安全、自杀预防和居家安全。①针对0~14岁儿童制订的安全促进计划。为引起父母对儿童居家安全的保护意识，市健康中心鼓励父母参与儿童伤害预防活动，并开展各类预防居家伤害的模型展示，参观者可直接体会居家安全的重要性。此外，该市为儿童专门设计汽车安全座椅，在家庭中推广使用，并设立虚构的"交通公园"，通过演练提升儿童的交通安全意识和行为能力。韩国政府规定，对12岁以下没有佩戴安全防护用品的骑车儿童的父母进行罚款处置。②针对65岁以上老人的安全促进计划。为提高老年人生活质量和为社区老年人提供更好的社会生活条件，水原市制订并实施预防老年人摔倒计划。老年人发生摔倒的主要原因是由于穿不安全的鞋、视力改变或眼睛疾病、平衡力差和缺乏运动、不正确用药、居家周围的危险源、公共场所的危险源等。社区针对这些致因采取一些措施，如鼓励老年人增加日常锻炼、进行平衡能力训练、穿防滑鞋等。①

三、民防力量日益多样

"冷战"结束使以国家主权安全为核心的传统安全逐步淡化，越来越多的国家开始更多地转向对非传统威胁问题的普遍关注。与传统军事安全集中于军事威胁、政治对抗、国家中心等特点相比，非传统安全则更多地关注国民的生存与生活状态，这对民防工作与民防队伍提出了新的综合性挑战，新时期的民防能力建设逐步从单一战时防空而拓展至战时防空和非战时的非战争性威胁的参与应对，把"灾险防控"与"安全保护"的重点置于"人的安全"这一基点之上。20世纪80年代以来，民防与城市防灾抗灾和应急管理相结合，已成为各国民防发展的共同趋势，把战时防空与平时防灾融为一体，构建功能强大的民防力量体系是世界各国的普遍做法。同时，传统安全威胁与非传统安全威胁相互交织的严峻形势也日益显著，这使各国十分重视国防安全维护的军民一体化和军民两用技术的融合，并构建相应的民防力量体系。为了强化民防的防护职能以准备专业、迅速的民防力量，各国通常优化整合全社会力量，构建专业与非专业相结合、军民相结合的民防力量体系。

美国民防的主要特色之一，就是其民防力量的多样化。目前发达国家军队信息化建设技术的80%～90%来源于社会信息化系统。美国国防部的原则是，"凡是地方能做的事，都从国防系统移到地方去"，美军88%的全球空中战略投送、64%的全球海上战略投送，都是依靠民用运力实现的。美军在海湾战争之前两百多年的10

---

① 马英楠.中国安全社区建设研究[D].北京：首都经济贸易大学，2005.

次大规模军事行动中，承包商人员只有作战人员1/6至1/3，但在伊拉克和阿富汗战争中，承包商人员比重迅速增长，其总人数已远远超过作战人员。目前美国基本实现了"调整公路与军事快速通道相结合，服务区与兵站相结合，隧道与隐蔽工程相结合，高速公路与飞机跑道相结合，高速枢纽与战储基地相结合"[①]。美国在国民警卫队中建立民事支队，作为民防专业力量，1999年开始分批组建，2008年组建完成，共有55支。在大企业中，各大企业根据职工人数的多少成立民防大队、中队或分队，作为非专业力量。在发生紧急情况时，各州州长还可以调动本州的国民警卫队执行民防任务，同时要向国防部报告。另外，美国军队也参与协助民防工作。2002年1月，布什总统根据应对"9·11"事件的经验教训，提出了组建市民团（Citizan Corps）计划。市民团工作由国土安全部负责全面协调，其他联邦机构、州和地方政府、志愿者组织等共同协作，联邦紧急管理署将其作为基层战略具体组织落实。目前，美国各地成立了2407个市民团理事会，能够为79%的人口提供服务。[②]

俄罗斯也十分注重民防力量的社会性"融合"。俄罗斯民防力量由民防部队和群众性民防队伍构成。民防部队是俄罗斯民防力量的骨干，编为独立机械化旅、团，以及独立工程技术营和其他专业营。民防部队分为中央直属部队和地方部队两种，必要时直属民防部队也可交由地方政府指挥国。群众性民防队伍在市、区和工程项目中组建，区分为行动分队和勤务分队。行动分队的任务是进行求援和灾后恢复工作；勤务分队主要执行技术性、勤务性的任务，如医疗、运输和食品供应等保障工作。另外，各军种部队、政府部门所属的专业求援组织、社会组织等，在民防力量遂行任务时也给予必要的配合支援。

一些战争中立国家也十分重视民防力量的军民融合与社会融合，如瑞士民防。我国国家人防办原副主任王胜利在考察瑞士民防后撰文《考察瑞士民防建设的见闻与启示》指出，瑞士有三大特点，也是最值得瑞士人在世界上引以为自豪的"三大品牌"，即手表、银行及民防。[③] 瑞士民防力量的主要成分是服民防役的人员，其

---

① 姜鲁鸣.军民融合深度发展与中国国防安全 [J].中国人民防空，2014（12）：11.
② 杨胜利，耿跃亭.当代外国民防建设的主要特点及启示 [J].中国人民防空，2013（3）：6.
③ 王胜利.考察瑞士民防建设的见闻与启示（上）[J].中国人民防空，2014（8）：70-73；2014（9）：66-68.

民防部队与军队救灾部队建设已趋全民化、正规化。民防部队类似于我国的民兵，全部设在市、镇一级，市、镇政府主席兼任民防部队司令。全国现有民防部队38万人，占全国总人口的5.5%，分别编入各级民防组织，实行准军事化管理。48小时最大动员量可达52万人。部队有严密的组织编制，最高建制为民防团，下属消防、救护、卫生、运输和供应等专业分队，装备主要是抢险救灾工程机械设备，并配有轻型武器。民防组织和民防部队负责人，以及各类专业技术干部，每年要接受12天的训练。军队中还编有若干个"抢险救灾团"，作为机动力量配合民防部队行动的救灾部队，这支部队组建于1952年，最高建制单位为团，属于执行抢险救灾任务的特种部队，共2万多人，隶属联邦军事部总参救灾部队司。

四、民防体制各具特色

科学合理的民防领导管理体制与指挥体制是保障民防行动的关键与核心，也是各国民防建设所重点关注与探索的内容。世界各国根据本国安全战略的要求，构建了各具特色的民防体制。[①]

1. 民防的领导管理体制

从整体看，国外民防领导管理体制主要有两种类型，即政府主管型和军队主管型。

（1）政府主管型。

政府主管型是世界上大部分国家特别是发达国家普遍采用的一种民防领导管理体制。这种类型的管理体制又可分为两种基本模式，即中央政府专设部门直接主管和政府相关部门主管。由中央政府专设部门主管民防工作的国家主要有俄罗斯、美国、瑞士、英国、法国、德国、印度、韩国、日本等。

英国《民防法》规定，中央政府对民防全面负责，是民防的最高决策层。内政部是政府的执行机构，主要负责民防的立法、管理及协调等。政府其他部门，则按

[①] 杨胜利，耿跃亭. 当代外国民防建设的主要特点及启示[J]. 中国人民防空，2013（3）：4-5.

本部和平时期的业务范围分项负责。许多国家借鉴英国的做法，由内政部主管民防事务，并在内政部设立一个局级部门作为具体的办事机构。如法国内政部下设"民防与民事安全局"，德国内政部下设"联邦救援局"，印度内政部下设"民防和家乡卫队署"，日本国土厅下设"防灾局"，负责组织制定和实施灾害应对措施，民防准备隐含其中。

俄罗斯"民防、紧急事务和救灾部"是民防工作的主管部门，该部下设8个行政管理局，其主要职责是：协调民防各级指挥机构的活动，建立紧急情况预警和指挥系统；制订和落实国家有关民防的专项计划，在发生空袭、重大事故和各种灾害时，领导消除后果；建立相应的专业力量，并保证其经常处于准备状态；协调建立国家储备、保险基金，组织居民进行民防训练，进行国际合作等。

瑞士联邦民防总局，作为中央民防机构，最高权属联邦政府，管理体制实行联邦、州、镇政府三级领导，每一级设民防局，实行准军事化管理。1998年起由联邦司法警察部转划归联邦国防民防体育部领导，负责有关民防的编制体制、行政管理、训练、物资、民防工程等的法律法规制订，监督州、市（镇）二级民防组织对联邦民防法的执行情况，以及研究民防战略发展的有关问题。编制250人，设一名局长、三名副局长，下设办公室、人事处、组织训练处、计划建筑处、后勤装备处和训练中心；26个州政府均设民防局，各编四人。各州都拥有州特色的民防标识旗帜。北部与法、德边境相连的州全部实施军事化管理，装备统一的制服。

再如，美国国土安全部主管民防，具体事务由联邦紧急管理署负责，联邦紧急管理署下设7个局，另设有8个署长办公室、1个邻里伙伴中心和3个项目管理机构。芬兰在中央政府设立全国民防工作委员会，澳大利亚国家民防机构则为联邦抗灾委员会，约旦民防的最高决策机构是民防高级委员会。

（2）军队主管型。

目前，世界范围内运行这种管理体制的国家已为数不多，主要有以色列、越南等国。相对政府管理型而言，这种管理体制更加侧重民防战时防护功能的运用，同时兼顾平时应急救灾。1991年海湾战争结束后，以色列为加强对民防和后方防卫的集中领导，对民防指挥机构进行了调整。1992年取消民防司令部，成立后方司令部，并加强民防的应急功能。后方司令部统一指挥民防工作，下设作战行动、通行、后勤、医疗、民众防护、条令制定、自身人员安全等部门。在协同机制上，后方司令部同国防部紧急状态委员会、卫生部急救中心、内政部消防旅、各地方行政管理机构和国防军有关单位等协调合作，共同开展平时宣教和演练、战时后方救助、国内外的应急救灾等。后方司令部下辖一支全国性救援部队、一个支援中心、一个全国救援学校，还有一支分布在国防、农业、内政、教育、卫生、财政、环保和基建等部及各地方行政单位的民防志愿人员队伍。中央与军分区分别设预警系统和民防信息中心，战时或遇突发事件，以国防军紧急公布消息，紧急状态委员会通过新闻媒介加以通告。① 2007年9月16日，经内阁批准，国防部设立了国家应急机构，由一名退役准将负责，职责是国家面临战争、自然灾害和其他紧急情况时，协调军队和民众的行动。再如，越南民防机构设在国土防空中心，由越南军队总参谋部统一决策并按指挥体制对防空空军、陆军防空部队、民军防空力量实施指挥，同时按战争动员体制组织全民的防空工作。

2. 民防的指挥体制

为保证扎实有效地做好民防准备和协调一致地推进民防行动，各国普遍建立了责权明确、协调顺畅、不同层次的民防分支领导机构，形成了从中央到基层的指挥系统。这主要有两种模式：一是层级指挥体制，二是区域指挥体制。

（1）层级指挥体制。

主要有瑞士、印度、日本等。瑞士民防指挥系统为联邦、州、市（镇）三级，即联邦民防局–州民防局–市（镇）民防处。瑞士全国警报中心和三个州的指挥中心具有相当高的防护标准，指挥中心主要部位安装了隔震和防电子脉冲系统，安全监控设备先进，这些工程全部建在地下，指挥通信有线与无线相结合，有线实现程控化。如苏黎世全国警报中心，在作了伪装防护的地下坑道入口处，装有瞳孔识别或指纹识别的电子监控识别系统，凡有权进入的人都需要预先留下识别信息。信息大厅装有电子显示图板，密密麻麻的小灯泡在闪烁，每一个亮点就是一个警报站点或核化信息监控站点。这个警报中心还与周边国家核管理部门和本国内务部、军事

---

① 李哲.透过巴以冲突伤亡数字看双方民防建设上的差距［EB/OL］.中国人民防空网，2014-09-24.

部、民防局、气象、电视、广播、核电、救灾部队相互联网。全国设有3400个永久性警报站，无人值守的固定点和流动警报站2600个，警报站覆盖率占全国居民点的85%。警报中心监控的重点在法国方向，那里有核能发电站。在马塞尔隧道附近的民防工程的地下指挥所，在每隔几个应急灯旁边还悬挂着一个带玻璃罩的蜡烛灯，以防在万一断电的时候使用；虽然指挥所内有线通信已安装了程控交换机和程控电话，但仍然保留着供电式电话和人工插塞式的总机，以防在程控交换机受到电磁脉冲辐射干扰破坏时，人工的、供电式的电话就可以替换保证使用。日本注重政府对防灾工作的统一领导和综合协调。日本防灾指挥系统分为中央和都（道、府、县）两级，从社会治安、自然灾害等不同的方面，建立了以内阁首相为危机管理最高指挥官的危机管理体系，负责全国的危机管理。日本政府在首相官邸地下一层建立了全国"危机管理中心"，政府根据《灾害对策基本法》建立了防灾会议体制。中央防灾会议是综合防灾的最高决策机构，会长历来由首相担任，国土厅防灾局作为其办事机构；各都（道、府、县）由地方行政长官挂帅，设立地方防灾会议，地方政府的防灾局作为其办事机构。再如，印度民防指挥系统为中央、邦（直辖区）、市三级，即内政部民防和家乡卫队署-邦（直辖区）民防事务局-市民防事务官（市长兼任）。

（2）区域指挥体制。

主要有美国、俄罗斯、法国、英国等。这些国家不仅按行政区域设置了民防机构，而且设置了一些跨行政区域的民防区，并建立了相应的指挥机构。美国联邦紧急管理署在全国设有10个地区办事处，每个地区办事处负责3~7个州。俄罗斯有89个联邦主体，为便于管理，民防、紧急事务和救灾部在远东地区、西北地区、南方地区、伏尔加河沿岸和乌拉尔地区、西伯利亚地区和中央地区设立了6个地区中心，以下各级按行政体制逐级设立民防指挥机构。英国分为英格兰、苏格兰、威尔士和北爱尔兰四个地区，但各个地区划分的郡比较多，因此在地区和郡之间增设了两个指挥层次，其民防指挥系统为：内政部-政区政府-民防区指挥部-民防分区指挥部—郡（区）民防控制站。

五、民防工程不断扩展

非传统安全危机的凸显使联合国民防组织多次探讨拓宽民防职能的问题。为此，各国也将民防作为应对突发性公共危机的重要力量。以瑞士为例，20世纪90年代后，随着欧洲局势的缓和以及战争危险的降低，瑞士民防任务及工程建筑也更多地由单一空袭战备拓展至平时的抢险救灾和社会经济综合利用。随着非传统安全威胁的不断显现，自20世纪下半叶伊始，世界各国普遍减少了单纯为战时防护而修建的民防工程，而强调平战结合，在突出战时防护功能的同时，不断加大民防工程的商业化和效益化。[①]

1. 注重综合防护和系统防护

目前，西方发达国家的民防工程都具有"核常兼顾、软硬皆防"的综合防护能力。第二次世界大战后，随着核武器的发展，各国民防工程一直把"核防护"作为重点。到20世纪80年代，各主要国家基本形成了完整的"核防护"模式。"冷战"结束后，核大战威胁日益减小，但新型常规武器系统的出现和发展对民防工程提出了新的要求民防工程设计规范不断更新，开始改用对常规武器的抵抗能力作为主要标准，同时兼顾对核武器破坏效应的防护。

现代民防工程以防硬摧毁为主，也兼防一定程度的防软毁伤（即核电磁脉冲、核沉降等效应），特别是对计算机网络攻击的防护。美国是世界上使用计算机领域最多的国家，因而也更加重视对计算机网络系统的保护。目前，美国已率先将重要政治、经济和军事目标的防护从单防硬摧毁扩展为防信息软毁伤与防精确制导弹药硬毁伤并重，从而使美国民防工程各关键基础设施进入到"软硬兼防"的新阶段。在提高单个目标防护能力的同时，现代民防工程开始运用系统工程方法来保护目标系统，从而收到综合防护和系统防护的最佳效果。再如瑞士已建成标准规范的民防

[①] 杨胜利，耿跃亭.当代外国民防建设的主要特点及启示[J].中国人民防空，2013（3）：6-7.

掩蔽位置610万个，总面积达4000多万平方米。不少有代表性的民防工程具有相当高的防护标准，"三防"设施安装到位，指挥中心主要部位安装了隔震和防电子脉冲系统，安全监控设备先进。如位于卢塞恩的一处大型公路隧道，与一个地下六层两万多平方米的民防工程连为一体，其中负3层为指挥所，负2层为地下医院，负1、负4层为人员掩蔽，负5层为物资库。工程建设标准按防核、防化、防细菌武器打击建设，工程内通风空调、应急发电、通信设备、储备物资等全部配套，类似火车卧铺式的上中下三层的折叠床安装到位，保障生活的用品如食用水、干粮等可保证一个月用量，且定期周转，推陈出新。再是地下医院，内部可进行大手术，医疗设备、药品储备配套。

2. 注重与城市建设融为一体

城市地下空间作为平战结合的城市地下资源，是传统安全与非传统安全功能交织的地下空间资源，既是传统安全领域战时防空疏散隐蔽的防护空间，也是非传统安全领域应急避难与疏散行动的预防、准备、响应和恢复的一种地下空间资源。民防工程建设是一项耗资巨大的系统工程。为了实现民防工程的效益化，许多国家实施城市建设与民防工程建设相结合，大力开发城市地下空间，实现平战有机结合。

首先，民防部门参与城市建设整体规划工作。建设部门与民防部门共同制定法规，强制推行民防建设任务。比如，俄罗斯在制定全国城市建设总体规划时，就按照民防建设的要求对城市建设的各项指标提出明确规定，如人口数量、城市规模、建筑密度、街道宽度、城市绿地以及水源电网等。

其次，把民防工程纳入城市发展总体规划，使民防与城市建设融为一体。这种"融合"主要表现为以下几种形式：一是修建地下室掩蔽部。在建筑物中构建多用途的地下室掩蔽部是"相结合"工程的最佳形式。英国的《民防法》规定，"新建楼房均应设计地下室"。英国从1980年开始执行家庭掩蔽部计划，"标准至少1平方米/人，净空高度不低于2米"。1985年美国制订了"抗多灾掩蔽部计划"，该计划最基本的要求就是在新建筑物里修建多用途的地下室掩蔽部。目前，美国75%以上的城市建筑物都建有地下室掩蔽部。二是修建多功能的地下交通网。纽约、巴黎的地下铁道已达2000多千米，伦敦、东京、莫斯科的地下铁道也已达130多千米。

瑞士卢塞恩市的索年贝堡隧道工程平时汽车通行量3700辆/小时，全长1.47千米，战时可作为容纳2.7万人的防冲击波掩蔽部。美国华盛顿优先投资修建地下车库地下管沟，战时可作为全市半数以上人口的掩蔽系统。这些地下铁道、隧道、车库等大多具有完善的三防设施，战时可作为理想的掩蔽部。三是修建地下城。日本已修建了150多条地下商业街和大百货商店的地下售货场，总面积达200余万平方米。莫斯科切尔坦若沃住宅区兴建的地下商业街深达70～100米，战时可作为坚固掩蔽部。美国已修建了100多所地下学校，新墨西哥州阿脱西亚市地下学校平时可供500多名学生上课，战时可作为容纳2200多人的掩蔽部。瑞典修建了地下8层的国家档案馆和800多所地下医院。

3. 注重民防警报体系的完备

冷战时期，为防范敌人空袭特别是大规模核攻击，各主要国家均建立了比较完备的民防警报体系；冷战结束后，面对传统安全威胁与非传统安全威胁相互交织的严峻形势，各主要国家从应急需求出发，又对民防警报体系做了进一步改进。其共同的特点是：上下贯通，逐级分布，双向互动，多种手段并用。如英国的民防警报体系由两大系统组成：一是警报发放系统。警报中心设在英国空军作战指挥部，通过250个中继控制点，向全国的1.1万多个警报点发放警报。二是放射性物质监视报警系统。该系统由900个基层站、25个控制组和五个控制区组成。整个民防警报体系由内政部"警报与监视司令部"统一管理。英国的这种体系是比较典型的，其他主要国家也大致如此。

冷战结束后，音响警报系统的作用降低，除以色列等少数国家外，其他各主要国家开始将建设重点转向与公共媒体联通的紧急警报系统，并以此来发放军事攻击、恐怖袭击和重大自然灾害的预警信息。美国于2007年12月全面建成了"数字化紧急警报系统"（Digital Emergency Alert System），在面临紧急情况能够向广播电台、电视台、移动电话和计算机网络用户发送文字、音频、视频和其他数字信息，迅速通报各级应急管理机构、专业救援人员和社会公众。这是利用现代信息技术对传统警报系统进行更新改造的产物，是美国第四代国家报警系统。

六、注重民防宣教的强化

许多国家将民防知识教育逐渐纳入教学范畴,在学校和民间开展多种多样的民防教育活动,形成教育制度。当前诸多国家编订教材,组织公民统一学习。民防教程内容主要包括:国际和周边安全环境,世界主要国家民防发展的现状和趋势,民防理论、民防知识、民防训练等。

瑞士民防宣教的系统化特征极具代表性。瑞士民防建设的"为民所防,由民来防"的气象十分有特色。[①] 瑞士地处欧洲中部,欧洲大陆的分水岭横贯瑞士,是东西及南北的交通要冲,人们称之为"世界的中心",这仅有41000平方千米的国家是一个居安思危的和平中心国,民防建设十分有特色。瑞士的外交政策是:中立、团结、自由。瑞士一两百年不打仗,没有战争但始终把两次世界大战的历史教训和当代核武器威胁的现实引以为戒,长期以来从不敢放松国防建设,地下工程修得非常好,几乎平均每人就有三平方米的地下工事。

瑞士十分重视对全民的民防意识和普法教育,把民防教育列为全民国防教育的重要组成部分。联邦民防局编辑的关于减灾免灾、自救知识的《民防手册》发至每个人手中,做到家喻户晓,民防教育内容列入中小学教科书。瑞士还确定每年二月第一个星期一,为全国警报试鸣日,还通过组织公民服民防役、民防活动提高大家的民防意识。瑞士宣传民防的形式极为广泛,无论是在办公室、民防训练中心,还是社区的民防公共场所,从装备的车辆、设备、杂志到办公用品,甚至一支圆珠笔、一个手提纸袋、自行车挡泥板、汽车挡风玻璃等上面都会印有或贴上不干胶的民防标识。

瑞士的民防训练中心数量众多,瑞士共有26个州,每个州都建有民防训练中心,大大小小共有63个训练中心,承担轮训民防干部和骨干以及开展全民民防教育

---

① 有关瑞士民防的相关内容见:王胜利.考察瑞士民防建设的见闻与启示(上)[J].中国人民防空,2014(8):70-73;王胜利.考察瑞士民防建设的见闻与启示(下)[J].中国人民防空,2014(9):66-68.

任务。瑞士人口700万,平均近11万人拥有一个训练中心。20世纪90年代后,随着欧洲局势的缓和,战争危险的降低,瑞士民防任务及工程建筑更多由战备转向平时的抢险救灾和经济综合利用方面。以卢塞恩民防训练中心为例,其中的一座教学楼,利用现代化声学声像模拟地震、洪水等灾情发生的情景,对学员进行类似真实、身临其境的逃生训练和施救训练。瑞士自20世纪50年代以来长期坚持民防建设,视其为实施"总体防御"战略的重要支柱之一,称民防为"不带枪的国防",经过几十年建设,已建成现代化的民防体系。

再如以色列。以色列民防部门的防空教育始自幼儿园阶段,民众从小就养成一听到防空警报就必须放下一切而寻找掩体的自觉习惯。以色列民防部门每年都要实施全国性的民防演练,参与方包括国防军、警方、地方政府、营救部门、教育单位和普通民众,范围几乎覆盖整个国家区域。演习模拟包括导弹、火箭弹以及非常规性武器来袭等多种紧急情况,民防部门则组织有计划地拉响全国警报,测试公众在军警方计划下前往安全地点躲避与疏散的意识和能力。此外,每年还要组织多次群众防空袭演练。[①]

---

① 李哲. 透过巴以冲突伤亡数字看双方民防建设上的差距 [EB/OL]. 中国人民防空网(2014-09-24).

第三章 我国民防的形成发展与体制探索

民众防护在中国自古有之，无论是长城的防战，还是都江堰的防灾，都是世上瞩目的历史防护工程，为当时国家安全防御与民众生命的保护发挥了重要作用。但它并非因"空袭"而产生，因此并非本书现代意义上的"民防"内涵。由于历史原因与现实国情，我国国防、人防、民防之间有着相互叠加、相互补充却又不可分割、难以厘清的重合与交叠。解放军出版社出版的《人民防空实践与创新》开篇就强调"人民防空，简称'人防'，对外称'民防'"[①]，所以人防与民防在中国实践中基本上是合一不分的。当前我国将"人防"视为"民防"中的战时防空。从一个历史性的角度看，我国民防的萌芽可以追溯到中华民国时期，新中国成立后先后提出"平战结合""防空防灾一体化""参与应急管理""军民融合式发展""战时防空、平时服务、应急支援""服务国家安全与发展"的民防建设思想，改革开放后是我国"现代民防"建设的历史时期。

本章主要是对我国民防的历史与发展作一阐述，其具体内容有两部分：一是我国民防的源起与初步形成，二是我国现代民防的发展阶段及其相应内容。

第一节　我国民防的形成

一、我国民防的源起

如果以"防空"作为民防源起的标志，那么我国民防源起于20世纪20年代末。在我国，飞机对城市的轰炸最初可以追溯到北伐战争时期。1927年3月，国民革命军占领南京，直鲁联军沿津浦铁路实施的反攻过程中三次出动飞机空袭南京，成为我国历史上对城市实施空袭的最早行动。为全面保护国内军阀混战与日军战争空袭中民众的生命与财产，民国政府开始了全面建设防空事业，包括颁布防空法律法规，设定防空业务，组建组织机构和实施防空宣教。南京沦陷后，国民政府将首都

---

① 赵俊玉.人民防空实践与创新［M］.北京：解放军出版社，2008：1.

迁往重庆。整体上，中华民国时期的民防也就是从南京与重庆两市首先发展起来。

我国民国时期的民防一经产生就已显现了现代民防的思想萌芽，并初具雏形，这主要包括这一时期由民国政府组织实施的防空业务、民防组织机构、防空教育与演习、民防法律法规等相关民防活动。①

第一，防空业务。包括守势防空、攻势防空、防空情报三个方面。①守势防空。守势防空是发挥联合防空力量以阻止外敌空中侵袭，阻碍敌人空袭武器发挥效能或消除空袭后果的防空。抗日战争之前的南京国民政府和抗日战争时期的重庆国民政府的防空准备基本上采取守势防空。"敌强我弱，且民穷财尽的情况下，是不可能以购买飞机达到与日机抗衡的水平"。国民政府在战时用必要的空军和地面防空部队阻止敌人的空中攻击，在敌人空军侵入领空时，采取有效措施，减少灾害程度；平时对民众施以对空防护的组织和训练。守势防空属消极防空性质的防护，其措施包括建造民防工程、改进防护措施、防毒防火、疏散人员和物资、实施伪装、充实消防实力、加强避难设备、实行灯火管制、采取救护措施等。②攻势防空。攻势防空亦称积极防空，指能承受敌人空中攻击，以确保战争潜力、摧毁和截击敌人空袭武器为手段的防空。用绝对优势的空军消灭敌人的核心空中势力，以确保自身空中安全。自卫中含有攻击性，其工具与手段包括飞机、高射武器装备，查勘构筑阵地，陆军联合演习，掩护照测阵地等。如1937年"七七事变"后，杭州专门成立了防空司令部以加强攻势防空。8月14日，日本13架轰炸机袭击国民政府中央航空学校所在地——杭州笕桥机场，驻守在笕桥机场的中国空军四大队出动五个中队迎战，激战20分钟，击落日机6架，我机无一损失。8月15日，16架日机再次空袭杭州，空军四大队再度击落敌机13架，我机无一损失。因此，国民政府将8月14日定为了"空军节"。"空军节"不仅为杭州防空发展史留下了光辉的一笔，也标志着我国民防的攻势防空取得重大进展。③防空情报。防空情报由国民政府中央通信所（即中央防空情报所）和防空监视队哨组成，服务于守势防空和攻势防空，主要负责空情监视和警报的发出与解除，发现来袭敌机以有线、无线通信等方式迅速报告

---

① 关于民国时期民防建设的相关内容参见：王颖华，毛建华，陈志龙.浅谈民防时期民防的形成[J].中国人民防空，2005（6）：45-46.

防空首脑机关，以利于反空袭斗争。主要工作是划分监视区域、调整监视队哨、调整通信线路、改善情报所设备、警报设置、训练情报人员、联络情报等。1934年南京市外围设立了监视哨，中央防空情报所开设电话交换机、交通长途电话、市内自动电话，空袭警报由中央天文研究所、金陵兵工厂、首都警察厅负责，以汽笛和警钟发音为号，分预告、紧急、终了三种信号。至此，中国防空监视、通信网基本形成。

第二，组织机构。1932年南京政府成立人民自卫指导委员会，负责首都南京的民间防空业务，它成为我国最早的防空机构。1932—1933年，国民政府的防空勤务工作由军事委员会航空署组织实施，各省、市、县建立防护团承担当地的防空勤务工作并发挥了重要作用。1933年在航空署设立防空科，1934年改为防空处并将之作为防空的专门负责机构，下设积极防空、消极防空、防空情报和总务四个科，统一管理守势防空、攻势防空和防空情报等方面的工作。1934~1935年，全国性防空组织机构逐步建立，成立了国民政府军事委员会防空委员会，并在部分省、市先后建立防空司令部，在一些市、县、镇设立防空机构，编组防空救护、担架、消防等群众性防空组织，施行了灯火管理办法，并在南京组织防空救护与疏散躲避演习。1936年成立防护团，其任务为"办理一切消极防空业务，并协助防护平时水、火或地震等灾害"，隶属于防空协会。1937年密令组建首都防空司令部，下设积极防空、消极防空、防空情报和总务四个处。

第三，防空宣教。起初由中央及地方两级党政军警机构联合办理防空宣传教育工作，在一段时间内开展大规模的防空宣传周、防空展览会等宣传活动，主要宣传形式有设立宣传队，印发各种宣传材料，举办防空展览会，安排讲演、电影、标语、油画等。1933年，国民政府军政部航空署增设防空科，筹建防空教育；随后航空署举办民防研究班，召集南京的中央机关公务员实施民间防空教育。1934年，南京成立防空学会，但"旋以学会名义，囿于文化及学术团体范围，对于民防基层组训难以完成，乃于二十四年复令将防空学会改组为防空协会"，防空协会还设有训练组与宣传组。至抗日战争爆发前，举行过两次较大规模的防空演习，即1934年的首都防空演习和1935年的南京、杭州、镇江联合防空演习。这两次演习出动守势防空、攻势防空、防空情报队伍一万余人，飞机临空，高射炮实弹射击，防空监视所情报频传，交通、灯火管制、避难、消防、救护车宛如战时状态，既锻炼了防空队伍，也使市民受到了防空教育。1936年11月16日至24日，国民政府军事委员会防空处在西湖边的岳庙举行了为期9天的巡回防空展览会，共有八个展览室，内容分为攻势防空（积极防空）、守势防空（消极防空）、监视情报（防空情报）三个部分，展品有模型、器材、图表、照片等2000余件，约44万人参观了此次展览。

二、我国民防的初步形成

1937年国民政府制定《民防法》，第一条指出：（民防是）"为有效运用民力，发挥民间自卫自救功能，共同防护人民生命、身体、财产安全，以达平时防灾救护，战时有效支援军事任务"，第二条"民防工作范围"包括"空袭之情报传递、警报发放、防空疏散避难及空袭灾害防护；协助抢救重大灾害；协助维持地方治安或担任民间自卫；支援军事勤务；民防人力编组、训练、演习及服勤；车辆、工程机械、船舶、航空器及其他有关民防事务之器材设备之编组、训练、演习及服勤；民防教育及宣导；民防设施器材之整备；其他有关民防整备事项。"民防工作职责的这一定位初步显露了"平时防灾、战时防空"的民防思想萌芽，且运用了与国际民防通行做法一致的"民防"表述。

《民防法》的制定有一个较长的酝酿过程。1927年南京政府面对直鲁联军的空袭压力，开始重视防空力量的组织。国民政府参谋本部拟定了《南京防空计划草案》，军事委员会制定了防护团组织规程，对各省、市、县的人民防空工作做出了具体规定；同年，国民政府在庐山会议上颁布了《防空方案》，对防护团组织章程进行了修订。1932年"一二八"事变中，淞沪一带缺乏防空组织与力量，民众也无紧急躲避的常识，日机轰炸导致了大量的人畜伤亡与屋舍毁坏。据此惨痛教训，国民政府立即在首都南京制定了《南京市地下建筑施行简则》，并在一些城市组织了人民自卫指导委员会，负责并开展民间防空业务，如防空训练、演习与教育，防空警报，通信勤务，灯火管制与疏散引导，防毒及卫生救护等。自此，民防活动从自发、零散状态逐步转变为自觉、有组织状态。同年9月，"九一八"事变一周年之际，参谋本部审核通过了《南京方面之防御方案》，这是我国历史上最早的防空袭预案，同时发出《民间防空准备方法》，就掩蔽部、防空壕、防空警报、灯火、供给水电工厂的保护、消防、消毒、空袭时警察勤务、卫生勤务、空袭后扫除工作、空袭前指导居民等做了细部规定。1936年颁布《防空建筑规划草案》，目的是为了"防止空中所施予之危害"，其中对建筑选址、道路建筑、房屋建筑、公共建筑、地下室及避弹室的建筑、工厂建筑、水源水道、桥梁、公园、电线、防空壕都做了详细规定。1937年颁布《防空疏开办法草案》和《防空法》，这标志着民防已被纳入国民政府的国家防御体系之中。

国民政府《防空法》颁布后，各省纷纷制定实施细则。以浙江省为例，浙江省根据《防空法》制定了相关章程和细则，使得初步形成的民防体系得以深化和落实。如8月23日，浙江省成立了省会防护团，下辖8个区团，32个分团，设警备、警报、灯火管制、交通管理、避难编制、消防、防毒、救护、工务、配给、总务11个部。10月2日，浙江省政府颁发了《浙江省避难工程委员会组织规程》《浙江省避难工程委员会办事细则》和《浙江省防空协会告浙民众书》。1945年8月15日日本宣布无条件投降后，浙江省防空司令部于10月25日由云和县迁往杭州清波门云居山寂光寺办公；11月16日，省防空司令部并入省保安司令部，在保安司令部内设防空科。防空科设科长1人，科员10人，司书2人，公役5人，共18人。国民政府于1948年5月12日修正了《防空法》；随后8月7日，浙江省防空指挥部制定了办事细则共8章32条。

中华人民共和国成立前的历史时期内，战事频繁，而民防工事相对简单，城市屡遭空袭，人民的生命、财产因空袭而遭受巨大损失。据相关统计，在十四年抗日战争期间，日军空袭中国各地12532次，出动飞机62909架次，投弹261148枚，炸死94522人，伤114506人，损坏房屋462787间。平均百枚炸弹死619人，伤4423人，损毁房屋17721间，其他物资财产不计其数。[1] 国家与人民深悉防空之重要。总体而言，这段时期的民防具有单一防空性、组织临战性、实施战术性、定位防御性的特征，防空经费极为有限，防空措施简单，防护工程简陋，群众参与的积极性不足，导致一些城市的防空组织徒具虚名，或其防空工程未能发挥应有作用，或防空工作

---

[1] 王珏，侯康明. 新时期民防研究［M］. 南京陆军指挥学院专业课系列教材，2000：14.

基本处于空缺状态。如1940年日军先后出动6800架次飞机，投弹17000余枚，对重庆实施大规模连续轰炸。由于重庆市民防措施与民防工程运用不得力，重庆市民死亡21000多人，房屋被毁半数以上。另外，在1941年6月5日晚，日军再次空袭重庆，住在校场口18楼天然隧道附近的居民纷纷躲进隧道，而该隧道长不到百米，最大容量为1000多人，慌张的百姓们涌进隧道时因秩序混乱而导致多人死亡；加上躲避人数数量超过隧道容量数倍，隧道门关闭后空气不流通，空袭过后又未及时打开隧道口，致使约万名百姓窒息而死。这酿成了震惊中外的"大隧道惨案"。[①]

第二节　我国民防的发展

中华人民共和国成立之初，中国面临国际国内双重安全威胁的局面开始转变，遭受大规模外敌武装入侵的可能性被认为大大降低，巩固新生政权与复苏社会经济是当时的两大主要任务；20世纪50年代末开始，随着美苏核对抗的跌宕起伏，国际安全态势异常紧张，新一轮世界大战随时都可能一触即发。在此背景下，我国民防工作重心也开始由防御外敌空袭转向服务于巩固新生政权、复苏国家经济与防御核攻击。从新中国成立到开始实施改革开放的历史时期内，在中共中央、政府和军队的领导下，在民防工作者的创新劳动与全国各族人民、社会力量的支持与配合下，我国民防建设不断加强与完善，民防领导组织体系进一步完善，民防法律法规体系不断建立健全，民防人才队伍更加合理配置，民防工程建设水平进一步提高，民防通信警报网络不断更新，民防宣传与教育活动更加扎实，基层民防活动也逐渐展开。现代意义上的民防开始成为我国国防防御体系的重要组成部分。从历时性的角度看，1949年至今，我国民防发展大致分为以下五个阶段。

---

① 王珏，侯康明. 新时期民防研究［M］. 南京陆军指挥学院专业课系列教材，2000：14.

一、巩固新生政权和服务经济复苏（1949~1969年）

1949年新中国成立，外敌武装入侵暂时消除，也基本结束了先前军阀混战与国共两党内战导致的国内战乱，国家迎来了"短暂的春天"，工作重心逐步转移到巩固新生政权和复苏经济建设的工作中来。然而，在这一时期，中国周边连续爆发朝鲜战争、越南战争、中印边境自卫反击战，再加上台湾地区国民党政府扬言要反攻大陆，民防工作仍具有举重轻重的战略性保护作用，民防的防空备战职能也得到了加强，且长期处于防御性、战术性的临战状态。整体看，这一时期的中国民防大致分为三个阶段：一是新中国成立初期的建立人民防空阶段，二是朝鲜战争爆发后的加强人民防空建设阶段，三是相对和平环境中的人民防空建设阶段。

1. 新中国成立初期的人民防空建设

1949~1953年的新中国成立初期，中央人民政府着手恢复与建设国民经济的同时，遭到了国民党空军实施的空袭干扰。如1950年2月6日，国民党军队从台湾出动飞机17架，分四个批次轮番轰炸了上海市电力公司、沪南及闸北水电公司等地，累计投弹60余枚，炸死炸伤1400余人，炸毁房屋2000余间。同年2月9日，国民党又出动飞机空袭了福州市城区，共炸死炸伤民众200多人。3月3日，又空袭广州市，炸死居民259人，炸伤347人，毁伤民船300多艘，炸毁房屋564幢。[①] 国民党军队的空袭引起了毛泽东、刘少奇、周恩来等国家领导人的高度重视，1950年2月，中央指示军队和沿海城市采取有利措施防范国民党军队的空袭。根据中央指示，时任上海市市长的陈毅立即组建了上海市防空机构，制定了空袭警报期间城市管制办法，颁布了《人民防空须知》等政策和法规。3月2日，中央要求各主要城市及工业区应设立防空司令部，负责警报、灯火管制及积极与消极防空指挥，动员市民加强防空设备建设。10月，侵朝美国空军轰炸了我国东北边境的辑安（今集安）、安东（今丹

---

① 李扬主编.民防基本理论[M].北京：解放军出版社，2011：39.

东)、长甸等城镇与乡村，共炸死炸伤1000余民众。在此背景下，我国将人民防空工作作为防范国民党空袭沿海城市与防范侵朝美军空袭边境地区、捍卫国家主权与领土完整的一项重要战略决策。

1950年10月31日，周恩来总理请示毛泽东、刘少奇、陈云等领导同志并研究决定："防空的组织，先成立全国防空筹委会，研究和计划全国防空各种准备。"随后就建立了由周恩来、彭真、薄一波、聂荣臻、罗瑞卿、李立三组成的中央人民防空委员会筹备委员会，周恩来任主任，李立三兼秘书长，办事机构设在中央公安部。11月，政务院随即颁布《关于建立人民防空工作的决定》，要求"立即紧急动员起来，在一切可能遭受空袭的地区和城市建立人防组织，加紧人防工作的设施建设"，开始建立全国性的人民防空体制。为有效提高群众防空知识与技能、动员与组织群众采取防空措施，中央立即筹办了由200多名主要城市的负责干部参加的人民防空干部紧急训练班，周恩来还亲自为训练班做报告。党中央、中央军委还指示东北和沿海大城市加强空军和防空战备训练，要组织和动员群众进行人民防空知识的教育与演练。1951年5月，党中央决定成立中央人民防空委员会，周恩来任主任，国家主要领导人为核心成员，公安部具体负责人民防空组织体制的编制工作，规定了人民防空的性质、任务、方针和政策。在这一举措下，沈阳、大连等36个内地与沿海大、中城市开始组建人防领导机构、修建人防工程、建立防空警报设施、开展防空宣教活动等，全国范围内的人民防空活动逐步展开。

新中国成立初期的人民防空建设，在战略定位上，将人民防空作为国防重要的战略组成部分，目的在于维护新生政权，促进经济复苏；在职能定位上，人民防空就是集中应对战争空袭、减少或降低人民群众的生命与财产损失；在领导指挥上，实施中央对全国各项人民防空工作的统一领导与指挥；在组织实施上，国家绝对主导、广泛发动群众，具有临战性、应战性与战术性。

2. 朝鲜战争爆发后的人民防空建设

经过三年经济恢复与建设，我国国民经济得到根本好转。1953年中央政府制定了我国发展国民经济的第一个五年计划（1953~1957年）。正值我国百废待兴之时，美国在我国东北边境发动了侵略朝鲜的朝鲜战争，对我国新生政权构成了威胁。为确保经济建设与国防建设同步进行，党中央发出指示强调"人民防空工作是在国家建设时期必须同时着手进行的一项重要工作"，并强调人民防空工作要从准备应付帝国主义侵略战争出发，从保护国家建设的长远利益出发，把人民防空建设提高到长期的国防建设的战略地位上去。

1953年11月中央召开第一次全国人防工作会议，周恩来、聂荣臻、罗瑞卿等国家领导人和各军区司令部、公安部、中防委和人民防空等部门共180余人参加了会议，罗瑞卿在会上作了《人民防空工作的现状与今后工作方针和任务》的报告。会议总结了过去三年人民防空建设实践，结合社会主义经济建设，主要明确了四项内容：一是确立了"长期准备、重点建设"的人民防空工作方针，指出人民防空工作是和平建设时期必须同时着手进行的一项重要工作，必须随同城市建设与工业建设有计划、有重点地加以逐步贯彻。二是安排了第一个五年计划期间的人民防空工作任务，以贯彻工程措施为重点，结合社会主义基本建设，以新建和扩建的工业城市以及现有的主要大城市和工业城市为重点，以重工业、国防工业、铁道企业以及与国计民生有重大关系的企业作为人民防空建设的重点单位。三是明确了人民防空的组织机构，将其办事机构列入公安系统建制，将其工作列为公安工作的一项任务。四是确定了人民防空经费来源渠道和投资办法。会议还研究讨论了《省、市人民防空委员会组织通则（草案）》《第一次全国人民防空会议决议（草案）》等文件。会后，中共中央批转了《第一次全国人民防空会议决议》，高度概括了人民防空工作的意义和目的，明确了人民防空工作的具体要求，指出"为了避免和减少空袭时的破坏和损失，为工厂、企业、机关创造在空袭情况下坚持生产、坚持工作的必要条件，维护后方人民在战争年月里的正常生活，必须在和平时期随着国家的建设尽力做好人民防空的各项准备工作，特别是防空工程措施。"会议一致认同，人民防空工作是一个重大战略问题，关系着亿万人民群众的生命与财产安危、关系着社会主义经济建设、关系着战争情况下的物资支援与战争的最后胜利。

3. 相对和平环境中的人民防空建设

1956~1969年，社会主义建设事业在相对和平的环境中前进。抗美援朝的胜利为中国迎来了一个较长的相对和平的国内建设环境，但同时这一时期的社会主义建设事业经历了诸多艰难曲折。经过三大改造，社会主义基本制度在中国初步建立，中共八大对当时国际形势与社会主要矛盾重新作出了新的正确判断，这都为社会主义经济建设提供了有利基础。而同时这一时期也经历了反右派斗争扩大化、大跃进、人民公社化等运动的不利影响。在这一背景下，人们的国防观念和忧患意识逐渐淡化，和平麻痹思想逐渐滋长，一些城市在建设中开始忽视淡化人民防空思想与人民防空工程建设。1956年2月，毛泽东在听取重工业各部门汇报时了解到这一情况后强调："地下防空室，这笔钱不能省。"1965年1月，毛泽东在听取长远规划时又指示："老百姓怎么办？就是每个房子挖个洞，自己挖。平时当仓库，藏东西，战时飞机来了当防空洞。"毛泽东的一系列指示明确要求，为总体上为重新重视人民防空建设提高了重视程度，指明了建设方向。值得指出的是，1962年台湾地区国民党政府扬言要反攻大陆，国内战备形势又趋于紧张，人民防空工作又被重新提出。整体而言，这个时期的国防战备思想有所松懈，对防空备战的领导组织、人防工程等的重视程度也有所下降，人民防空建设呈现松散、被动，甚至停滞状态。

二、全民备战（1969～1978年）

以应对核威胁为民防重点的建设时期大致从1969全国人民防空领导小组成立至1978年实施改革开放政策的近10年（1969～1978年）。20世纪60年代开始，美苏关系恶化，两个超级大国争夺世界霸权的斗争日趋尖锐，两极核对抗逐步升级。中国面临两霸的直接威胁，思想上工作上始终处于临战状态，提出了立足于早打、大打、打核战争的观点。基于此，民防工作的重点开始转向防御核战争威胁，形成了全民备战的民防建设阶段。

20世纪六七十年代，美苏核军备竞赛更加激烈，国际安全再次陷入紧张态势。同时，中苏关系破裂，苏联的强敌压境成为我国国家主权安全的直接重大威胁。1969年3月2日，苏联边防军突然袭击位于我国黑龙江省的珍宝岛，并在我国东北边境陈兵百万，战争态势一触即发。面临该形势，4月毛主席先后发出"备战、备荒、为人民"和"要准备打仗"的指示，针对人民防空工作处于松散状态，毛主席在5月26日的一次会议上要求全国各地要加强城市防空，并批评不重视人民防空工作的问题。全国随即加紧了民防工作，包括加紧调整工业布局，疏散大城市人口，加强全国、省（自治区、直辖市）的"三线"规划和建设；在县级以上人防领导机构设立警报通信网；修建城市地下人防工程；对人民群众实施防空知识与技能教育；组织警报传递、疏散与防空演习。自此，我国人防进入以应对核威胁为重点、社会广泛参与的民防建设时期。1969年8月中共中央决定将人民防空工作由公安部移交总参谋部管理，并成立了由周恩来总理任组长的人民防空领导小组。随后，全国各大军区、省（自治区、直辖市）和主要城市也相继调整与健全人防领导机构和组织，建立由政府、军队及有关部门领导组成的人民防空领导组织体系，包括成立人民防空领导小组，设立办事机构，拟制人口疏散计划，组织和训练群众性的防空专业队伍，组织群众开展战备思想与防空知识教育，动员群众性的挖防空洞、防空壕活动，等等。政府有关部门、重点城市及其街道社区、大型企事业单位等也都相应建有人防机构，或编派专职人员对本单位的人防工作实施领导、规划与督促检查。1971年了7月，第二次全国人民防空会议召开，各大军区，各省、自治区、直辖布，重点城市，中央党政军有关部门的领导及人防部门的同志共190余人参会。周恩来就国际形势和战备问题作了重要讲话，指出了和平时期坚持人民防空建设的重要性："认为人民防空过时了，或者认为不重要，这是不对的。核战争、常规武器战争，我们都要很好的防，要很好的保存有生力量。人民防空是我们全面战备的一部分，各地、各大军区、省军区、各级党委和革命委员会都要重视，加强一元化领导，统一部署。已完成的工事，平时应加强维护管理，不然，战时就不能使用。"[①] 会议还研究分析了人防工作形势，提出了进一步加强人防建设的任务、范围和发展步骤，要求提高对人防工作的认识，健全人防组织机构，充分发动群众建设人防。

1972年12月毛主席又发出了"深挖洞、广积粮、不称霸"的号召，出现了全民动手深挖防空洞的局面，构筑了相当规模的人民防空工事，人民防空开始成为一项全民备战工作。这些措施主要包括，一是疏散人口。靠近沿海的一些城市按照打防结合的要求，初步建成了一批战斗街、战斗厂，采取上山下乡、工厂搬迁和在农

---

① 李扬主编.民防基本理论［M］.北京：解放军出版社，2011：45.

村建立基地的办法，疏散了总城市人口的约14%。[①] 二是组建专业队伍。全国各城市共建立了160万人的人民防空专业队伍。三是开展防空知识教育。进行了防核武器、防化学武器、防生物武器袭击的"三防"知识教育，用土法自制了以"三防"器材为主的各类防护器材，向群众普及自救互救方法。四是建立警报通信和指挥系统。全国地市级以上单位一般可在三分钟内收到统帅部的警报。经过1969～1971年两年的努力，中国人民防空基本改变了过去"城市防空没人管，中国城市没什么防空"的局面。1975年5月，中央决定邓小平同志兼任全国人民防空领导小组组长。

1970年中后期开始，国际形势趋向相对和平与稳定的态势发展，而同时，自然灾害、事故灾难等非传统安全威胁日益成为国家与民众更为直接的生存性威胁，加强应对非传统安全威胁的能力成为各国政府的一项重要目标。基于此，我国民防职能开始向平时防灾、参与经济建设转变，民防建设开始朝向战备效益、社会效益和经济效益的综合目标。

在以应对核威胁为重点的民防建设阶段内，基本形成了较完整的人防领导、组织与管理体系，人防各项工作更具有了全局性、针对性的指导，人防掩蔽率得到较大提高，修建与完善的大批人防工程成为我国后来人防工程建设的重要基础，对制止与延缓战争起到了重要作用。整体而言，这一时期的民防建设转变了过去临战性、战术性的特征，而体现了战略性、长久性与全局性，使中国民防走向了与世界民防地位相适应的时代行列；同时，随着国际形势整体上趋于缓和与非传统安全威胁的日益凸显，我国民防开始从单一战备防空转向战时防空与平时防灾的双重职能定位，逐步走向了现代民防建设之路。这一时期是我国民防发展史上的重要阶段，具有鲜明的时代特征，民防建设思想与内容都集中体现了这一时期核威胁占据主导、非传统安全威胁逐步上升、国际安全形势开始朝向缓和的时代特征。这一时期形成的民防领导、组织与管理体系和民防工程，为我国后来的民防建设事业奠定了重要基础，并对其产生了深远影响。

---

① 李扬主编.民防基本理论[M].北京：解放军出版社，2011：44.

三、平战结合（1978～2001年）

1978年中国实施改革开放，国家建设开始进入崭新的历史时期。在这一时期，一方面，经济建设取代阶级斗争并成为我国社会主义建设事业的"中心"。苏联解体后，我国对当时国际安全态势的判断是，战争至少在可预见的将来打不起来，"和平与发展"已成为时代的主题。以阶级斗争为纲转为经济建设为中心，时代主题从"战争与和平"转到"和平与发展"，这两个重大战略转变，再加上90年代伊始社会主义市场经济的探索逐步展开，这深刻地影响并改变了我国社会发展的方向，民防建设指导思想也发生重大转变。另一方面，冷战的结束凸显了非战争威胁的紧迫性，我国民防开始更多地与经济建设、城市建设、应急管理建设相结合的道路发展，逐步由单一战备防空转向平战结合、防空防灾一体化、积极参与应急管理和服务民生发展。从此，我国民防开始进入"现代民防"建设的全新时期，其核心内容包括三方面：一是单一战备防空转向"平战结合"与"防空防灾一体化"，这主要是民防系统内部对其自身的定位、职能、机构等的调整与建设；二是民防与应急管理相结合，这主要是民防系统与国家整体应急管理体系之间的相互融入；三是形成了资源整合、部门联动的"大民防"建设目标，这是我国基于整体民众防护体系目标而形成的整合相关部门资源、联动相关部门体制的"大民防"体系。

从1978年实施改革开放到2001年颁布《关于加强人民防空工作的决定》（中发〔2001〕9号），我国民防角色重新定位、职能不断拓展。在角色定位上，民防从国家防御体系的一部分开始转向国家建设的一部分，既是国家战备防空的重要力量，还是国家经济建设的重要力量；在职能拓展上，从单一战备防空开始向战备防空与经济建设、城市建设相结合的"平战结合"转变，整体上向"战时防空、平时防灾"与"防空防灾一体化"转变。我国现代民防建设的这种战略性转变，伴随了大范围的体制、机制、人才、科技、法律等的调整与准备，是我国民防领导与管理体系的进一步完善，开启了我国民防建设史上的新篇章。

1. 机构的临时性调整为常设性

1978年召开第三次全国人民防空会议，确立了"全面规划、突出重点、平战结合、质量第一"的人民防空建设方针，第一次将"平战结合"作为人防建设的指导思想，使我国人防进入到以战备、经济、社会的综合效益为目的的平战结合建设时期。从此，我国人防系统开始以平战结合、提高建设质量的要求，为全面实现人防转民防而积极进行思想、法律、组织、物质、技术、人才的准备与过渡，如1980年4月21日，邓小平同志批准了"修建防空地下室的投资按民用建筑总投资的6%"的规定，强调结合城市基本建设修建防空地下室是解决城市人民防空的重要途径；9月，中共中央书记处专题讨论人民防空问题，提出今后工作重点是维护、加固、利用现有人防工程，做到"人民防空建设和城市建设相结合，人民防空和城防相结合，平时和战时相结合。"1981年8月30日，中共中央、国务院、中央军委发布《关于调整各级人民防空体制有关问题的通知》，提出调整现有人民防空体制。中央决定将全国各级人民防空领导小组改为人民防空委员会，国家的人民防空领导机构称"中华人民共和国人民防空委员会"，简称"国家人民防空委员会"，受国务院、中央军委双重领导，办事机构设在中国人民解放军总参谋部，称"中华人民共和国人民防空委员会办公室"，简称"国家人民防空办公室"。这将战备时期的临时性机构调整为国务院的常设机构。1994年11月，党中央、国务院、中央军委根据机构改革和进一步加强国防动员工作的要求，成立了"国家国防动员委员会"，将人民防空办公室列入国家国防动员委员会的办事机构。人民防空作为国防中重要力量的地位得到加强。

2. 从无法可依到有法可依、有法必依

根据中央中央关于"要制定人民防空法规、使人民防空建设更加健康的向前发展"的指示和中央军委的决定，总参谋部从1981年开始起草《人民防空条例》。1984年7月20日，国务院、中央军委发布了第一部具有法规性质的《人民防空条例》，对人民防空建设的方针、政策、原则、具体建设业务等作了明确规定；1986年批转了国家人民防空委员会《关于人民防空工作改革几个问题的意见》，明确提出我国人民防空建设坚持解放思想、深化改革、加快建设和发展步伐的总要求。这一时期，人民防空建设在和平时期坚持平战结合的原则下，服从国家发展战略与国防建设的需要。1996年10月29日，《中华人民共和国人民防空法》正式颁布，以法律的形式确立了"人民防空实行长期准备、重点建设、平战结合的方针，贯彻与经济建设协调发展、与城市建设相结合的原则"，明确了"群众防空组织战时担负抢险抢修、医疗救护、防火灭火、防疫灭菌、消毒和消除沾染、保障通信联络、抢救人员和抢运物资、维护社会治安等任务，平时应当协助防汛、防震等部门担负抢险救灾任务"。我国民防开始走向依法管理与建设的新阶段。随后，各省市相应制定了适合本地区实际情况的实施办法和条例，使得我国民防的"平战结合"事业在法制化、正规化、制度化建设方面迈上新台阶、获得了新发展。

3. 积极与城市建设、经济建设相结合

1986年12月，国家人民防空委员会、建设部在厦门联合召开"全国人防建设与城市建设相结合座谈会"，进一步肯定了人防平战结合的方针，并在社会环境、法律环境、投资环境方面提出人防建设与城市建设相结合的具体思路。[①] 在平战结合方针的指引下，人防建设融入城市建设与经济建设中，人防工程被用于开办旅社、餐馆、商场等，为服务人民生活、缓解城市交通、促进经济建设起到一定作用。在平战结合与两防一体化的思路下，人民防空工作实现了战备效益、社会效益和经济效益的显著提高，既为国家保有了战备力量，还为缓解城市建设中的交通拥堵、商业服务紧张和就业难等问题作出了贡献。据统计，改革开放的第一个十年中，全国人防工程平战结合项目达两万多个，主要用作商场、文化娱乐场所、旅馆、教学科研、交通干道、地下生产车间、仓库、车库等。截至国家第七个五年计划末，全面人民防空工程平战结合率达34%，年产值和营业额达30多亿元人民币，年上缴国家税费3亿多元人民币，在人民防空工程内安排就业从业人员12万多人。

随着东欧剧变、苏联解体，美苏两极对立的冷战历史结束，新的世界大战几乎不可能再发生，国际形势整体趋于缓和。1989年9月4日，邓小平在同几位负责同志的谈话中指出，"国际形势有一个战争的问题。美苏两家打不起来，就没有世界

---

① 林英惠.坚持做好人防建设与城市建设相结合[J].中国人民防空，2001（12）.

大战。"在这种背景下,我国民防在更大范围内进行平战结合的探索与实践。1992年,上海市在人防办改挂"民防办"牌子,标志着我国"平战结合"建设迈进了新的历史阶段。同年,中国加入国际民防组织,并派员担任国际民防组织副主席和执行理事会成员,加强了与国际间民防建设的协作,开始走向与国际民防接轨的道路。

在这一历史时期,我国民防建设事业得到了全方位发展,各个方面都取得了突出的成绩:人防建设的目标上开始注重战备效益、经济效益与社会效益的综合获得;人防建设的途径上由国家拨款转到各种渠道筹措资金;人防工程建设走上正规化建设道路,建立了一整套技术规范要求和标准体系,工程质量与效益大幅提高;人防通信建设上基本形成完整独立的通信网络系统,通信设备得到较大改善;人防防护建设除加强了战时防战的防护工程建设,还形成了对平时各类工业企业的生产事故与化学事故的防护与救援计划;民防建设的指导思想也发生了四个重大转变,即从过去立足于"早打、大打、打核战争"的单纯备战思想,转变到以经济建设为中心的服务于国家建设全局的思想;从集中应付核战争的战略定位转变到有能力打赢信息化条件下高技术局部战争的战略定位;从单纯着手建设人防工程转变到人防工程,领导管理,组织指挥,通信警报,专业队伍,科技教育等的全面规划与整体推进;从计划经济体制下的单一行政管制转变为向市场经济过渡条件下的行政、法律、经济、教育等多种管理手段。但同时,这一时期还未形成系统的民防理论研究,民防实践也只能是"摸着石头过河"。

四、参与应急管理(2001~2012年)

20世纪悄然走进末期时,世界总体处于一个较长的和平发展阶段,未出现国家间的大规模武装性冲突,而非战争性威胁开始日益成为人类与国家生存的更为紧迫的重大挑战,如恐怖主义、食品问题、环境破坏、突发传染、群体事件、自然灾害、事故性灾难等,我国民防的战略性地位也因此更加突出。在这一安全态势下,我国民防在做好战备防空任务的基础上,开始积极参与各类自然性和人为性的灾害应急管理。随着国际民防朝向综合化发展,中国民防一方面顺应现代战争新特征,开始具备现代化战争条件下的防高技术高精度空袭、防生化核恐怖袭击与保护重要经济目标的职能，另一方面其职能向应对非传统安全威胁延伸，积极参与非战争性重大灾害的紧急救援。

1. 接轨国际民防有了实质性步伐

自1992年中国加入国际民防组织，中国民防就开始逐步参与国际领域的减灾活动。但总体而言，中国在这些活动中显得被动、不积极。2002年10月15日，中国成功举办由30多个国家参加的第五届地方政府应对灾害和紧急事件（LACDE）国际会议[①]。参与地方政府官员和专家就"世贸中心遭袭后应急响应的案例研究""东南亚灾害管理""灾害管理机构如何有效行使职能""城市的安全性和可靠性"等内容进行了研讨和发言，上海市政府与上海市民防办就"上海市城市减灾管理的新构思"和"上海民防在减灾管理工作中的地位和作用"在会上与各国代表进行了交流。会议签订了《第五届LACDE国际会议上海宣言》，对地方政府应对灾害和紧急事件的行动达成了共识。这次会议为我国现代民防主动走向国际开启了道路。在全球自然与人为灾害不断增多、传统安全与非传统安全交织共存的背景下，2007年7月26日，由国家人民防空办公室主办、上海市民防办公室承办的21世纪民防发展战略国际研讨会在上海召开，联合国国际减灾战略委员会、国际民防组织、亚洲减灾中心等六个国际组织，美国、俄罗斯、加拿大、芬兰、法国等14个国家的官员与专家学者参会。会议就民防在现代城市建设与管理中的地位与作用、民防组织与管理、地下空间开发与管理、社区民防建设等问题展开了讨论。会议认为，要不断推进民防体制改革，建立健全与防灾减灾新特点相适应的管理体系；注重民防知识的宣传与教育，提高民众自救互救能力；健全灾害事故的监测、预警和评估机制；充分认清灾害的无边界、无国界性，国家间要加大合作力度、丰富合作内涵、创新合作方式。近十多年来，我国"创造性地介入"[②]境外重大突发事件与灾害的紧急救

---

① LACDE协会作为国际性的防灾、减灾组织，一直致力于推动全球地方政府积极应对各种灾害和紧急事件，成功倡导了"安全、更安全"的城市理念。LACDE会议分别于1994年、1996年、1998年和2000年在以色列特拉维夫市、荷兰阿姆斯特丹市、智利维那市和冰岛雷克雅未克市举办了四届。上海主办第五届LACDE会议的工作始于2001年1月。当时，上海市民防办与LACDE协会国际秘书处签署了在上海召开这一会议的协议。
② 王逸舟.创造性介入——中国之全球角色的生成[M].北京：北京大学出版社，2013.

援和人道主义援助，为我国赢得了积极的国家形象，如参与2004年印尼海啸、2010年海地地震、2011年日本核事故、2012年南亚国家洪水灾害、2013年马航失联、2014年西非埃博拉病毒疫情等重大灾害或事故的应急救援。

2. 参与应急管理具备行动指导

第一，新时期军事战略方针发生转变。1991年1月17日，以美国为首的多国部队在联合国安理会授权下轰炸伊拉克首都巴格达，海湾战争爆发。海湾战争与以往战争形态具有重大差异：非区域性或全球性，而是局部性战争（历时42天的空袭、在伊拉克、科威特和沙特阿拉伯边境地带展开的历时100小时的陆战）、非机械化，而是高技术武器参战（精确制导导弹、远程轰炸机）、非旷日持久长达数年，而是对伊战略性瘫痪后迅速赢得战争（2月28日战争结束）。中国国家领导人根据现代战争的新特点对民防建设提出了新的要求，确立了新时期立足于信息化条件下打赢高技术局部战争的战略方针，实行由准备应对一般条件下的常规战向准备打赢高技术局部战转变；由数量规模型向质量效益型转变；由人力密集型向科技密集型转变。朱镕基担任国务院总理兼国家国防动员委员会主任时，亲自批准了适应高技术战争要求、适应国防需要和经济建设需要、提高人民防护工程防护能力需要的《人民防空工程战术技术要求》，并颁布实施，为信息化条件下应对局部战争的人民防空转向科技密集型和质量效益型事业起了积极推动作用。

第二，民防自身能力建设有了明确指导。《2002年中国的国防》白皮书提出了民防的"四个能力"建设要求，这成为我国民防能力建设的基本指导原则："根据形势发展的需要，人民防空将逐步实行防空防灾一体化，努力提高快速反应能力、整体抗毁能力、应急救援能力和自我发展能力，以便能够应付现代战争和重大灾害事故，有效保护公民的生命和财产安全。"《2004年中国的国防》白皮书第六章"国防动员和后备力量建设"明确指出了新时期民防在领导管理体制、应急联动机制、专业人才队伍、应急预案等方面的建设要求，即"三个鼓励""两防一体化"和"一个应急联动"："人民防空从国家综合安全的需要出发，积极维护社会公共安全。不断完善领导机构，构建应急救援体系，建立统一、协调、高效的联动机制，制定详细配套的应急方案，利用人民防空通信警报和指挥设施为抢险救灾提供服务，组织防空专业队伍承担人民政府赋予的抢险救灾综合协调、指挥保障和专业救援等任务，努力建立防空防灾一体化的平战结合民防体制。""国家鼓励平时利用人民防空工程为经济建设和人民生活服务，鼓励利用人民防空通信、警报设施为抢险救灾提供服务，鼓励人民防空主管部门和防空专业队伍承担人民政府赋予的抢险救灾任务。"民防"四个能力""三个鼓励""两防一体化"和"一个应急联动"构成了我国民防加强自身建设的重要思想引导，也是民防参与应急管理之探索实践中的重要内容。

第三，民防建设的基本内容、领导体制与管理模式有新定位。2005年第五次全国人民防空会议强调，要坚持以科学发展观统领经济社会发展全局，正确认识和处理国防建设与经济建设的关系，按照平战结合、军民结合、寓军于民的方针，完善国防动员体制，加强国防动员和后备力量建设；要把人防建设纳入国防动员建设的总体部署，把人防建设与城市建设结合起来进行，增强城市防空作战能力。民防的建设内容、领导体制、管理模式建设有了基本依据，即"三个转变"——"大力推进人防建设由机械化条件下的防空袭准备向信息化条件下的防空袭准备转变，由单一的人防体制逐步向防空防灾结合的民防体制转变，由传统的以行政命令为主的管理模式向现代的依法管理模式转变"。这是我国民防建设在理念上的巨大突破，标志着我国现代民防建设走向了以理论为先导的自觉、理性建设阶段。

第四，各地大力开展现代民防新探索。在平战结合与防空防灾一体化的思想指导下，从20世纪80年代中期开始，各级人民防空主管部门努力适应信息化战争、市场经济与社会公共安全建设的需要，积极开展将人民防空与城市建设、经济建设、平时防灾相结合的探索，先后在上海市和辽宁省开始战时防空、平时防灾、防空防灾一体化的试点工作，在湖北省进行了人民防空通信警报用于保障防汛抢险指挥通信的试点工作，在上海、天津、南京、广州、沈阳、郑州、开封和株洲进行了人民防空专业队伍参与核化事故救援的试点工作，南京军区还总结了上海市民防实践的经验，提出了"深化人民防空改革的新路子"，探索人民防空通信警报和专业队伍在抗震、防汛、防火与各类突发重大事故中的运用。辽宁、吉林、北京、天津、浙江、上海、重庆、江西等省市人防办增挂（或改挂）民防局（或民防办），承担省市人民政府赋予的防灾减灾与综合协调任务，在平时应急救援中发挥了不可或缺的作用。2010年7月2日，全国人民防空建设第十二个五年规划编制工作会议又提出要将我国人防建设成体系型、融合型、服务型、节约型、学习型的现代人民防空体系。

3. 民防参与应急管理的定位基本形成

进入21世纪，伴随着我国国内外安全新形势与社会经济新态势，我国民防不断推进两防一体化，不断在更大范围内兼顾战备效益、经济效益和社会效益。如2000年第四次全国人民防空会议就研究部署了我国人民防空跨世纪发展面临的形势和任务，将人防建设纳入国民经济和社会发展的"十五"计划，并将人防重新定位为国防与全民公益事业的重要组成部分。2001年《关于加强人民防空工作的决定》（中发〔2001〕9号）确定了21世纪人民防空建设的指导思想、原则目标和要求，其中基本原则是：必须走有中国特色的建设之路，坚持人民防空建设与经济建设相协调，与城市建设相结合；坚持人民防空与要地防空、野战防空相结合；坚持战时防空与平时防灾减灾相结合；坚持长远建设与应急建设相结合；坚持国家建设与社会、集体、个体建设相结合；总目标是：建立统一高效的组织指挥体系、布局合理的防护工程体系、灵敏可靠的通信警报体系、精干过硬的专业队伍体系、保障有力的人口疏散体系、现代化的科研和人才培育体系，努力提高人民防空的整体抗毁能力、快速反应能力、应急救援能力和自我发展能力，以应付现代战争及重大灾害事故，有效地保护国家和人民生命财产安全。

人民防空60年来在组织指挥、物质保障、队伍建设等方面，形成了比较完善的体系；人民防空整体抗毁能力、快速反应能力、应急救援能力和自我发展能力不断增强，特别是在防灾减灾抗灾、应对突发事件和紧急救援、保护人民生命财产安全等方面，发挥了重要作用，为我国经济社会发展和国防事业作出了重要贡献。为加快构建战时能力强、平时作为大的现代人民防空体系，2008年国务院、中央军委下发了《关于进一步推进人民防空事业发展的若干意见》，明确了领导体制、组织指挥、与城市建设协调发展、防空防灾一体化、信息化、经济目标防护和国有资产管理七个方面要求。2010年国防动员法草案规定，国家加强国防动员建设，建立健全与突发事件应急机制相衔接的国防动员体系。这是人防建设融入应急管理的重要步骤。2010年10月26日，第六次全国人民防空会议强调要坚持以军事斗争准备为牵引，把维护国家主权和安全放在第一位，把保护人民生命财产安全作为根本着眼点，对我国民防的发展做出了新的战略性部署。会议首次明确提出要把人民防空作为应急管理的重要力量，还首次提出要着眼提高基于信息系统的人民防空体系能力。同时，北京、上海、南京、杭州、深圳等省市民防部门都在大力探索民防与应急管理相结合的理论与实践，形成了地方各具特色的地方民防发展模式。实践证明，这些实践为加强国防安全、保障战时与平时的国民的生命与财产安全都发挥了重大作用。

民防与应急管理相结合的实质，是民防系统与政府应急管理系统在职能、资源上的相互渗透、相互融合。这既需要不断完善民防自身建设，还需要民防与相关部门建立资源整合、有效联动的综合民众防护体制。

五、维护国家安全与发展（2012~2016年）

第六次全国人民防空工作会议尤其是中共十八大以后，全国民防系统尤其是沿海发达省市和基层民防都进行了参与应急管理和大力服务民生的实践，如北京、上海、杭州、厦门、深圳等市民防的探索极具代表，其在发展定位、法规条例、组织机构、领导指挥、人才队伍、物资设施、宣传教育、信息化等方面，形成了各具地方特色的民防实践模式，逐步迈向综合化的国际民防轨道。实践证明，这些探索为加强国防安全、加强战备防空、服务城市经济与建设和为城市应急增加救援力量，都发挥了重要作用。

以地下空间开发为例。地下空间开发利用，功在当今，利在长久。[①] 城市人防地下空间作为平战结合的城市地下资源，是"传统安全"与"非传统安全"功能交织的地下空间资源，既是战时防空疏散隐蔽的防护空间，又是应急避难与疏散行动预防、准备、响应和恢复的地下空间资源。截至2014年，全国人防工程平战结合开发利用率已达到60%以上，特别是城市地下轨道交通建设推进迅速。目前北京、上海、天津、重庆、广州、深圳、南京、大连、成都等28个城市已有或正在建设地

---

① 林增金.认真贯彻十八大精神推进人防融合式发展［J］.中国人民防空，2013（3）.

铁，另有33个城市正在规划建设地铁。截至2009年年底，全国已经投入地铁营运线路总长度达到782公里，2010年建成480公里，2015年全国总里程达到1700公里。2020年将是我国地铁建设的高峰时期，到那时总里程将达到6100公里，不仅真正告别大中型城市没有地铁的时代，而且将为大量城市地下空间开发利用以及保证城市地下空间平战功能无缝对接奠定重要基础。[1]

中共十八大之后我国高层以前所未有的高度和要求对总体国家安全、国家安全法治、国家安全战略纲要、国防与军队建设等作出了全面深化改革的新部署，我国民防建设又有了新的发展定位，走向以更加制度化、法制化、科学化的方式维护国家安全与发展的道路。中共十八届三中全会公报决定成立国家安全委员会，完善国家安全体制和国家安全战略，确保国家安全。2014年4月15日国安委首次会议提出以人民安全为宗旨，以政治安全为根本，以经济安全为基础，以军事、文化、社会安全为保障，以促进国际安全为依托，走出一条中国特色国家安全道路，贯彻涵盖十一个安全领域的"总体国家安全观"。同时，《国家安全战略纲要》（2015年1月23日通过）关于我国当前所面临的内外变革和复杂多样的安全风险挑战、国家核心和重大利益的维护标准、党对国家安全工作的绝对领导、集中统一和高效权威的国家安全工作领导体制、以及高素质的国安队伍建设等都作出了新的原则规定。新的《中华人民共和国国家安全法》（2015年7月1日起实施）以法律的形式明确了国家安全的内涵、情报与危机防控、制度保障等关键内容，对一切担负国家安全保障职责的部门运作都作出了原则规定。这共同构成我国以人民安全为宗旨、以总体安全为内容、以安全法治为原则、以制度保障为依托的特色国家安全之路，我国国家安全具备了理念、战略、法治和制度的整体体系。围绕国家安全这一核心，中共中央、国务院、中央军委作出了《关于深入推进人民防空改革发展若干问题的决定》（中发〔2014〕15号），把国防和军队改革纳入国家改革战略全局，提出了新时期人民防空深化改革的新定位、新要求，国家人民防空办公室作出了《关于进一步依法依规开展人民防空工作有关问题的通知》（国人防〔2015〕103号），2015年还

---

[1] 王文臣.非传统安全与城市人防地下空间开发利用［C］//余潇枫主编.中国非传统安全研究报告（2013-2014）［M］.北京：社会科学文献出版社，2014：115-129.

对《中华人民共和国人民防空法》进行了新的修改。

2016年5月13日,全国人民防空第七次会议设定了新时期全国人防事业改革的新方向:人民防空是国之大事,是国家战略,是长期战略,事关人民群众生命安危、改革开放和现代化建设成果,为维护国家安全、服务经济社会发展作出了贡献;新时期要提升履行使命任务能力,提高防空袭斗争能力,有效履行战时防空、平时服务、应急支援职能使命;要从国家发展和安全高度深刻认识人民防空工作的重要性,要在新型城镇化中统筹推进人民防空建设,要增强重要经济目标防护功能,要开发利用人民防空资源,要积极推进人防市场化改革,要建立协同工作机制。我国人民防空开启了"战时防空、平时服务、应急支援"的时代新定位,其根本目标是国家安全与发展。

同时,国际对抗局势依旧严峻,冷战思维有增无减,新一轮军事变革造就了国防新压力。当前战争形态正在向信息化战争加速演变,空袭呈现出诸多与以往不同的特点,空袭目标、方式、手段和突袭方向等都发生了很大变化,信息防护、重要经济目标防护、群众心理防护的重要性日益凸显。在此背景下,我国人民防空的定位、职责与重点有了新的重大调整,人民防空要坚持城市防护与重要经济目标防护并重,工事防护与网电防护、机理防护、心理防护并重。因此,我国民防(人防)建设正在实现战略性转变,即从应付一般常规战争转变为准备打赢现代技术特别是信息化条件下高技术局部战争;由单纯的人民防空工程建设转变为防空工程、组织指挥、通信警报、专业队伍和科技教育的全面规划与落实,由计划体制下单一的行政管理转变到市场经济体制下综合运用行政、法律、经济等多种管理手段,由单纯依靠数量、政策的发展机制转变为依靠法制、科技、人才的现代国家发展机制,由单一的战备防空体制转变为防空防灾相结合的"战时能力强、平时作为大"的现代民防体制转变。当然,不可否认,我国的民防建设在现实中仍存有不少需要进一步克服的问题,如"部分领导干部对抓人防军事斗争准备的热情低,遇有机构调整改革,总想裁撤合并人防部门;部分地区人防工程建设管理方式滞后,与市场经济发展和政府推动职能转变要求还有不少差距;人防队伍整体能力素质还有差距,指挥人才与信息技术人才比较缺乏,难以适应信息化战略需要;重要经济目标防敌精确打击还缺乏有效手段,综合防护措施科技含量不高;部分城市人防工程布局不够合理，早期人防工程质量较差，平战转换措施难以落实，等等。"[1]

从整体看，我国民防的产生与发展体现了四个特征：第一，民防措施与行为的实施主体是国家或政府力量，集中体现在政府对安全资源的集中分配。如设定民防改革战略、制订民防法、建立民防组织、组建民防队伍、搭建信息与指挥平台等。第二，民防基于战备防空的基础上积极参与地方政府的安全治理，是准军事行动和非战争运用，体现了平战转换与平战结合的能力，是我国民防系统的战略准备与平时发挥服务作用两者兼顾的体现。如民防既要做好人防工程与常态演练，又发挥其现有资源为地方经济与安全服务，兼顾战备效益、社会效益和经济效益。第三，相比于美国、俄罗斯、日本、欧洲等国家和地区的民防体制，我国民防是单一制国家结构下的军政双重领导体制，具有集中统一、指挥高效的优势。第四，民防是消极防护与积极治理行动的结合，既做好防空状态的紧急应对，又十分注重常态条件下的民防教育与民防演练，将预防、预警与应急有效统一。

纵观半个多世纪以来我国民防的产生与发展，根据我国面临的国内外安全环境，再加上国际民防的推动，我国民防的产生萌芽、"防空备战""平战结合""防空防灾一体化""民防与应急管理相结合"和"民防维护国家安全与发展"的实践，都是必要且卓有成效。在新时期，我国民防将积极落实国家总体安全观，在总体目标、重大任务、空间布局、发展形态与发展路径上进一步探索，通过体制机制的改革创新，形成体现"大安全观"的现代化民防体系的大格局，实现国家安全战略和国家发展战略的统一。

第三节　我国民防的体制探索

民防体制，是民防系统的组织结构、权责划分与运行机制。它纵向上表现为中央、地方与基层各级民防机构的组织形式、职能划分及上下级的领导隶属关系（如

---

[1] 兰政.悟透要旨凝神聚力纵深推进人防改革发展［J］.中国人民防空，2015（11）：4.

中央、省、市、区四级民防机构之间；区县民防与街道、社区民防之间）；横向上表现为同级民防系统之间、同一民防机构内同级相关部门之间、民防与同级相关职能部门之间的关系（如浙江省民防与江苏省民防；民防机构内的指挥通信、人防工程、法律法规等部门之间；民防与同级民政、应急、地震、消防等部门之间）。民防体制是民防系统内制度化程度较高、沿袭性较稳定的部分，直接决定着民防体系的职能履行与功能发挥。民防体制构成了安全管理体制中具有平战结合能力的特殊部分，其运行方式与状态直接影响民防对安全威胁的应对成效，也必将影响民防参与非传统安全治理的功能发挥与效果。民防建设的关键问题是民防体制建设，民防建设的核心困境也集中体现为民防体制的困境。[①]

一、我国民防体制的纵向特征

我国民防体制在纵向上确立的是从中央到地方各层级民防机构的垂直领导式体系，体现的是上下级关系的组织形式、权限划分与运行机制的合成。我国民防体制的纵向特征主要体现在两方面：军政一体、条块结合。

1. 军政一体

与国外民防体制相比，军政双重领导是我国民防体制的重要特色，也被实践证明是军队参与应对非传统安全威胁的制度优势。《中华人民共和国人民防空法》（1997）第六条与第七条对此有具体规定。我国民防体制的军政一体性主要体现在：一方面，在中央，中国人民解放军总参谋部作战部设国家人民防空办公室（国家人防办）作为全国民防的最高领导与管理机构；各大军区、省军区分别设人民防空办公室，负责统一领导与管理各自管辖区域内的民防工作；省（自治区、直辖市）、市、县（市、区）的民防工作则主要由所属地方政府人民防空办公室领导与管理，地方大型厂矿、企事业单位等都设有人民防空办公室，统一管理本单位的民防工作。另一方面，思想原则上，地方各级人民防空办公室接受当地同级军事领导

---

① 关于我国民防体制探索的阐述摘编自：廖丹子.中国民防体制的困境及其超越[D].杭州：浙江大学，2013.

指挥机关的领导，在业务上接受其指导与监督，战时，各级人民防空工作由当地军政共同组建人民防空领导与指挥机构，实施军政统一领导。

2.条块结合

我国政府管理体制呈现明显的条块特征，"条"指从中央到地方相同职能部门自上而下形成垂直性领导与被领导关系，"块"指各级政府的各职能部门围绕党委这一核心而形成的块状组织结构。这在宏大的条条块块的基本框架下，民防体制也呈现典型的条块结合特征："条"是指我国民防体制实行自上而下纵向垂直领导与管理，各级军队与地方民防部门依法在上级职能部门领导下开展本级、本区域、本单位的民防活动，下级民防部门接受上级对口民防部门的领导与监督；"块"既指各级、各区域、各单位的具体民防活动相应地直接受本行政区域内的军政双重领导，还指我国现行单灾种管理方式逐步形成了单一部门负责单一灾种的"块"状管理模式。条块结合性构成了我国民防体制的重要特点，实践证明，它既为常规性重大非传统安全威胁的应对准备了军地联动的制度基础，也在一些非常规性非传统安全威胁应对中存在关系协调的困难。

需要强调的是，党的十八届三中全会对深化国防和军队改革作出了明确部署，要求深化军队体制编制调整改革和国防教育改革，健全国防动员机制，完善平时征用和战时动员法规制度等，这必然涉及人防系统的调整完善与改革创新，同时涉及我国纵向民防体制的再建构。我国的"人防的组织领导是与国防体制总体一致的，人防指挥体制与必须与防空作战指挥体制相衔接。因此，随着军队联合作战指挥体制的建立和完善，人防组织指挥体制必然需要进行调整改革。我们要跟踪了解军队联合作战指挥体制改革的总体设计、基本内容和工作进度，同步思考人防组织指挥体制的调整完善问题，使人防组织指挥更加适应联合防空作战的需要"。[1]

---

[1] 阚立奎.树立总体国家安全观拓展和深化人防军事斗争准备[J].中国人民防空，2014（10）：4.

二、我国民防体制的横向特征

我国民防体制在横向上表现为同一行政区划内民防主管部门与同级相涉单位所形成的平行组织结构与运转关系。我国民防体制的横向特征主要表现在三方面：平战一体、军地协同、相对独立。

1. 平战一体

它包括两项基本内容。第一，战时防空与平时防灾一体化，即防空防灾一体化，即在领导、职能与运行机制上，实行战时组织人民防空和平时参与非传统安全治理一体化。一方面，当国家宣布处于进入战争或战备状态时，民防启动战时指挥体制与机制：县以上各级人民政府和同级军事机关组成人民防空指挥部，履行战时人民防空组织的指挥职能；省（自治区、直辖市）人民防空指挥部由省委（自治区、直辖市党委）、省人民政府、省军区（卫戍区、警备区）领导、省（自治区、直辖市）人民防空办公室及有关部门领导组成；市人民防空指挥部由市委、市人民政府、军分区、市人民防空办公室和有关部门领导组成；只有人民防空一种任务的城市要设防空作战处；城市所辖的区（县）、街道、大型厂矿企业、主要经济防护目标管理部门，应根据所担负的任务建立人民防空指挥部。另一方面，在平时常态化情景（非战争或非战备状态）下的各种人为与自然非传统安全事件的处置中，民防在做好应对空袭灾害的常规工作的基础上，积极利用其军政双重领导、指挥与信息、通信与警报、疏散平台、应急物资、救援队伍、应急预案等软硬件资源优势，全方位地参与非传统安全治理。因此，防空防灾一体化是民防同时担负战时防空、平时防灾双重职能，其实质是民防同一系统，两套职责。第二，平战结合，即战时防空和平时服务于经济与城市建设相结合。如人防工程建设紧密结合城市建设要求与经济发展目标，实行平战两用；又如依法将人防工程利用为停车场、商场、广场、地下交通等，可缓解城市交通拥挤、缓解就业压力、便利群众生活、保障社会稳定、促进经济发展。

2. 军地协同

军队支援重大抢险救灾活动是当前多数国家的普遍作法。我国民防源起于战争情景，担负保存战争有生力量的重要职责，必然历史地与军队及其运作有着紧密联系，具体源自四方面：一是民防属于军政双重领导，重大紧急行动时具有与军队同台行动的制度基础；二是现役部队、预备役人员与不脱离生产的群众武装组织（民兵）构成了民防专业队伍，其遂行民防活动时既具有民事行为性质，还与军事行动相关或具有一定军事行动性质；三是民防专业队伍遂行重大抢险救灾任务时，若任务需要，可依法向国家申请部队进行支援；四是军队参与重大抢险救灾是军队的一项法定职责，必然与包括民防在内的担负安全维护责任的（地方）政府部门在任务启动与执行中有着各种紧密联系。军队与（地方）政府协同开展抢险救灾具有法律基础，如《军队参加抢险救灾条例》（2005）对军队参加抢险救灾的具体任务、启动程序、实施过程、作用领域、行动手段、平时准备、担负职责、承担费用、奖励抚恤等作出了具体规定，且基于重大突发事件紧急处置的需要还提出了越级报告、先期处置与第一时间发布信息的重要原则。

3. 相对独立

我国民防建设面临特殊情境，主要体现在两方面：在部门职能划定上，依据《中华人民共和国人民防空法》（1997），民防担负战时组织人民防空的法定职责，是国家防御系统的一部分，在历史传统上属于国防及传统安全维护的范围，与政府应急管理职能在作用领域、启动程序、责任主体、实施方式上有明确区分；在历史观念上，民防拓展其职能至平时防灾，还未形成相应的公众知晓度、认同度、适应度、配合度以及社会心理状况，防空防灾一体化的社会共识还未形成，其所实施的平灾结合活动在具体实施中遇到了与其他涉灾部门的组织互动的困难。整体而言，我国民防平战结合体制的转型探索进展较慢，目前基本停留在与非军事的相涉机构保持相对独立的状态上。平战一体与军地协同建设有待进一步加强与深化。

中 篇

第四章 社区民防建设的基本内容

社区民防建设的内容十分丰富，按照国情、省情、市情的不同，社区民防建设的侧重点也各不相同。但从国家对民防建设的总体要求和对社区民防建设的具体要求来看，社区民防建设的基本内容具有共通性。在总体上，可以根据民防的职责定位把民防分为三大模块：一是"战备民防"，主要对应战时防空，战时防空是动员和组织民众防范和减轻空袭危害，加强城市与重要经济目标防护；二是"灾害民防"，主要对应应急支援，应急支援是参与政府应急救灾救助的各类行动；三是"生活民防"，主要对应平时服务性民防，平时服务是利用人防战备资源服务经济社会发展，特别是城市社会经济发展。据此，社区民防也可以分为三部分，即社区战备民防、社区灾备民防和社区生活民防。本章主要从两个大的方面对社区民防建设的基本内容进行建构和分析，一是说明社区民防的一般实践，主要包括组织机构、预警预案、人才队伍、物资与设施、宣传教育、法制与预案、规划与演练、绩效评估八个方面；二是对社区战备民防、社区灾备民防和社区生活民防的三模块内容进行分别说明。

第一节　组织机构建设

建立统一、规范的社区民防组织机构，是领导、组织、落实社区民防工作的重要组织基础，是推进民防进社区的基础要件。当前我国中东部省区都已普遍开展了社区民防实践，在社区层面构筑民防机构，以实现上情下达，上行下效，将民防职能落实到民众生活之中。当前，社区民防组织机构的两种形式比较有代表性：

第一种，建立社区民防工作站。如浙江省杭州市、江苏省南通市和南京市，就探索实施了社区民防工作站。杭州市社区民防工作站成员是以街道人武部、街道党工委、社区综合服务中心、社区民防志愿者等组成，职责分工明确，其职责包括平时社区民防宣教、应急物资管理、志愿者管理、应急信息汇总、战时组织疏散等。当前，杭州市社区民防工作站又有了新的形式，即由杭州市人防办与杭州市民政、城建等部门在社区联合组建社区防灾减灾基地，发挥各自优势为社区安全提供保障。再如，南通市从2011年开始，全市各县（市、区）主城区有条件的238个社区均建立了民防工作站，健全了社区民防工作组织体系，完善了社区工作制度、社区应急处置方案、应急防护救护器材、民防宣传教育阵地、社区民防培训与演练等。其中，南通市文峰街道鲍家桥社区按照全市民防工作进社区试点要求，推崇"发展、融合、共享"的治理理念，高标准建成了社区民防工作站，实施社区民防工作"十个一"工程，即：建立了一个社会民防工作组织网络，成立班子，区分责任，明确分工协作；拟定了一套防空防灾应急预案，为组织群众应急避难准备了一整套的组织计划、程序、办法；标注了一个地面和地下避难场所，耗资数万元，整修人防工程，整治地面空旷区域，进行标志标注，让居民了解和掌握避难的路线、地点；建立一支得力的社区民防志愿者队伍，在社区范围内遴选思想基础好、反应速度快、吃苦精神强、奉献意识高的同志担当民防志愿者，经常组织训练，锻炼队伍、提升素质；建成一个民防宣传教育阵地，全市首家公共安全馆在鲍家桥社区落成，设置了综合减灾、自救互救、安全课堂、抗震体验等活动区域、配备了心肺复苏、交通模拟、3D影像等培训体验器材，填补了南通市基层公共安全教育阵地的空白点；配备一套能够自救互救的民防器材，应急包、应急箱、防化和消防器材等一应俱全，社区在平时完成一些急难任务时发挥重要作用；完善一套社区民防工作台账，按照要求，专人负责，真实客观地记录社区民防工作情况；印发一本社区民防宣传手册，分发到家家户户，并要求学生在家庭以宣传手册内容进行一次防空防灾教育社会实践活动；设置一个多媒体警报信息终端，集宣传、警报等功能于一体，在平时上传天气预报信息、播发各种通知等方面提供方便；组织一次防灾救灾演练，2011年，社区组织了一次人口疏散演练活动，参与的群众和观摩领导逾2000人次。[1] 还如，南京市社区民防还通过微信、电影等信息化新手段来促进社区民防宣教工作。[2] 社区民防工作站是社区民防组织机构的有益探索。

第二种，合建社区多方应急管理的"大安全"模式。如深圳市探索建立了将应急指挥中心、安监局、安委办、民防办、地震局5个部门的职责合并而建立市应急

---

[1] 褚敏.重实效惠民生活创新发展社区民防工作［J］.中国人民防空，2013（7）：43.
[2] 黄莺，杭玲.以鼓楼区为例看南京人防进社区［J］.中国人民防空，2015（9）.

管理办公室(应急办),由市应急办归口联系,建成了深圳市应急办(安委办、安监局、民防办、地震局),撤销原来的深圳市应急指挥中心,归市政府办公厅领导。相应地,深圳在街道(社区)一级则建立了社区工作站、股份公司、物业公司、驻地单位等多方联动的基层应急模式。

上述两种社区民防机构的共同特征是:资源整合,高效联动。以社区民防工作站为例,其承担的主要职责包括:①组织所在社区民众学习相关民防法规和民防政策,开展防空减灾方面的知识、技能学习与培训,提高民众的民防意识和自救互救能力。②组织制定所在区域人员掩(隐)蔽方案,针对可能出现的灾难制定应对措施。③组织社区民众开展民防训练和演练。④组织对突发事件的初期处置,配合救援队伍实施救援行动。⑤负责做好站内的民防工程管理与维护。⑥组织和管理民防工作志愿者队伍,定期召开民防志愿者培训,组织民防志愿者活动。⑦全面掌握并向上级汇报社区内的民防工作情况,并经常性的提出完善计划与意见。⑧完成上级赋予的其他任务。

我国部分地区社区民防工作站的成功实践表明,社区民防工作站在民众应急防范、民防知识宣传、社区应急动员、后期处置保障等工作中发挥了不可替代的作用。而同时,从全国社区民防的组织建设现状看,各地社区民防机构建制参差不齐,不同程度上存在着体系不健全、基础不牢固、职能不到位的问题,难以跟上"民防事业未来的发展在基层、靠基层""把民基层民防部门打造成保障和服务地方发展的一支不可或缺的重要力量"[①]的发展要求。

社区民防组织机构的探索中,要学习与借鉴全国各地有代表性、较为成功的社区民防组织机构建设路径,逐步建立健全本社区民防的组织机构。如可以先行开展社区民防试点,通过试点逐步推进。要做好试点工作,就要做好以下六点:第一,成立"社区民防"试点工作小组。要从社区民防的实际工作与要求出发,试点工作小组可以与社区民防工作领导小组实行"两块牌子、一套班子",也可以灵活地独立设置,如由所在区(县、市)分管民防工作和街道武装部、民政局、社区管理等相关部门分管领导组成试点工作小组。试点工作小组要做好指导思想与实施原则、

---

① 钱国超.抢抓机遇乘趋而上奋力推动江苏民防再上台阶[J].中国人民防空,2014(11):9.

组织机构与人才队伍、工作机制与考核机制等方面的规范性工作，发动社区工作人员、物业保安队、城管人员、志愿者等广泛参与。第二，"社区民防"试点应置于区（县、市）民防工作中通盘考虑。要充分根据试点单位的实际情况和社区民防建设的总体目标，认真制定试点实施方案，上级领导要勤于指导，经费上要给予大力支持，社区民防干部要有序落实，要为社区驻地单位创造机会与条件参与试点工作。要将试点工作重心下移，以社区为主体，发挥社区的主体性、主动性。要精心挑选试点社区，确保对其他社区开展民防工作具有借鉴与示范意义。第三，社区民防应与社区建设相融合。如将社区民防与构建安全社区、幸福社区等有机结合，形成社区民防工作的长效推进机制。第四，将社区民防融合到社区应急体系建设之中。可以探索以社区民防工作平台为依托，将安监、消防、地震、民政、红十字等部门职能整合到社区应急管理体系中，实行社区应急管理的归口管理和机制统一。第五，做好"社区民防"试点工作的总结、宣传与推广。试点社区汇集了社区民防系统的人才、机构、经费、物资、设备、程序、机会等资源，对其他社区开展民防建设具有较好的带动、榜样与示范作用。因此，要利用好"社区民防"试点的机会、成果与平台，做好试点工作的总结和宣传，并适时做好推广。第六，上级人防（民防）部门要加强对社区民防业务工作的指导，适时组织对专兼职人员进行培训，指导制订疏散隐蔽方案，帮助完善应急物资的落实，组织实施民防宣传教育等工作。

第二节 预警体系建设

一、政府预警体系的构成

预警体系是为避免和减少危机引发的灾害而提供的一体化预警服务，其一体化主要体现在"多灾种综合、多部门联动、防灾减灾多环节一体化"。预警体系建设的重点包括：研究自然、社会和地区经济、灾害本身特征等因素与自然灾害及其后果形成的"因变规律",争取提前预警,为救灾部门提供宝贵的应对时间;建立多部门联动机制,在统一平台上联合发布标准化的预警信息,联合制作预警产品,实施标准化的联动措施;重视"政府主导,基层主体"的防灾减灾体系建设,开展安全社区防御体系建设,提高居民的自救意识与自救能力。[①]

预警体系作为危机发生的"事前"管理环节,是危机管理成功的关键要素之一,是识别、确认、分析和评估风险的重要依据,有助于减轻危害损失,转移危机地带,保障经济和社会可持续发展。目前,我国已经初步建立了一套结构严谨、科学有效的具备预见、监控、防范功能的公共危机预警体系,主要由预警信息搜集系统、预警信息分析与处理系统、预警指标系统和预警方案制定系统等方面组成。

(1)预警信息搜集系统。

此系统是预警工作的关键,主要是搜集各种可能引起公共危机事件的潜在信息和异常现象,建立相应的信息搜集渠道,及时准确地发现可能引发危机的征兆和因素,并对其进行严密监测,及时搜集相关信息,把握公共危机事态变化的第一手资料。[②]有些材料由于某些原因,无法从公布的统计资料中获得,甚至很难准确采集,因此需要建立起能够满足这方面资料需求的畅通的渠道,同时需要利用现代化的技术手段,建立高效精确的预警信息搜集系统,为公共危机预警工作提供信息支持。

(2)预警信息分析与处理系统。

对搜集来的信息去伪存真,使之成为对预警工作真正有用的信息,是预警的必要环节。对预警信息的分析主要是对搜集得到的信息进行鉴别和分类,并明确致灾因子,对将来可能发生的危机进行判断,从而制订计划,查找和应对危险源,减少甚至避免危机损失。

(3)预警指标系统。

预警指标是能够指导预警工作的一系列与危机状态密切相关的参数,预警指标系统是通过设立一系列可以反映致灾因子的特征和危害程度的指标,并进行及时的

[①] 唐彩娣.江苏省自然灾害综合预警系统建设研究[D].南京:南京邮电大学,2011.
[②] 王伟.公共危机信息管理体系构建和运行机制研究[D].长春:吉林大学,2007.

数据更新和维护。建立指标的过程是：首先，通过大量的实践和论证，使用科学方法选择影响未来变化的因素作为关键指标，并制订相应的警戒区间，对社会和环境的相关方面进行密切监测，判断危机事件发生的可能和动向；其次，预警指标需要不断进行修正与更新，因为每个数据和权重都是不断变化的，指标的内容、数量和区间也是不断变化的，需要及时作出修正和完善。

（4）预警方案制定系统。

预警方案制定系统是以政府相关职能部门为主体，以专家咨询决策为支持，为应对突发事件而提供预案的系统。预案的制定是政府相关职能部门根据实地情况，因地制宜地吸取经验，运用现代化手段设定预案的框架和内容，当危机来临时根据危机类别和警情自动调出匹配的方案，从而依此采取措施应对危机。预案的制定并不是一蹴而就，需要不断进行修订和演练，对问题进行弥补和修缮，从而保证危机来临时能应对自如。

除上述四大系统外，还需要匹配其他手段，如法律法规的制定和完善，政府部门的机构建设，物资与人员的支持，公众危机意识和预警能力等，只有系统和各种手段密切配合，才能保证预警体系发挥"预则立"的功能。同时，当前我国预警体系也存在一些问题，如预警信息沟通不畅、公共危机预警信息的处置不完善、预警指标体系不合理等，这需要在实践改革与理论探索中不断完善。

二、社区民防预警体系的要求与内容

1. 社区民防预警体系的整体要求

（1）整体性。

民防是一项系统性工程，这就要求社区在建设预警体系时，应树立"大预警"观，按照一体化的结构模式，突破地域限制，建立互通、互联、互操作的预警信息的搜集、整理、识别、融合、评估机制。社区民防预警体系的整体规划应当突出"扁平化"原则，压缩预警情报的传递层级，注重社区层面预警信息的搜集和处理，加快信息的流动，同时，还要优化社区民防预警的指挥体制，变树状指挥体制为网状指挥体制，探索矩阵式指挥体制，从根本上优化信息处理流程，加快指挥信息的流动。

（2）联动性。

首先是军民联动。在信息传输中，平民化的技术趋势越来越强。因此，要将军队的专业预警技术通过民众喜闻乐见的形式进行传播和教育，将专业的空袭预警信息转变为大众传媒的信息，使普通百姓能了解并掌握预警知识。其次是上下联动。地方政府应当考虑从立项、方案设计、功能需求等方面，考虑实地的社区民防预警需要，把预警的顶层设计与社区实际密切结合，保证社区民防预警体系的上下贯通。再次是内外联动。我国民防建设起步晚，转型慢，国外民防建设的很多方面值得我们借鉴。因此，要积极学习国外民防预警的先进技术，尤其是在社区层面，要在本国"半自治化"的社区情势下，开展好社区民防预警体系建设。

（3）时效性。

面对公共危机的突发性和不确定性，"第一时间"原则是信息传递的第一要务。时效性是指信息仅在一定时间段内对决策具有价值的属性。决策的时效性很大程度上制约着决策的客观效果。预警体系提供的信息如果不够及时，很容易使防灾减灾工作丧失最佳时机。社区作为获得灾情险情"第一手情报"的组织，应当保证社区民防信息的快速、畅通传播。但当前由于资金不足，社区监测预警平台建设缺乏专业人员和信息技术，导致危机预警的准确性和即时性不足。这就要求加大信息平台的投入，引进优秀的专业人员，研发新技术，全面提升预警平台的预测能力。

（4）经济可行性。

社区风险预警平台的建设并非是短期、静态的项目，而是长期、动态地不断为社区提供预警信息服务的工程，初期的平台建设和日常的运行维护费用较大。这对于街道或社区而言，无疑是较大的负担，且短期内无法收效。这就需要上级部门给予必要的资金支持，设立社区民防预警体系的专项资金；同时社区也可结合自身特点，发挥联动优势，联合周边社区共同成立预警平台，费用公担，安全共享。

2. 社区民防预警体系建设的基本内容

（1）提升对预警体系的重视。

当前我国公共部门和社会大众对预警体系的认识还有不足，如对预警体系建设的战略意义认识不够，缺乏紧迫感和责任感，对民防预警的科学内涵理解和认识不全面，对预警体系建设的特点和规律认识不足，等等。这就需要社区配合其上级政府，积极开展社区民防预警知识的宣传和教育，加强民众对社区民防预警的重要性认识；同时还需要畅通的信息沟通渠道，保证普通民众及时获得预警信息。同时，要对社区民防工作者进行培训，加强其对社区民防预警的运用和信息传播能力等。

（2）建立集中统一的领导机构。

当前各地民防部门大多独自开展民防预警体系建设，统筹建设少，联动机会少，资源共享少。因此，对于社区民防预警而言，应由其所在的街道民防责任部门制定统一的规划和预警预案纲要，开展社区防灾抗灾预警演习等多样性的活动，引导建立社区之间的有效联动；对各个社区民防预警的特色和优势进行统筹，在此基础上制定信息、平台、人才、资源等的共享策略。

（3）提供政策法规与标准依据。

民防预警体系的政策法规是确保预警落实到位的基础。目前我国民防预警体系的法律法规尚不健全，社区民防预警体系也十分薄弱。在这方面，国外民防经验为我国提供了借鉴，如2002年新西兰国家民防计划生效，该计划分政府应灾、灾后重建民防警报系统、法律和秩序、消防、卫生、公共信息、福利、后勤、通信、能源、培训等几个大部分，预警系统的建设是重点之一，并特别说明"地方自治政府（地区市政委员会、地方有关应急服务部门、新西兰应急管理部）应将民防预警纳入当地民防计划并与下列机构保持适当接触"，"地区民防计划应包括在本地区内能有效地发布民防预警的适宜的预警程序，并报国家应急管理部备案"。新西兰国家民防计划特别强调个人和社区的责任和自力更生。因此，要进一步加强我国社区民防预警体系建设的政策、法规和标准依据。

（4）加大预警体系的人才培养。

在信息化、城镇化和防空防灾一体化的背景下，能够熟练掌握预警技术并能及时有效地进行综合响应，是社区民防预警人才的关键素质。当前我国民防预警系统的人员年龄普遍偏大，知识结构单一，不少指挥干部不懂技术，技术干部不懂指挥，缺乏预警意识、预警知识和预警能力。据此，首先，要加大社区民防预警人才的专业化建设，结合指挥通信、信息系统等民防专业人才的培养，要大力提升社区民防预警人才在信息搜集、数据分析、系统控制等方面的专业技能。其次,要利用民防系统的宣教资源优势,通过多样化的形式对社区民防预警人才进行专门、专题的培训。再次,预警是一项实务性极强的工作,对工作人员的实际操作能力要求非常高,因此要加大社区民防预警队伍的实战演练任务,尤其要演练提升跨区域、多任务、复杂性的预警能力。

（5）加快预警设施设备建设。

现有的人防预警系统指挥通信设备较为落后,没有形成交互式的预警信息传递系统,不能满足战时防空和平时防灾的快速、高效、准确、保密的要求,同时,一些民防预警工程让百姓感觉不"接地气",实用性不够。社区民防建设要坚持以居民群众的安全需求为中心,做到贴近群众、贴近生活、贴近实际,服务于民。首先,要制定紧急启用民众避难场所的预警方案,在工程出入口、重要路口等位置,设置明显的指示标志,战时可以减少人员伤亡,保护国家和群众的生命财产安全,平时可以最大限度地转换资源,为百姓所用。其次,要在居民居住区完善社区民防服务,装备一定数量的手摇警报器、简易通信设备和必要的呼救、救生、灭火等器材,并设专人保管,对使用方法开展广泛的宣传教育。再次,利用现代传媒快速、便捷的优势,开辟预警新路径。如开发利用短信、微博、微信等"微平台"对居民进行预警通知；在学校、社区、机场、港口、车站、旅游景点等人员密集区和公共场所建立电子显示屏等预警信息接收与传播设施,保证预警信息及时传递给群众。

第三节　人才队伍建设

一、社区人才队伍的现状与要求

1. 社区人才队伍的整体现状

当前我国社区工作的人才队伍,与其工作量相比,人员数量偏少,任务重,职业化和专业化程度不高,导致社区工作人员的积极性不高,工作水平偏低。

（1）社区人才队伍数量偏少，任务偏重，难以满足社区多层次的发展需求。

社区工作人员普遍面临的情况是："行政工作压力大，晋升空间小"，"上面千条线，下面一根针"，上级布置的任务量大面广，街道、社区应接不暇。而社区居委会大小事都得管，工作压力很大，工作"七多"现象明显，即台账材料多、调查报表多、证明盖章多、会议活动多、检查考核多、组织牌子多、硬性指派任务多。

（2）社区人才队伍职业化程度不够，难以实现主体性发展。

社区人才队伍的职业化普遍不高，学历偏低，身兼数职，且大部分工作内容多凭生活经验，专业化的知识与技能的运用较少，职业归宿感不强，这极大地影响了社区工作人员工作的积极性，进而阻碍了社区工作人员自身的进一步发展。

（3）社区人才队伍的专业化程度不强，难以提供高水平服务。

强化专业能力和专业水平是社区工作人才队伍发展的重要内容。从事社区工作的人员大多没有受过正规的社区工作知识、技巧的训练，缺乏社区工作人才应该具备的专业理念、知识和技能，服务的专业化程度不高。这些都导致了社区工作人员无法为社区提供个性化、系统性的高水平服务。[①]

2. 新时期社区人才队伍的能力要求

（1）社会责任感。

每个社会工作者都有其生存、安全、自尊和自我实现的权利和需要。社区工作者作为以社区和居民群体为对象的社会工作者，应将完善和发挥工作对象的社会功能为己任，使社区获得应有的服务和发展。社区工作的基本内容之一，就是实现社区参与，增强社区成员对社区事业的关心和介入，帮助他们找到最关键的问题，培养其自治能力，并推动社区发展。因此，社区工作者首先应具备强烈的公共意识和服务精神，服务社区，贡献社会。

（2）知识和技能基础。

社区工作者应努力提升三方面的知识与技能：第一，社区工作自身的理论知识

---

① 祝丞华.社区工作人才队伍建设问题探析［J］.管理观察，2014（6）：164-165.

和实务技巧。社区工作者必须首先了解其工作本身的特点和规律，掌握与业务有关的基本理论知识和技巧。第二，相关行为科学及社会科学的知识方法。如政治学（如公共行政学）、社会学（如组织社会学）以及经济学、教育学知识，这是社区工作人员处理大量社会民众日常事务所需要的知识基础。第三，社区建设与发展的知识。较全面地解社区的发展与建设，结构与功能等，熟悉社区生活习俗和礼仪，这是社区工作人员适应工作环境，建立积极的社会关系的重要知识基础。尤其在"互联网+"的背景下，社区工作人员应熟练掌握计算机运用和相关数据的搜集与分析能力。

（3）沟通技巧。

社区工作者既要与社区内外的组织机构打交道，也要与社区成员共同学习、讨论和工作。无论是工作伙伴之间的联合设计、集中财力、协同服务，还是推动工作对象的自助、互助和自治，都需要社区工作者发展或维持友好合作、群策群力和建设性的伙伴关系。社区工作者面对的工作伙伴或对象的职位、年龄、性格、组织角色各式各样，因此社区工作者要遵循沟通与合作的技巧，运用相应的知识和能力，建立信任关系。

（4）组织能力。

社区工作也被称为"社区组织"，也就是说社区工作是一种运用组织方法的干预或互动过程。社区工作者应当熟悉各种资源，善于将各种要素有机组合在一起，平衡社区工作中"供应"与"需求"之间的关系。社区工作者的组织能力还表现为组织具体专业活动的能力，如社会调查、会议主持、行政管理、方案策划以及推动社会行动的知识与技能。优秀的社区工作者应掌握分析、策划、检讨、激励、咨询、教育、谈判等的综合能力。

二、社区民防人才队伍建设

1. 完善社区民防人才队伍结构

（1）建立专兼职相结合的社区民防工作队伍。

当前从我国大部分城市的社区民防人才队伍建设看，建立社区民防专职人员的做法还极为少见。新时期为进一步加强社区民防工作，可试点在社区建立由街道人武部成员组成的专职社区民防队伍，如在街道设立1名专职民防工作人员，由街道人武部部长兼任，人武部其他干部也同时兼任社区民防人员，负责履行社区民防工作的专门职能。还可以建立由退役军人、社区党员、保安员、社区应急处理人员等组成的社区民防兼职工作队伍。总之，社区要建立和完善专兼职相结合的工作队伍，配合做好社区民防的知识普及、技能培训、工程巡查、警报建设和日常维护管理等工作，同时对于毁坏社区民防建设的行为要积极予以制止，并向上级人防（民防）部门报告。

（2）建立社区民防志愿者队伍。

建立健全社区民防志愿者队伍，目的在于充实人民防空宣传员、信息员、协管员和紧急救助员等力量，进一步强化战时担负疏散引导、心理疏导、医疗救护、后勤物资发放等保障任务。

一要组建来源主体广泛的社区民防志愿者队伍。志愿者队伍可以在社区民众、社区企业人员、退休干部、学校师生、社区工作者、社区党员等广泛人群中招募。志愿者可以分为专业志愿者和非专业志愿者。专业志愿者队伍，如抢险抢修、医疗救护、消防治安、防化防疫、通信运输、心理干预等，这其中就包括适合现代城市应急应灾需求的专家型志愿队伍，非专业志愿者队伍，如宣传解说、疏散引导、信息传递等。为适应信息化条件局部战争需要，志愿者还需要加强信息防护、心理防护、引偏诱爆、伪装防护、特种救援等知识与技能。

二要完善社区民防志愿者的培训与管理制度。要在大力推进社区民防建设工程的同时，做好社区民防志愿者队伍的培训和管理工作。要充分利用好、发挥好民防系统的培训阵地与资源，规划好志愿者培训的师资、教材和制度等基础建设，注重社区民防志愿者的专业知识和技能培训，提高防空防灾时的救助意识、能力和水平。同时，可根据社区工作实际条件和需要，为社区民防志愿者购买相关保险，分发社区民防应急包和社区民防志愿者证。

三要经常组织社区民防志愿者开展志愿活动。要大力开展注册社区志愿者培训活动，将志愿者经常性地纳入社区民防的常规性具体活动中，如年度性和季度性的应急演练（培训）、民防知识讲座等，在活动实施中不断完善志愿者管理规定，逐步明确志愿者的职责，提高志愿者参与应急救援的动力与能力。此外，还应将开展社区民防志愿者建设的日常活动纳入创建文明城区（县、市）、文明村镇、文明社区的重要内容和考核指标之一。

（3）建立社区民防专业应急队伍。

要充分发挥民防、民兵、预备役部队特有优势和职能，与地方的涉安部门（如消防、公安、海关、民政等）联合建设和训练各种专业力量，建立并加强社区民防的专业队伍力量，主要包括城市防空、民兵特战、信息对抗、保交护路、次生灾害防护等五大综合专业队伍。同时，要依托地方培训中心、民兵训练基地等资源进行精细化、专门化训练；在专业应急队伍的常态演练方面，要综合运用军队和地方的资源优势，进行统一规划、联合保障、综合演练。极为重要的是，要针对不同类型的突发公共事件而制定不同的应急救援处置方案和行动计划，成立应急管理专家组，建立专家信息库，发挥各类专家、学者和专业技术人员在信息研判、决策咨询，以及专业分析、专业救援、专业鉴定、专业评估等方面的作用。

2.加强社区民防人才队伍管理

（1）加强理论学习。

社区民防工作能否顺利推行以及效果如何，首先取决于工作在第一线的民防工作者的理论素养及其对民防政策的理解，社区民防工作者应将加强民防理论学习作为一项常态工作。要大胆探索与创新社区民防干部的培训形式，根据不同时期、不同灾害、不同地区、不同工作等，适时实地地安排不同形式的培训或集中学习方式，如知识讲座、电影观看、现场讨论、外出参观、模拟竞赛、团队训练等。还要丰富培训资料、教材、有声资料等。《民防知识读本》《民防工作指南》《国内外民防》《应急手册》等都可以成为社区干部培训和自主学习的资料来源。此外，还要提高业务技能水准，不断提升自身的业务技术能力，熟练掌握战时防空与平时防灾工作中的各项硬性技术，如疏散信息管理系统、通信站、现代指挥系统等的使用与管理。

（2）强化实践演练。

这是提高社区民防工作者防护灾害风险的有效途径，形式多种多样，如《杭州市社区民防应急演练基本要求》要求定期开展单灾种民防演练、综合性民防演练、指挥所室内民防演练、指挥所带实兵、指挥所带通信工具与研究性、检验性演练等，并做好演练的总结与评估（如宣布退出情况、对演练总体情况进行总结讲评等）。考虑演练的难度、成本等因素，社区民防工作者主要有两种演练方式，一是社区民防干部参加演练。通过全程真实模拟灾害事故，让社区民防干部切实把握灾害发生的信息收集与分析、灾害识别与预警、过程防护与控制、灾后处置与协调等典型特征与规律，了解防护人员在灾害应急中的心理状态与自我防护特点，识别灾害防护全过程中的优势与劣势，明白需要强化与提高之处。二是社区民众参与式演练。只有通过民防干部与群众的联合演练，才能最大效度地发挥实践演练的效果。要按照民众防护预案的要求，组织社区有关部门和企事业单位及居民群众进行防空防灾演练，以检验各类预案的可操作性；不断丰富社区民防实践演练的内容与形式，广泛动员居民参与到逃生、灭火、急救、疏散、鸣报、动员、警报等各种应急演练中来，切实提高群众在灾害应急中的反应能力。

（3）加强考核评估。

为更加有效地解决社区民防工作者积极性不高、目标不明确等问题，有必要建立一套社区民防工作者的激励机制，其中建立社区民防考核与评估机制就是有效举措。国家减灾委员会办公室在下发《全国综合减灾示范社区标准》的通知中规定，"全国综合减灾示范社区"的十大要素之一，就是"管理考核制度健全"。这项要素有三个基本要求，一是社区建立综合减灾绩效考核工作制度；二是社区定期对隐患监测、应急救助预案等各项工作进行检查；三是社区对综合减灾工作开展考核。

社区民防考核机制的主要内容是：上级民防部门做好工作指导，确定当年工作内容；街道负责民防工作的组织计划，各社区负责抓好人员、时间、场所和工作总结等具体工作的落实，建立相关工作台账；区（县、市）街道应加强对社区民防干部工作的检查、监督。社区民防干部考评的具体项目可以着重从组织领导、宣传教育、人才队伍、物资设施、预案方案等方面进行设置；考评办法可以实行层级考评法，也可以实行综合考评法。实行层级考评法，则由市负责考评县（市）区，县（市）区负责考评镇（街道），镇（街道）负责考评社区。实行综合考评法，则由市负责牵头，组织县（市）区和镇、街道的相关人员参加，组成综合考评组进行考评。考评可结合年度民防工作目标责任制进行考核；考评成绩可以采取百分制。对考评成绩突出的社区根据国家、省、市或具体的区（县、市）有关规定，实行精神和物质奖励，以鼓励先进，激励后进，推动工作。

同时，还可把社区民防工作考核标准纳入街道（镇）、社区（行政村）年度工作考核之中，做到统一计划、统一部署、统一要求、统一考评。社区民防工作考核机制可以从机制上推动社区民防工作向纵深发展，推动新形势下社区民防各项工作逐步走上法制化、规范化、制度化、科学化的轨道。

（4）加强经费支持。

上级民防部门对社区民防工作给予足够的经费保障，是社区民防工作顺利开展的重要基础。社区所在的县（市、区）要根据年度基层民防（人防）工作的目标与任务，将人防工程、信息系统、组织指挥、宣传教育、训练演练、战备值班、设备设施维护管理等所需经费（含乡镇、街道、社区）列入本级财政预算，严格落实预算管理规定和财务制度，确保基层民防（人防）工作经费的落实到位。同时，各项民防（人防）经费必须做到应收尽收、专款专用，要建立有效的执行机制和审核机制。针对民防（人防）工程、设备设施的维护管理，要探索建立专项基金、政府拨款、市场化运作等多种方式，确保经费的严格、科学、有效落实。

第四节　物资设施建设

一、应急物资与设施概述

2003年以来，我国遭遇了非典、松花江水污染、南方低温雨雪冰冻灾害、汶川地震、玉树地震、甲型H1N1流感、舟曲泥石流、芦山地震、鲁甸地震等一系列重大突发事件。在国务院统一部署的应急救援中，应急物资涉及面广、品种繁多，又由于事发地经济社会条件与地理气象等自然条件千差万别，保障需求存在较大不确定性；且往往需要跨部门、跨区域、跨灾种协调多方资源提供保障，参与应急保障的工作人员组成多元化且每次处置之间变化较大，不同行业或专业背景人员对特定事件所需的应急物资熟悉程度存在差异等，各类应急物资和关键生产要素的协调保障极为重要。

应急物资设施的管理主要包括储备与调度两方面。

1. 应急物资储备

应急物资储备是实施紧急救助、安置灾民的基础和保障。目前我国已经颁布了一些单行法的法律法规，个别法规对应急物资的储备进行了说明，但并未形成普遍做法，整体上缺乏综合性、规范化的专门针对应急救援物资储备的规定。民政救灾物资储备制度和防汛物资储备制度是当前我国较为完善和成熟的物资储备制度。

在总结应急救援实践经验的基础上，2015年国家发展和改革委员会在与国务院应急管理办公室、工业和信息化部、民政部、国土资源部等多部门充分论证的基础上，组织编制了《应急保障重点物资分类目录（2015年）》（以下简称《目录》），《目录》以响应阶段应急处置过程及关键保障要素为主线，总结了近年来重大突发事件应对中应急物资的实际使用情况，更加注重与现场应急指挥、组织分工和人员配置特点相结合，突出实用性和综合性，对应急保障涉及到的重点物资重新进行了梳理。

《目录》将应急保障重点物资分为四个层级。第一层级主要体现应急保障工作的重点，分为现场管理与保障、生命救援与生活救助、工程抢险与专业处置3个大类；第二层级将保障重点按照不同的应急任务进一步分解为16个中类；第三层级将为完成特定任务涉及的主要作业方式或物资功能细分为65个小类；第四层级针对每一个小类提出了若干种重点应急物资名称，体现了各类作业所需的工具、材料、装备、用品等支撑条件。《目录》构建了以"目标—任务—作业分工—保障物资"为主线分层次的物资分类方法，体现了对应急保障工作的探索和创新。[①]

[①] 国家发展改革委办公厅关于印发应急保障重点物资分类目录（2015年）的通知（发改办运行〔2015〕825号）[EB/OL].中华人民共和国国家发展和改革委员会网站(2015-04-07).

2. 应急物资调度

应急物资调度要考虑两个问题：如何选择应急物资储备点，以及应急物资运送车辆的最优行使路线。应急物资的调度主要考虑便捷、快速，而应急设施决定了应急物资调度的便捷性。因此对于应急设施的考量是重中之重。应急设施，也称应急资源点或应急出救点，一般按其特征分为两大类：一是应急服务设施，如消防站、紧急医疗服务机构等，通常在城市范围内考虑应急服务时间问题；二是应急资源储备点，通常在区域范围内考虑应急出救的时间问题。同时，按照不同物资的优先级顺序开展应急设施的规划：第一类优先级——生命救助物资；第二类优先级——工程保障物资；第三类优先级——工程建设物资；第四类优先级——灾后重建物资。

二、社区民防物资建设

加强社区民防物资的整体规划。民防物资储备应立足于应对复杂、艰巨、长期的防空任务，采取"军民结合"的方式，重点搞好粮食、弹药、油料、药品、防护器材、抢救设备等。各类物资应当实行统一规划，加强战备管理，制定物资储备的相关方案，保证储备充足，避免战时的物资短缺和中断。如《上海市民防条例》（2015年7月23日修订）第十三条规定："计划、财政、商业、物资、医药等有关部门，应当结合平时物资周转供应，有计划地做好民防物资储备"。要结合防空防灾的特点，社区将平时物资储备与战时物资储备相结合，结合本地区实际，因地制宜，将人防工程战时物资储备库与平时救灾应急物资储备库统筹建设。

1. 确保社区民防物资的具体落实

有条件的社区可以建立街道应急库、社区应急箱、家庭应急包。

①街道民防应急库。街道民防应急库是较大型灾害事故发生时的必备物资储备仓库，必须提供第一现场的应急救援装备与各种物资资源。应根据所在街道的特点、地理位置、房屋规划等，请相关专家选定街道应急库的设立方位、标准、装备和使用管理办法，并依据所在地区常见的自然灾害特点配置相应的食品、药物、饮用水、呼叫器、手电筒、应急照明等应急物资。

②社区民防应急箱。社区民防应急箱是灾害发生时有效引导逃生、疏散、隐蔽等的重要工具。要根据所在社区的地理位置、应急需要、灾害特点、社区空间规划等配备社区民防应急箱。应急箱内要配好应急避险与救援时必备的逃生、呼救、灭火、防化、警戒、防电和现场医疗救护等方面的应急器材。这些应急器材在开展社区应急疏散时，或突遭火灾、地震、台风、化学、触电、供排水等需要先期应急处置时，都可以方便、及时、快捷地"派上用场"。

③家庭民防应急包。家庭应急包是为每个家庭配备的应急装备。家庭应急包在提高家庭成员的安全意识，维护被困生命尤其是保护老、弱、病、残、幼的生命安全方面，具有十分重要的作用。社区民防可以通过深入广泛地宣传配置家庭应急包的重要性与方法，鼓励每户家庭自主设立家庭应急包。当然，有条件的县（区、市）和街道可以逐步推行向所在社区家庭免费发放家庭应急包。社区民防应急库（箱、包）是社区民防建设中的重要内容。

2. 加强社区民防物资管理

以社区民防应急库管理为例：一是加强领导，统筹安排落实。各级部门要把民防应急库的配置管理作为一项重要工作，做好协调和审批等，落实措施，抓住重点，逐步推进。[①] 各级民防部门要加强领导，认真组织实施，制订切实可行的工作计划，采取有效的工作措施，分期分批落实，稳步推进，不断总结，扩大使用范围。二是民防应急库配置与管理应采取市、区（县、市）、街道（镇）三级共同落实、分职管理。社区民防所在的上级民防部门负责民防应急库的监督和管理工作，力争把民防应急库纳入市政府的实事工程，同时，协助街道（镇）人武部设立民防应急库；各区（县、市）民防办要积极向本级政府汇报情况，争取各方面的支持，落实专用资金，组织购置配发，并积极指导街道（镇）民防应急库的配置管理工作。三是设定管理标准，实行标准化管理。民防应急库的物资配备标准应符合上级民防部门制定的有关标准。为确保民防应急库的质量和功能，可由民防协会等相关

[①] 如《上海市民防条例》（2015年7月23日修订）第十三条规定："物资储备方案由市负责物资储备的部门提出，报市人民政府批准后组织实施。其中防空袭物资储备方案应当报市人民政府和上海警备区批准。"

部门共同负责监制工作。县（区、市）应对民防应急库进行造册登记，定期进行检查；所在街道（镇）要经常指导居委会进行日常维护管理，并对有关人员进行使用培训。四是落实管理职责，实行专人管理。民防应急库的设立方位一般选择在居住小区较为集中的交通便利之处，日常管理工作由居委会和小区物业共同负责管理，实行定人保管、定位放置、定向使用、定期保养等措施。各居委会应按民防应急库使用管理规定的要求，加强民防应急库的使用管理，确保应急器材始终处于良好状态。民防应急库要纳入居委会的资产管理范围，按照有关要求进行资产登记、造册和移交。民防应急库是一项新工作，在推广应用的过程中，要充分统筹领导指挥、人才培训、宣传教育、预案等各项工作，要注意收集信息，及时进行数据汇总，不断总结经验，为进一步推广应用提供有力的依据。

三、社区民防设施建设

注重设施的整体布置。民防设施的主要特点是其不可移动性，因此在规划设施建设时，应注重对社区现场勘查和对社区常见灾种的探究，根据可行性分析划定社区设施的建设种类、数量、地理位置等因素，请相关专家选定设施建设的方位、标准、装备和使用管理办法。对应急疏散基地等民防设施的建设，应注重"平战结合""平战转化"功用的发挥。如应急疏散基地的规划可以分为地下车库和人员隐蔽室两部分，平时作为车库使用或物业工作人员办公居住，战时和灾情发生时作为社区人员掩蔽和应急避难场所。再如民防应急库的建设，应根据切实的需求，广泛征求社区住户的建议和意见，以便民利民为第一宗旨。对于社区地下空间的开发利用，如地下室、地铁、地下街道、地下仓库、共同沟等，要统筹维护，注重平战结合和平战转化。

全面加强设施维护。对社区民防设施的维护是发挥民防设施作用的关键环节，直接影响到民防设施的效用。首先，对设施的维护应形成常态机制，并设立专人专职，明确工作人员的职能和责任。其次，针对不同灾害事故特点，制定紧急启用民众避难场所的预案，并将启动的时机、进入避难场所的路线和使用要求等事先告知群众，并在平时的社区演练中，将民防设施的使用纳入演练流程。再次，要注重平时的宣传和教育。当前我国一些城市社区已经建立了一定规模的民防设施，如地下空间的设施、社区应急库和应急箱等，但其所在地的居民对这些民防设施的了解甚少。因此，有必要将民防设施的基本常识作为宣传和教育的重要内容，向普通群众进行传递和普及。

加强基础性设施建设。要按照战时防空、平时服务、应急支援的原则，推进社区民防建设所必备的设施、场所等基础设施建设。要通过建立街道民防应急库、社区民防应急箱、家庭民防应急包来逐步完善必要的食品、通信等自救互救工具，确保应急救助工作的需要；要充分利用绿地、地下停车场、操场等，建立一定数量的社区民防应急疏散场所；对社区内避难场所进行摸底、统计与规划，完善民防指挥场所，明确疏散标识，推广社区应急疏散平台，制定社区应急疏散图等；要建立和完善疏散隐蔽（掩蔽）场所，并配备相应的物资和供应等。

第五节 宣传教育建设

社区民防的宣教内容就是要最大范围、最大限度地让民众了解社区民防以及防灾减灾等基本知识和技能，以提高社区民众在各类突发事件中的自救和互救能力。在社区民防推进过程中，民防的宣传与教育是公开民防工作动态、展示民防新面貌、宣扬民防新活力、总结民防新成果的重要渠道。

一、社区民防宣传教育的要求

社区民防宣教工作根据宣教目标、宣教对象、宣教内容、宣教手段、宣教效果等主要内容，而有不同的宣教要求。从灾害发生阶段、不同灾种及防护手段的角度看，社区民防宣教的要求则具体包括三方面。

根据灾害发生阶段的具体要求。结合灾害发生的不同阶段、应急与防护要求，有重点、有目标、分阶段地开展社区民防宣教工作。在灾害预防与识别阶段，要加强灾害背景、灾前征兆、防灾准备的宣传教育，帮助群众掌握观察分析灾害知识的技能，在心理上、物质上做好防灾准备；在灾害防护与处置阶段，要教育民众保持清醒和冷静，具备主动处置的应变能力，增强紧急状态下的服从指挥意识和自救意识，强化自我保护的能力；在灾后修复与重建阶段，要注重稳定遭灾民众的心理状态，保持灾后正常的救灾秩序和社会秩序，防止灾后可能出现的失控现象，并迅速投入医治创伤、恢复生产和重建家园建设中。另外，要重点编制社区人员防护操作手册，落实"二图一表"工作，即社区人员紧急疏散图、楼道人员紧急疏散图和家庭应急防护计划表。要将防护工作渗透至每户家庭，要求每户家庭制定家庭人员防护预案，真正做到进家、落户、到人，实现灾害管理从被动应对型向主动预防型转变。

  根据不同灾种的宣教要求。根据不同灾种的性质、特点与发生规律，结合所在社区的软硬件资源，有针对性地开展社区民防宣教工作。一般而言，火灾、水灾、地震、台风、交通事故等是我国社区最为常见的灾害事故，约占所有灾害事故的85%。要充分发挥民防的组织、人才、设施等条件与资源，积极主动地参与城市应急管理。因此，在明确社区常见自然灾害的基础上，应采取多渠道、多元化、多维度、多方参与的方式，对不同灾种特点以及防护措施进行宣传与教育，提高社区民众掌握不同灾害的发生特点与基本防护技能；在不同灾种的宣传教育过程中，要十分重视现场展示与实战演练的宣传形式，最大限度地为民众提供最迅捷有效的民防知识。

  根据不同灾害防护手段的宣教要求。结合灾害防护手段、设备分类等，开展直观、形象、生动的社区民防教育。如杭州市民防具备了参与城市危机管理的组织条件与各种现代化的硬件条件：在市民防局设立了城市应急救援指挥中心，配备了城市应急救援指挥车、96110应急专线、社区应急疏散平台、警报系统、较为完善的人防工程设施和应急物资储备等。因此，要根据不同的硬件设施的作用场域和使用特征等，通过现场演示、实地展示、媒体播放、切实体验等形式，进行有针对性的宣传和教育活动，使民防系统的应急救援资源与信息及时、广泛地传达给民众，提高社区民防在民众心理的认知与认可度。

  在新的历史发展背景下，应不断创新民防宣传理念，创新宣教体系，创新宣教模式。[①]要将民防开展的防空防灾教育纳入国民教育、国防教育、爱国教育和社会公共安全教育体系。

二、社区民防宣传教育的方式

《全国和谐社区建设示范单位指导标准(试行)》(民发〔2008〕142号)的"示范社区指导标准"对社区"宣传阵地"的要求是:"社区建有居民公开栏、宣传橱窗、体育建身点及室内外文化活动场所;依托电脑、电话、网络、呼叫器等设施,建有现代信息化网络阵地,开设社区网站、社区论坛等,居民可以通过社区综合信息平台参与管理、反映诉求、获得服务。"因此,要通过打造多元化的社区民防宣传手段构建多元化的社区民防宣教体系。从我国社区民防宣教的主要实践看,社区民防宣教的通行做法包括:

设立民防宣教的专门机构与平台。在大型社区或人口密集区域建立民防宣教中心或民防宣教馆或民防展览馆是国内外大中型城市民防教育的普遍做法。大型民防馆在民防历史展播、最新民防科技成果、最新国内外民防发展动态、灾害动画展示、灾害案例分析、灾害体验平台、灾害自救互救等的民防宣传教育中发挥了重要作用。设立专门的民防宣教中心,有组织、有计划、制度性地开展社区民防知识和技能的宣传、教育与培训,提高公众对自身与他人生命的尊重与关爱意识,树立灾害防范意识,提高自我防护能力。民防宣教中心的宣传与教育,让民众被动式的防护知识学习模式转为主动式的学习模式。要将民防宣教中心的建立与完善作为民防建设与发展的重要内容。

积极推进社区民防宣教的信息化。信息化已成为当前的时代特征,"互联网+"带来的互联网泛在化深刻地改变了社会的生产生活和思维方式。社区民防的宣教工作要符合民众生活、工作对信息化的需求,要不断健全社区民防宣教的信息化模式。要充分挖掘网络在社区民防宣传中的渠道与手段,建立覆盖面广、影响面大、方便快捷的社区民防信息网络,将民防动态、灾害信息、预防技巧、温馨提示等信息与

[①] 赵平.浅谈新常态下如何创新人防宣传教育工作[J].中国人民防空,2016(3).

资讯及时、正面地通过正规网络渠道告知民众；同时，还要深入研究网络视频、网络电话、网络会议、网络跟踪等现代信息技术在社区民防宣教中的应用，建立最灵活、快速、便捷的社区民防信息传递通道。另外，还要结合人机一体的时代背景，进一步创新社区民防宣教的方式，比如围绕民防知识建立微课、影片、微信公众号、电子化教育馆、移动式共享等。如南京市鼓楼区在社区民防宣教中就形式多样地开展了微课、电子化教育馆等新探索。[1]

推进民防知识"五进"。民防的宣传教育需要进一步完善进学校、进机关、进社区、进企业、进媒体的"五进"工作机制。以"进校园"为例：2008年汶川地震与2010年玉树地震中校园的惨痛教训，让国内许多专家一致认为，推进应急避险知识进学校十分必要。校园课堂教育是开展民防教育训练的主要方式。这种途径适用的宣教对象主要包括在校学生、国家机关工作人员以及部队官兵，其中最重要的教育群体便是学生。民防的课堂教育一般由民防机构组织开展，教育部门协助落实，也可由教育部门直接负责。在校园的民防教育实施中，要根据民防教育的要求安排课时、教材与教学内容，其中教学内容主要包括：国家的民防制度、法规与方针政策；民防的历史与地位；常规的空袭灾害、核生化武器、自然灾害及事故灾难等的基本防护手段；应急救援的基本技能；组织和实践民防措施；开展民防工程和技术；民防行动、计划和预案；重要经济目标防护；实施抢险抢修以及自救互救的基本技能，等等。如杭州市在推进民防进校园的活动中，杭州市250多所初级中学开展了民防知识教育，并将杭州同顺职业技能培训学校确定为"杭州市民防教育试点学校"。还如厦门市民防极为重视民防进校园的举措，2013年厦门全市有109所初级中学、18所高校、七所党校、480个社区开展了民防宣传教育。[2] 在民防教育进校园的实施中，应采取电影观看、应急模拟系统体验、应急工具试用等灵活多变、生动形象的民防教育方式开展民防知识进校园。同时，要发挥好社区民防学校的宣传教育平台作用，将社区民防学校建设为民防教学基地。如浙江省衢州市衢江区人防办确立区实验小学为本区首个人防教育试点学校，建立了涵盖人防教育教材、网络

---

[1] 黄莺，杭玲.以鼓楼区为例看南京人防进社区［J］.中国人民防空，2015（9）.
[2] 钟兴国.加强人防工作建设幸福厦门［J］.中国人民防空，2013（7）：7.

宣传体系、优质公开课、教育橱窗、教育社团、疏散演练、参观教育、公益服务平台、心理咨询室、创作作品等为主要内容的民防进学校"十个一"宣教载体。①

充分发挥好传统的民防宣教方式。人防教育基地、宣传橱窗、民防手册等都是较为传统的民防宣教方式与手段，并因其历时长久而在民众心中留下了深厚印象，因此传统的民防宣教方式仍占据了重要作用。在开展传统的宣传活动中，要以直观的动画、图片等形式举行，善于发现、挖掘社区居民和驻区单位中能写会画、能歌善舞、能吹会拉等能工巧匠专门人才，组建诸如文艺宣传、腰鼓、棋牌、书画、乐器、戏曲、歌咏、舞蹈等队伍，结合民防主题，通过自编、自导、自演节目，向市民宣传民防知识。另外，要充分利用板报、标语、书画展、分发宣传资料等传统形式，增强了社区居民群众对民防文艺工作者的认同感、向心力。还如，发放民防手册仍然被视为是社区民防宣教的最为常见的形式。民防手册的特色在于其可以用灵活、生动的动画形式，引导群众进行火灾、水灾、地震、台风、暴雨等的灾害防护，最直观地知晓对生化武器袭击、化学武器袭击、核武器威胁、恐怖主义威胁等的基本防护手段。手册内容的编写应包括社区疏散图、应急重要联络对象、常用公救电话、人防应急通道等信息。

加强民防理论研究。缺少理论指导的实践是盲目的，而缺少实践检验的理论是空洞的。要进一步加大民防基础理论研究，通过理论研究将民防活动的规律转化为基本知识而宣教给广大民众。在我国民防实践逐步推进、民防理论研究尚属空白的历史时期，提出编写民防教材的意义十分重大。民防教材的编写是提升民防理论研究的助推器，在一定程度上说，是民防理论得以建构的标志。民防教材的主题既要有聚焦性，又要有广延性，既要深入挖掘民防的本质属性，又要以公共政策为导向，将民防研究与社会公共政策相结合。可以尝试编写的民防教材如《民防知识读本》《民防导论》《民防概论》《民防与非传统安全》《民防与公共危机管理》《民防与应急管理》等。

值得指出的是，"在人防（民防）宣传教育方面，往往停留在防空警报、人员掩蔽的方法传授上，缺乏对居安思危、未雨绸缪的战备思想教育，也缺乏对信息化

---

① 马建红，叶翔.创新"十个一"宣教载体，扎实推进人防教育进小学工作［J］.中国人民防空，2016（3）.

条件下防空袭知识技能的普及，特别是一些长期从事人防工程建设和行政管理等工作者缺乏对现代空袭特点和防范、对人防组织指挥方法的了解。"[①] 因此，要打破主题单一、形式单一的宣传手段，开展层次较高、主题丰富的民防宣教活动，如要逐步加强各种民防干部培训班、民防工作论坛（研究会）、民防工作论文征集、防灾减灾拓展训练基地、开办民防的网络与影视资料、建立家庭安全体验馆等层次较高的宣教形式，推动民防宣教走向新水平。

第六节　法制与规划建设

2015年1月，中共中央、国务院、中央军委作出《关于深入推进人民防空改革发展若干问题的决定》，要求坚持依法建设人民防空，建立健全人民防空法制体系。在依法治国、建设法治国家的改革要求下，"法治民防"也就成为了民防改革进程中的一项重要工作。

一、社区民防法制建设

1. 社区管理法制建设

加强社区管理，消除社区管理中存在的种种问题，必须坚持依法管理，实现法治化的社区管理。所谓依法管理，就是使社区管理主体、管理行为和一系列管理环节都纳入到法治化轨道，做到政府依法行政、居民依法自治。

健全社区管理法律体系，是推进社区治理法治化建设的前提，也是促进和保障社区管理顺利进行的内在要求。我国1982年宪法就已经明确规定了城市居民委员会的法律地位。现有的社区管理法律《城市居民委员会组织法》是在1954年通过的

[①] 阙立奎. 树立总体国家安全观，拓展和深化人防军事斗争准备[J]. 中国人民防空，2014（10）：6.

《城市街道办事处组织条例》基础上增加相关法律内容后而形成的。国务院及其所属各部门、各地人大及政府也先后结合实际制定了一系列相关法规和规章，基本形成了社区法律网络体系，为我国社区法治建设奠定了基础。通过采取法治宣传教育及综合治理等措施，社区成员有了一定的法律意识，社区治安状况有所好转，社区法律服务体系初步建立，部分城镇社区在扩大群众自治、实行民主管理等方面进行了有益探索，取得了一定成绩，社区法治建设的理论研究也逐步推进。但随着社会经济的快速发展，政府职能不断转变，法律的主客体关系在社区层面尚处于不成熟的阶段，导致调整城市社区管理的法律规范必然处于一种不完备的状态，并使得现行法规无法适应社区发展的需求。当前我国社区建设出现了许多新的问题：多种形式的社区管理主体及其地位、各级政府在社区管理中的定位、社区居民在日常社区管理中的权利和义务、居委会与业主、物业公司之间的协调统一管理等。为此，我们应不断推进法律的立、改、废工作，逐步提升社区管理法治化水平。

2. 社区民防法制建设的内容与要求

从当前我国社区民防的法制现状看，其首要工作，就是社区应因地制宜地制定社区民防条例。

民防地方性法规是国家各级地方权力机关根据本行政区民防工作的需要，在同宪法、法律、行政法规不相抵触的前提下制定的，施行于本行政区或特定范围内的具有法律效力的规范性文件。《上海市民防条例》是我国第一个关于民防的地方性法规[①]，为我国社区民防法治工作探索到了具有一定普遍适用的范例。《上海市民防条例》强调："本条例所称的民防，是指政府动员和组织群众采取防空袭、抗灾救灾措施，实施救援行动，防范与减轻灾害危害的活动。"我国社区应根据本市区域民防建设特点与总体要求，由所在市人防办（民防局）牵头，联合市应急办、民政局、消防局、防汛抗旱指挥部等部门，推动制定社区民防条例或社区民防政府规章，并加强社区民防法治的宣教与执行。在社区民防条例或社区民防政府规章的拟

---

① 1999年6月1日上海市第十一届人民代表大会常务委员会第十次会议通过，后根据2003年6月26日上海市第十二届人民代表大会常务委员会第五次会议修正。

定过程中，尤其要明确相关部门的职责与义务，突出相关职能部门和社会主体的互动机制，理顺权职关系，落实制度保障。

一般而言，社区民防条例的应明确以下四项内容。

（1）指导思想。

社区民防条例适用于本行政区域内对空袭、火灾、水灾、地震灾害和其他灾害，灾害性化学事故、放射性污染事故、交通事故、建筑物与构筑物倒塌和其他灾害性事故的预防、应急救援及其相关的管理工作。因此，社区民防条例的指导思想，就是提高社区防护能力，防范与减轻战争空袭灾害、重大自然灾害和人为事故灾害的危害，保护人民生命财产的安全。

（2）总体原则。

总体原则是预防为主、预防与救援相结合，贯彻政府统一领导、分级管理、平战结合的应急管理规则，加强社区民防的综合治理。具体就是要遵循"四个结合"和"七项整合"，即要坚持防空防灾一体化与本地区民防实际相结合，坚持民防建设与服务民生相结合，宏观设制与具体操作相结合，稳定连续和与时俱进相结合；实现减灾组织机构整合、信息资源整合、救援队伍整合、工程设施整合、后继保障整合、教育资源整合和法律法规整合。通过危机预警、危机识别、危机隔离、危机救援、危机善后处理等系列危机管理措施，控制灾害源，缩减灾害影响，保障人民安全。

（3）具体内容。

为保证社区民防条例内容的全面性、科学性、前瞻性，其应包括总则、任务目标、实施主体、指挥联动、人才队伍、教育培训、装备设施、预案规划、信息预警、应急处置、灾后重建、费用预算、法律责任等13项内容，并对社区民防工作机构的相关职责内容及与其他部门的联动机制进行合理、全面、清晰地定位。[1]

（4）理顺政府与自治组织的关系。

开展社区法制化建设，必须依托社区所属街道，协调各方关系。在此过程中，政府应认识到社区自治是社区发展的必然趋势，适应社区发展新要求，进行相应的

---

[1] 余潇枫.公共危机管理[M].北京：人民出版社，党建读物出版社，2006：70-75.

政府职能调整。政府相关部门应支持社区民防条例的制定，以社区自治为平台，建立社区自治管理系统与行政管理系统的共生机制，充分发挥民间防救力量，保证其与社会的良性互动。政府与社区民防自治机构之间的关系及各自承担的工作职责，都需要在社区民防工作中体现，从而推动社区民防建设的开展。

立法、执法、司法、守法和护法是我国依法治国、建设社会主义法治国家的有机整体，缺一不可。因此，社区民防法治的立法、执法、司法、守法和护法工作也是社区民防法治建设中不可或缺的重要环节，且这些环节相互促动，共同构成了社区民防法治体系。当前，我国社区民防执法还存在诸多方面的执法难问题，要进一步加强民防法治教育，提高执法主体和社会公众对民防法治的理解和认可，加大不同执法主体的协同执法，完善执法生态环境，提高执法监督力量，提高行政执法和服务水平。[①] 规范的社区民防法治文本，专业的社区民防执法队伍，独立的社区民防法治监督，成熟的社区民防公众守法和护法环境，共同构成了当前我国社区法治建设的重要内容。

二、社区民防规划建设

1. 民防规划概述

民防建设与国家经济和社会发展密切相关，是国民经济和社会发展的组成部分，也是综合国力的重要内容。新时期我国民防开始了"应战、应急、服务"新探索，因此需要结合不同种类、层次的威胁、危机要求，对民防的发展与改革进行全面规划。目前我国民防规划从时间上划分，可分为长期规划、中期规划和年度规划，从规划类型上可分为统筹型规划（如国家人防办及各地方省市的"十三五"民防建设规划）和专项规划（如人防工程建设规划）。

当前，我国各级政府已相继出台了针对本地区的民防规划与相应的建设方案。各类民防规划涵盖的主要内容包括：发展基础、指导思想，目标任务（年或季度），时间、方法、步骤，具体要求等。规划通过结合上级民防文件的内容和精

---

① 陈晖. "人防行政执法难"现象初探 [J]. 中国人民防空, 2015 (9): 66-67.

神，制定并下发给执行单位和部门，发挥统筹布局和突出重点的指示性作用。

制定民防规划，必须遵循民防事业发展的特定要求。首先，民防规划应具有统筹性。民防应纳入本地区的经济建设和城市建设的统一规划中，统筹考虑，同步建设，使经济建设和城市建设贯彻民防要求，同时民防规划也应协调与经济和社会建设之间的关系，民防发展应配合经济与社会的发展。其次，民防规划应具有高效性。民防建设需要多种投入及后期的维护费用，因此支出巨大。在民防规划中应兼顾防空和防灾的一体化需求，从建设、维护、使用、管理上，做到一笔投资，一步到位，多重效益。再次，民防规划应具有优先性。民防规划的实施是分阶段、分任务式的逐步实施，这显现出规划的目的是分清轻重缓急，有重点、分层次地组织实施。就国家层面的民防发展规划而言，大中城市和防护类别高的城市应优先建设，这是考虑到城市规模越大，地理位置和战略地位越重要，受威胁的可能性越大，遭受的危害也就越大；就地区层面而言，重要的民防工程设施要优先建设，如民防指挥工程（含民防通信、警报系统），人员掩蔽工程和疏散干道工程，重要经济目标的防护工程等。

2.社区民防规划的要求与内容

当前，我国社区民防规划的整体内容包括：以《中华人民共和国人民防空法》（2015年修订）及国家有关人防（民防）的法律法规为依据，建设管理规范、办事高效的依法行政体系；建立统一高效的防空、服务和支援一体的社区民防领导指挥体系；以社区防灾避险为主体内容，建设防空防灾一体化的社区民防教育培训体系；以社区民防训练为基础，建设平战结合、业务精良的人才队伍体系；以社区民防物资储备为主体，建设布局统一、结构合理的社区民防物资保障体系；以社区民防信息化为重点，建设统一平台、统一标准、统一数据的网络信息体系。社区民防规划的整体目标是：力争用3~5年的时间，基本建立起一套精简高效的灾害事故紧急处置组织指挥体系，建立防灾救灾规划和总体应急救援预案体系，建立灵敏可靠的通信、警报和新闻发布体系，建立精干过硬的各类专业队伍体系以及防护工程、物质保障和训练体系，提高城市的整体防护能力、工作的快速反应能力、民防的应急救援能力和消除灾害后果的能力，达到提升城市综合减灾管理的效果。

（1）加强社区民防立法立规，建设管理规范的依法行政体系。

加强社区民防立法立规。着力抓好宣传和协调，推动制定所在市或区（县）的民防条例（或社区民防条例）或民防工作的政府规章。条例或规章出台后，应按照上级民防主管部门统一部署，制定社区相关实施细则，以便于贯彻执行，落实到位。制定社区民防工作的规章制度，包括社区民防建设标准、应急避难场所、应急物资储备与管理、信息平台建设与管理、人才培养、宣传教育等方面的规定。

加强社区民防法规、规章的宣传教育。研究制定实施计划，举办各类培训班和知识讲座、竞赛，提高社区民防工作者的应知应会能力。充分利用市民防教育基地、民防学校等平台，深入开展社区民防法规、规章的宣传教育。

加强社区民防的行政执法。依据民防法规和规章，落实行政执法工作。适应"两防一体化"的思路，拓展现有民防行政执法机构的职能，对破坏民防法规、规章的违规行为给予处罚和警戒。社区民防工作人员应配合行政执法机构公正执法。

（2）建设防空、服务和支援一体的社区民防领导指挥体系。

搭建组织指挥网络。按照精简、高效、统一的突发事件应急管理机制和城市民防"防空防灾一体化"的目标，建立一支统一高效、反应灵活、自主联动的平战灵活转接的领导指挥体系，适应现代民防"战时迅速反应、平时服务民生"的建设要求。进行"社区民防"试点，在工作站和试点单位基础上探索建立社区民防组织指挥网络。

夯实指挥平台。充分发挥城市应急救援指挥中心在人才、技术、设备等方面的优势，有效带动相关应急指挥部门的相互配合，发挥其在各类应急指挥中心的联结与桥接作用。夯实以城市应急管理指挥中心为枢纽，集空情接受、警报发放、综合通信、指挥控制、决策支持、监视预警功能为一体的指挥平台。

强化重要防护目标的保护。积极配合城市发展战略，强化服务交通枢纽、大型建筑等重点防护目标和大型综合体的重点防护工作。完善重要目标防护工作的领导体制，建立协调小组，明确目标单位及上级主管部门的职责任务，强化市、区（县、市）民防部门对目标防护工作的指导和监督，研究制定社区重点防护目标的保护预案。

加强人员目标防护工作。建立健全人员疏散与掩（隐）蔽方案体系，落实紧急避险场所、民防工程、物资、通讯等保障措施，将应急避险的人员防护工作落实到社区居委会、学校、企事业单位，并落实责任到人和到机构。

（3）以社区民防宣教为主导，建立健全社区民防教育培训体系。

加强民防的理论研究水平。发挥民防研究用于指导实践、引航实践、纠偏实践的作用；加强民防系统的学习和培训；凝聚各路力量，利用各种载体，加强民防理论和政策的学习和研讨，提升民防理论水平。

建立民防教育基地。推进社区民防学校建设，以社区民防学校为载体建立民防教育基地。要采取多媒体互动教学、民防教育基地展览、演练训练等相结合的教学手段，将民防教育工程纳入市、区（县、市）两级党校的教学内容。完善社区民防宣传教育的动力、奖励、协作机制，形成学校民防教育、社区民防教育和党政干部民防教育三个体系。通过建立企业、家庭、学校、社区、机关全方位的培训教育链，形成全民动员、预防为主、社区参与、人人安全的局面。

建立社会化的民防教育培训设施。建成民防教育馆和民防培训中心。区（县、市）研究制定社区民防教育培训设施建设的规划与方案，学校、乡镇、街道、社区、重要防护目标单位积极建设民防知识学习室和民防知识栏，每年组织开展1~2次集中性宣传活动。利用网络、电视、广播、报纸等媒体，加大民防宣传力度；建立统一、规范的社区安全标识和社区应急疏散图，做好社区安全标识与社区紧急疏散图的日常维护与管理。

（4）以社区民防训练为基础，建设平战结合、精干过硬的人才队伍体系。

优化人才队伍结构。逐步建立一支专兼职相结合的社区民防工作者队伍；建成社区民防工作专门机构；组建素质好、服务意识强的社区民防志愿者队伍；发挥社区驻地单位工作人员与社区相关工作人员参与建设社区民防的积极性；完善社区民防干部培养机制，建立社区民防干部工作考核机制。

提升人才队伍素质。强化社区民防干部的理论学习，提高理论水平；制定民防培训教材与民防知识读本，制定社区民防干部培训大纲与计划，建立专业化、制度化、规范化、系统化的社区民防干部培训体系；制定社区民防应急演练基本要求，定时举办社区民防应急演练，提高演练的装备水平；制定社区民防跨岗、跨部门、跨地区的人才交流方案。

（5）建设统一布局、结构合理的社区民防物资保障体系。

完善社区应急物资储备体系。建成街道民防应急库、社区民防应急箱、家庭民防应急包组成的社区应急物资储备体系，按照社区应急管理要求配备充足、合理的应急物资。在全市社区（街道）建成覆盖广、配备全、管理完善的社区应急物资储备体系。

完善社区应急物资管理体系。制定社区民防应急库（箱）设定标准、社区民防应急库（箱）的管理工作规定和民防应急库（箱）使用管理规定，按照市、区（县、市）、街道（镇）"分级负责，分层管理，逐步落实"的原则，加强领导，认真组织实施，制定切实可行的工作计划，采取有效的工作措施，分期分批落实，稳步推进，不断总结，扩大使用范围。

（6）建设统一平台、统一标准、统一数据的网络信息体系。

推进演练模拟与仿真信息化。结合民防人才科技创新机制，大力开展防空演练的计算机辅助程序研究，明确其步骤及相关控制环节，对演练所涉及的节点进行明确规范；研制演练模拟仿真模型，编制相应的计算机程序，实现疏散演练的模拟与仿真。

集成融合的信息系统建设。开发民防工程和地下空间信息管理、重要目标防护、宣传教育、应急演练等一批信息化应用软件，为社区应急救援提供辅助决策能力。建立社区民防网络化的工作平台，为预警发布、常规信息管理建立快速、方便的信息平台。逐步推广社区综合管理信息化工作平台，在社区建立社区综合管理信息化工作平台。

应急疏散平台信息化。进一步推进社区民防应急疏散管理平台建设，提高辖区居民应对突发公共事件的能力。开展社区人员疏散信息化平台建设，将人员疏散预案数字化、图形化。

推进日常工作信息化。推进社区民防应急信息库建设，扩展防空防灾信息库与共享数据平台，建立数据备份中心，建立数据分类科学、编码格式准确、属性结构合理、实时更新的全市防空防灾综合数据库，搭建市、区两级数据库管理、更新、交换和资源共享机制。在市、区（县、市）两级民防机构建立较为完备的应急数据中心。

第七节　预案与演练建设

一、社区民防预案建设

1. 民防预案概述

（1）民防预案的分类。

基本预案和保障预案。①基本预案。是民防行动得以开展的基本依据，也是制定其他各项民防行动保障计划的依据，其性质是基本的指挥性文书。它的基本内容包括：城市基本情况，即对城市的地理状况和社会经济发展状况以及与民防相关的要素进行描述；敌情判断，即对敌空袭的初步判断，其内容主要包括敌军可能采取的空袭手段、武器装备、摧毁目标及破坏力等，并在此基础上对空袭后果做出预想；任务，即依据敌情判断，做出防空袭战略性的任务部署，并定下防空决心；人口疏散及隐蔽，即对人员隐蔽及疏散的区域、对象、线路、职责、措施等制定计划；重要目标防护，即明确城市重要目标并划分目标等级，按照层次分别制定保护准则；防空袭部署，即对各种民防专业队伍的规划，以及对各种复杂情况的处置；组织指挥，包括指挥机构的基本组成状况及指挥的时间、地点等；保障要求，即对消除空袭后果中的相关工作事宜作出原则性的要求。②保障预案。主要针对民防工作中的实际行动实施保障，是民防行动预案的必要补充。其涵盖的内容主要有：空情保障、民防专业队伍动员、情报信息保障、交通运输保障、医疗救护保障、后勤保障等。这些保障预案对提升民防的效率，促进基本预案的落实有重要作用。

综合预案与单项预案。①综合行动预案。是指针对各类灾害所制定的综合性民防预案，它是面向某一类民防行动所指定的行动方案，这类方案是一种概括性的设想，具有广泛的适用性，面向全社会、全范围、全灾种。②单项预案。是指针对特定的某一种灾害而指定行动预案，这类预案具有针对性和特定性，操作性较强。

现场预案与场外预案。①现场预案。是指由存在危险源或可能遭受灾害威胁的单位编制预案，并对潜在威胁进行评估。其适用性有限，针对性很强。②场外预案。是由政府及其相关部门为主负责编制，其他系统相互配合的民防行动预案。这类预案的使用范围更为广泛，综合性较强。通常情况下，政府及其民防部门都应制定覆盖辖区范围内的综合性场外预案，其他相关业务部门也应制定本领域的专项场外预案。

（2）民防预案的拟制原则。

客观性。预案的制定需要收集大量的资料与数据，因此在整个获取资料的过程中，必须保证各个环节的客观性，才能保证最终预案的可靠性。作为对未来空袭状态和后果的预测性文案，只有保证预案的科学，才能制定出未来防空袭的正确对策和措施，民防发展才能符合客观规律。因此，一方面，要对外部敌方空袭的形式作出科学的判断，依据城市的战略地位，得出实事求是的结论；另一方面，要立足于现有的基础与可能的未来发展，作出有实战性质的民防部署。

保密性。民防预案的内容涉及民防指挥系统的设置、重要经济目标的定位、具体的民防行动、民防专业队伍的配置、民防的保障能力等战略性的重大机密事项，倘若不加防范，一旦泄露出去可能会引起严重的后果和巨大的损失。因此，在拟制预案时，尤其是当预案涉及核心机密和关系到民防全局的信息时，必须严格遵守相关的保密规定，符合保密要求，并控制预案内容和传阅范围。未经允许，不得私自复制和复印民防预案，无关人员不得接触民防预案，在拟制、打印、收发、保存等过程中，必须对文本妥善处理，避免泄露。废弃的文件需进行粉碎处理。

系统性。在制定预案的过程中，应当着眼于民防全局，突出重点，统筹兼顾。既要考虑到防空斗争的需要，又要尽量保全群众正常的生产、生活；既要考虑到临战前的各项所需，又要兼顾战后"走、藏、销"等行动间的协调；既要注重重点经济目标的防护，又要保证空袭灾害后的次生灾害对其他目标的影响；此外，要使防空袭的各项方案之间相互衔接和协调；要处理好民防的各项工作关系，使得各类物资、人员、机构之间优化平衡；在分配民防任务时，既要充分发挥民防专业人员的力量，又应充分发挥各行业、各部门的优势，动员广泛的社会主体参与进来。

（3）民防预案的制定程序。

确定任务。在拟定预案前，认真组织有关部门领会上级的方针、政策，并在此基础上，根据敌情与本地的实际，拟制出纲目和调查行动计划。

收集资料。广泛收集资料是制定预案的最重要一步，也是制定预案的基础和前提。由于城市防空袭斗争的涉及面广，各项工作复杂，因此要及时掌握、补充和完善易于变化的部分资料。首先，调研之前应当拟制好调研提纲和问卷等，组成小组布置任务；其次，确定所要收集的资料，如空袭的性质、数量和可能后果，本地区的民防建设情况、交通运输状况、社会状况、经济建设概貌、文教卫生情况等；确定资料获取方法，如访谈法、问卷法、测量法、查阅文献法等。

分析论证。只有对掌握的资料进行归纳分析，并进行评估论证，才能得出有利用价值的情况和数据。因此，应在分析危险源和民防力量的前提下，对收集到的材料进行三种方法的研究论证：描述型研究是对客观状况进行说明；预测型研究是根据以往的历史资料和对现状的了解预测可能发生的情况；因果型研究需要根据敌我之间的空袭与防空袭现状及其他相关的民防变量，找出其中存在的规律，进行深入的分析研究。

现场勘查。为确保预案切实可行性，在制定前应当组织专家、领导和预案编制的相关人员到实地观察。勘查前，应事先制定好勘查计划；勘查过程中，应对周边地形、环境等进行勘查，并当场确定指挥所地点、行动路线、展开位置、人员疏散路线及地域等，对于现场确定的事项和内容，有关人员应作出详细的记录。

组织编写。首先应拟定编写要目，其次制定防空袭的初步方案，在确定基本方案后，着手拟制各种保障方案。在组织人员编写前，应当对此进行合理的分工，统一部署。拟制时，民防部门主要负责基本方案的撰写，保障方案在民防部门确定的基本原则的基础上，由政府责成有关业务部门分别完成，最后由民防办负责汇总，作为预案的附件。

集体论证。初稿形成后，应在一定范围内征求有关部门的意见，组织集体论证，综合把关，并在充分吸取各方意见的基础上反复修改，直至定稿。

实际演练。实践是检验真理的唯一标准。民防预案形成后，为确保其正确性与可行性，本级民防部门和单位应按照预案内容组织演练。演练可以分为综合演习和单项演习。通过演练掌握民防预案与实战之间的差距，进一步修正。

2. 社区民防预案建设

（1）预案覆盖全面化。

第一，保证预案内容规定的完整性。要明确适用范围和实施主体，处置原则和程序，明确保障措施，主要从通信、队伍、物资、人员防护等方面做出具体部署。第二，保证预案灾种的全覆盖。社区预案的制定可以分为专项类应急预案（如泥石流应急预案等）和综合类应急预案（如恶劣天气应急预案等）。对尚未发生的灾害、尚未出现的环节、尚未出现的迹象要有足够的应对准备；要充分利用现代技术手段与设备，对可能出现的灾害与危机进行预测、监测。此外，要在社区应急预案建设之基础上，推动建立市、区（县、市）、街道、社区四级预案体系，形成城市应急预案的全覆盖；还要集中做好市政大楼、通信设施、学校、医院等重点防护目标的应急预案工作，突出预案建设的重点内容。第三，要注重预案与民防改革同步。要紧密围绕国家民防和军委的统一部署，同步提升应急应战预案建设，强化应急应战预案的前瞻性、操作性与应急避险性；要按照"联合指挥、区域协同、区域救援、联合防护"的要求，落实好人民防空应急行动预案的制定工作，综合做好战时防空、平时服务、应急支援。

（2）预案实施科学化。

首先，要做好社区民防预案的演练工作。要拟制与预案相关的配套实施计划及相关保障措施，详细规划各项模拟演练工作，规定疏散时机、疏散地域、疏散对象、疏散路线等。通过模拟演练增强社区民防的实际应急能力，并通过演练为理顺基层应急协调机制与联动机制创造发展机会与历练平台。加强平时的应急演练工作也是锻炼社区民防队伍战时快速反应能力的重要渠道。为适应突发应急情况下的疏散与应急演练需要，要不断调查摸底，全面整合资源，做好疏散地域规划和配套建设，要建设能行、能吃、能住、能学、能医、能通、能藏，物资储备充足、保障能力强的人口疏散场地，提高应急预案的可实施性和应急疏散的安置能力，做到预案与实际情况相结合、与应急资源相结合，注重预案的实效性与实用性。同时，为提升演练开展的水平、层次与实际效果，要为各项演练环节准备好能够应对城市灾害的各种现代化设备与工具，夯实社区民防应急演练的硬件基础。其次，要做好社区民防预案的科学评估工作。预案的有用性与实用性建立在预案制定中的科学手段、模拟演练之基础上，同样还有赖于后期的科学评估。预案评估是切实检验预案内容是否科学全面、预案是否有效执行、预案是否与现实相符的综合评价。预案的执行过程本身存在诸多风险，一项预案的有效执行程度不仅与预案内容本身有关，还与应急救援时的特定"情境"有关，如灾害应急过程中的不可预测因素、不可控因素、实施主体的主观因素等。这些因素可能无法在模拟演练中得到体现，必须通过后期对预案制定与实施的全过程进行综合、全面地评估，纠正预案的不适与瑕疵，提高预案的科学性和全面性。

（3）预案管理信息化。

社区建立信息化工作平台是"互联网+"时代社区建设的重要基础内容。《全国和谐社区建设示范单位指导标准（试行）》（民发〔2008〕142号）规定："（要）建有区（县、市）级或市、区联动的社区综合信息平台，为社区成员提供方便、快捷、优质的服务。"根据现代信息化的发展要求与趋势，满足突发事件应急中及时反应、快速行动的要求，要尽快搭建数字化的预案管理平台和预警发布系统。

第一，推进演练模拟与计算机仿真。广泛结合民防人才科技创新机制，大力开展防空袭演练的计算机辅助程序研究，明确其步骤及相关控制环节，对演练所涉及的节点进行明确规范，在此基础上研制相关模型，编制相应的计算机程序，实现疏散演练的模拟与仿真。这是预案演练迈向信息化轨道的重大突破，必将实现社区民防宣教手段的创新。第二，推进集成融合的信息系统建设。要继续抓好社区民防指挥通信网络建设，如办公自动化网、机要网、移动指挥车等通信网，做好社区民防信息综合网电信线路带宽升级和综合复用设备改造工作，增强信息处理能力。要充分保障有无线信息网络的互联互通，积极探索社区民防通信指挥保障手段为城市服务和灾害事故中心的应用能力，加大对现有通信装备战斗力生成的力度，抓好社区民防通信系统综合联训工作。要在抓好防空警报与防灾警报建设的基础上，组织全市社区的警报完好率普查，掌握基本信息，加强信息计算机管理能力。第三，推进应急疏散平台信息化。要加强社区民防工作，积极开展防空防灾知识宣传教育活动，在社区应急疏散场所设置标识标牌，组织社区居民参加人员防护疏散演练，提高辖区居民应对突发公共事件的能力。为此，要开展社区人员疏散信息化平台建设，将人员疏散预案数字化、图形化，使直观的疏散预案进家入户，使社区居民知道如何疏散、疏散到哪里。

二、社区民防演练建设

民防演练是指为应对可能发生的空袭灾害，按照预先制定的民防预案，由民防部门组织其他有关防空防灾部门及群众，模拟某一真实的防空防灾场景所举行的演习。"十二五"以来，我国民防演练呈现了方向明、思路清、影响大、练兵忙、成果多的态势，但新时期民防训练法治化、一体化、实战化还需加强。[①]

1. 民防演练的分类

民防首长机关演习。即是由负责民防工作的军事机关的主要领导、民防办公室主任以及与民防有关的其他单位的领导和机关人员进行的指挥协同训练。其目的是提高民防指挥员和指挥机关的协同力，验证民防指挥和保障措施的有效性。

民防专业战术演练。由民防专业队伍参加，在预先设定的情况下进行的战术训练，是训练和检验民防专业队伍履行抢险救灾任务的最基本和最有效的形式。通过民防专业战术的演习，可以巩固和提高民防专业人员在消除各种灾害后果时的技能，检验在组织实施保护居民和重要经济目标时民防措施的有效性，以及民防专业队指挥员指挥民防队伍的实际能力，提高民防专业队伍在实战条件下的作业能力和协同能力。

民防单项演练。是指预防和消除单项灾害后果的演习。通常在可能发生灾害的主要地区或目标单位中进行，一般仅对民防行动的实际措施进行演练。其目的是提高目标单位消除灾害后果的能力，检验行动措施的有效性。为了确保演练的效果，单位领导、民防队伍、职工、所辖住宅区的居民都应参加演练。

---

① 孙卫东.着力提升人防训练"四化"水平[J].中国人民防空，2015（9）.

民防综合演练。是根据民防部门制定的民防训练计划,由多种类型的人员共同参与,以某一受灾情况为背景,综合演练各类民防行动的演习。其目的在于检查、考核民防部门的训练水平和行动能力,全面评估单位或地区防灾抗灾的综合能力。演习中通常可以检验民防计划是否可行,民防工作的准备情况和行动等。

2. 社区民防演练的基本程序

设立指挥机构。指挥机构应当按照灵活、精干、健全的原则去组织成立。一般而言,指挥机构由负责民防工作的军事机关首长和民防部门的领导及有关部门组成。一般设立总导演、副总导演、导演助理、调理员和有关保障人员。在民防专业战术演练中,一般由民防办公室领导或民防专业队指挥员担任总导演;在民防综合演练中,演习总导演一般由民防办公室领导或民防专业队指挥员担任;在民防综合演习中,总导演通常是负责民防工作的政府领导或当地军事机关的领导担任。演习的全部工作由总导演负责组织实施,副总导演协助总导演工作。导演助理和调理员负责对参演民防专业队伍和群众组织进行调理、裁决和成绩评定工作。导演机构中的其他人员根据总导演的指示和分工开展工作。

选择演练场地。导演部通常在本行政区范围内选择场地。选择场地时,应尽量利用现有大型训练场地或训练基地。演练场地应当符合演练情况的需要,反映所涉及范围内的情况,便于组织交通、生活、卫勤等方面的保障。在选择场地时,要充分考虑信息化条件下空袭、自然灾害、事故灾难的特点与重点防护目标的有关情况。

拟制演练计划。实施计划是开展演练的最基本依据。通常应在计划中明确规定导演、调理员、参演民防专业队伍和群众组织的主要工作、演习的时间安排、具体程序、演习指挥机关的行动方案、导演部门的工作程序、内容和方法等。

组织勤务保障。勤务保障主要由导演机构负责正组织,其主要内容包括通信联络、警备调整勤务、物资器材和生活保障。

通信联络保障。由通信部门和通信分队有关人员负责,按照导演系统通信组织方案,组织有无线电通信、运动通信、简易信号通信、检查通信网络的沟通情况,保障演习不断进行。

警备调整勤务。负责演习地域的安全警戒，维持演习地域的交通秩序，调整参演民防专业队伍和群众组织按规定的序列和速度行进，维护参演民防专业队伍和群众组织的纪律和保护人民群众的利益，执行临时警卫勤务。

物资器材保障。按照演习物资器材保障计划，筹集各类物资器材，制定物资、器材的保障单位，确定物资、器材的保障方法，维修、保养各种物资、器材。

生活保障。提供演习人员必需的生活用品，解决参演人员的衣、食、住、行等问题。[1]

第八节　绩效评估建设

一、政府绩效评估概述

政府绩效评估是20世纪70年代西方国家政府改革过程中发展起来的一项改革措施，随着社会环境和人们认识的不断发展变化，政府绩效评估的内涵也在逐渐丰富。从整体看，政府绩效评估体现了政府自身改革的两个动向，即作为政府内部改革措施，体现了政府市场化的改革取向；作为改善政府部门与公众关系的措施，体现了政府责任和顾客至上的管理理念。政府绩效管理的基本思路，就是采用以结果为导向的组织管理方法，使公共部门及其公务人员明确知道其行为要达到什么样的结果，如何调整公共行为以实现这些结果，如何评估这些结果以及所取得的进步，做出决策需要收集什么样的资料，使用什么样的激励手段和责任机制以确保公共目标的达成。政府绩效评估的实施主体大致包括三种类型：一是国家机关性质的专门绩效评估机构；二是中介机构性质的专门绩效评估机构；三是作为公共管理活动的参与者，即作为个人或集体的公民个人。

简言之，政府绩效评估的实质，就是在加强和完善政府责任实现机制的基础

---

[1] 王珏等.民防概论.南京陆军指挥学院专业课系列教材，2008（1）：183-184.

上，建立和发展社会公共责任机制，促进社会管理机制的提升；促进政府部门切实承担和履行职责，促进公众履行其应承担的社会义务；通过更好地实现公众利益来加强与维护基本社会秩序；增强政府部门的动员能力和公众的凝聚力。因此，政府绩效管理基本可实现三种功能：吸收公众参与行政过程和监督、完善政府责任实现机制、优化政府公共关系。政府绩效评估是政府加强自身管理和建设的一种制度新设计，其所谋求的是充分运用现代评估方法和技术，最大程度地促进政府的顾客至上和公共需求导向的公共管理理念，从而最终加强与完善公共责任机制，提高公共管理的效率和能力，提高公众的满意程度。

二、社区民防绩效评估建设

为更加有效地解决社区民防工作者积极性不高、目标不明确等问题，有必要建立一套社区民防工作者的激励机制，即社区民防绩效评估机制和考核机制（下文将"绩效评估"和"绩效考核"等同）。国家减灾委员会办公室在下发《全国综合减灾示范社区标准》的通知中规定，"全国综合减灾示范社区"的十大要素之一，就是"管理考核制度健全"。

社区民防考核机制的主要内容是：上级民防部门做好工作指导，确定当年工作内容、目标和主要任务；街道（镇）负责民防工作的组织规划，社区负责抓好具体工作的落实；区（县、市）街道民防应加强对社区民防干部工作的检查、监督。其中，社区民防干部考核的具体内容可以着重从组织领导、宣传教育、人才队伍、物资设施、预案方案等方面进行设置；考核办法可以实行层级考核法，也可以实行综合考核法。实行层级考核法，则由市民防负责考评区（县、市）民防，区（县、市）民防负责考核街道（镇）民防，街道（镇）民防负责考核社区民防。实行综合考核法，则由市民防负责牵头，组织区（县、市）民防和街道（镇）民防的相关人员参加，建立综合考核组。考核可结合区（县、市）民防和街道（镇）的年度民防工作目标进行；考核成绩可以采取百分制。对考核成绩突出的社区及其组织和个人，可根据国家、省、市、区（县、市）民防的有关规定，实行奖励和表彰，而对于不完成任务或完不成任务或因工作渎职造成不良后果的，要予以通报批评。

从整体看，社区民防绩效评估要明确三方面内容：一是绩效评估实施主体，即谁负责与实施评估。我国社区是法律意义上的自治组织，社区民防工作本质是服务居民，因此评估主体首先应以居民为主。但由于社区民防是国防的一部分，因此由上级民防部门来负责考核社区民防也有合理性，这也是当前我国社区民防绩效考核的常用做法。二是绩效评估的对象，即社区民防绩效评估将对谁展开。社区民防绩效评估的对象一般是针对社区民防的工作人员。在社区民防力量呈现多样化趋势的背景下，社区民防考核对象既要包括由财政经费担负的社区民防工作人员，也应包括由社区经费负担的社区民防工作人员（如志愿者、义工等）。三是绩效评估内容，即对社区民防的哪些内容进行考核。一般来看，社区民防考核包括两方面，日常工作考核和应急性工作考核，前者就是日常的社区民防工作的考核，比如人防工程、警报设施、物资和宣教、志愿者管理、应急演练等，后者指对社区民防参与城市重大应急活动的考核，如参与应急救灾中的救援人才、应急物资的输送等。

区（县、市）民防每年应组织一次社区民防绩效考核，并将社区民防绩效考核纳入市、区（县、市）、街道（镇）民防的年度工作绩效考核体系当中，做到统一计划、统一部署、统一要求、统一考核。同时，社区民防工作考核务必要结合市、区（县、市）、街道（镇）与社区民防建设的实际情况，结合"综合减灾示范社区""平安社区"等活动进行，尽量减少重复性考核和不必要的台账、文字总结等。

非常重要的是，社区在探索社区民防建设的活动中，上级人防（民防）主管部门要加强对乡（镇、街道）、社区业务工作的指导，适时组织对专兼职人员进行培训，指导制订民防疏散隐蔽方案，组织实施民防宣传教育等工作，推动基层民防工作的开展。

第五章 应对空袭灾害的社区战备民防

人民防空因战争而生，战时防空是立身之本，打仗和准备打仗始终是民防的首位任务。"社区战备民防"是指社区民防积极应对与防备战时空袭灾害的活动及其过程。本章具体内容有两方面：一是简述现代空袭的特征及其相应的战备民防要求，二是概述社区战备民防的主要行动。

第一节 现代空袭特征与战备民防

一、现代空袭的演变与特征

1. 现代空袭的演变

从20世纪90年代开始，空袭与反空袭成为现代战争的主要形式。从空袭的历史发展看，空袭作战的理论与实践经历了三次大发展。

第一阶段是从1911年的意土战争开始至20世纪90年代。1911年9月，意大利在夺取奥斯曼帝国省份的战争中，首次将飞机引入军事战争的使用武器中。这次战争中，意大利使用20架军用飞机，而相比之下土耳其则手无寸铁，除了利用飞机投放炸弹、监测敌情外，意军还在飞机上散发传单呼吁地方民众投降。这一阶段属于机械化战争中的空袭，武器以飞艇和轰炸机为主，受空袭装备的限制，空袭的规模和影响力相对较小，相应的反空袭策略也主要是隐蔽、疏散人群、建造防空洞等。然而，尽管当时的空袭技术还比较落后，但已显示出相对于地面炮火的明显优势。

第二阶段是从第二次世界大战期间至20世纪90年代，空袭作战得到快速发展，制空权和重要经济目标防护成了交战各方关注的焦点。1945年2月3日，将近1000架美国B-17轰炸机在非常好的天气条件下空袭了柏林。投弹手从七八千米高度上进行瞄准，获得了非常高的投弹精度。正是这次空袭，摧毁了纳粹分子的心腹之地，沉重打击了德军的必胜心理，收获了心理战的效果。此时为了减少战争损失，防空袭手段也逐步扩展到了抢险抢修、防火灭火等群众性防空措施，而这些措施也成为防备战争危害的基础。"冷战"时期，随着核武器和大规模杀伤性武器的研制，现代武器开始涉足空袭战斗中，此时的人民防空的范围和技术都得以发展。城市人民防空开始有更多社会力量参与，民防预警系统开始建立；"冷战"结束后，国际环境相对稳定，民防建设开始出现"平战结合"的趋势，民防的任务也开始从单一的保护人民生命财产安全拓展至重要经济目标的防护。

第三阶段是从20世纪90年代开始至今，空袭作为独立的作战手段，空袭方式和空袭强度有了实质性的提升。随着大规模杀伤性武器的开发和"核威慑"理论的提出，高精度、高技术的常规空袭在局部战争中占据主导地位。经济目标同军事目标一起成为战争的关注点。随着巡航导弹和精确制导导弹的研发和使用，当代的军事作战形式出现了"非接触战争"[①]。科索沃战争是一场真正"非接触作战"的典型代表。美军尽管损失了号称隐形的F-117A，却通过完全使用空中力量的高技术"外科手术"打击方式令作战出现了零伤亡的奇迹。空中优势沉重打击了前南联盟方面有着骁勇善战的陆军部队，战争结果表明，采取"非接触"的作战，可以达到直接战争同样的目的。这种主要包括航空兵的战机和导弹武器所带来的对敌方的间接打击，改变了传统的"短兵相接"的战争状态，因此引起了战争双方的重视，并成为未来作战的一大发展趋势。

步入21世纪，恐怖袭击日渐成为世界普遍面临的重大安全威胁。2001年美国"9·11"事件就是典型范例——恐怖主义势力对技术的反向利用引起了美国乃至整个世界的恐慌。21世纪伊始至今，全球恐怖主义行动呈现组织紧密、技术先进、爆发性强、危害性大等特征。法国当地时间2015年1月7日，法国《查理周刊》遭受暴恐袭击，引起世界关注；随后的11月13日，巴黎又遭受空前惨烈的"多点连环式"的重大恐怖袭击事件。近年来暴恐活动呈现的极为复杂的发生缘由、事件组织及严重后果再次凸显全球反恐合作的重要性。在多国联合应对暴恐的活动中，法国启动了对"伊斯兰国"（IS）的空袭，美国、俄罗斯均实施了对ISIS的空袭，如2015年9月30日俄罗斯对叙利亚境内的IS目标实施空袭，俄罗斯不仅运用了苏-34、苏-30SM等最新型战机及先进机载弹药，而且还"杀鸡用牛刀"，使用了"口径"新型巡航导弹。据俄方称，三天内俄罗斯战机共摧毁了53个带有武装和军事装备的

---

① 潘友木.非接触战争[M].北京：国防大学出版社，2003.

恐怖分子加固区域和防守据点，一个武装分子野战指挥站，四个武装分子训练营，七个炮弹仓库，一个火炮和一套迫击炮系统。① 可见，空袭也成为了打击新一代恐怖主义的重要方式。现代空袭的新特点、新规律赋予民防工作更大的战备防空任务，即要与野战防空、要地防空相结合，充分发挥民防的战备防空的作用。

2. 现代空袭的特征

现代空袭是指运用多种作战平台（天基、空基、陆基和海基），使用多种袭击兵器（航空航天器、导弹、制导炸弹、炸弹、火箭等）和各种"软"杀伤武器（电子、激光、信息等），对敌地面（下）、海面（下）目标发动的袭击作战。② 与以往的空袭作战相比，当今的空袭呈现了更多新特点。近几年来，局部战争中的空袭作战出现了高精确性、立体性、高危害性、远程性等特点，大大增加了空袭对目标的杀伤力，也迫使传统的防空作战系统和以往的防护体系进行较大的改变。现代空袭的总体特点有：一是空袭已经成为信息化条件下独立的战争形态，如2014年8月8日，美军先后出动大黄蜂战机和无人机，从波斯湾布什号航母上起飞，向伊拉克北部实施定点空袭，成为依靠空中打击达成战争目的的重要战例；二是现代空袭的基本样式是防区外打击重要目标，如2003年的伊拉克战争中，多国部队从防区外发射的精确制导弹药达到了使用弹药的60%以上，致使伊拉克用以防御临空飞机的地面防空系统难以发挥作用，国家指挥中枢和抵抗力量全面瘫痪；三是防空与空袭斗争特点是整体较量和体系对抗，由于防空与空袭作战的重心转向了体系对体系、系统对系统，因而每一个关键节点对于战争胜负都有决定性作用，进而对战略预警体系、空情信息融合、高隐身目标和低空高速小目标的预警能力等，都提出了现实而紧迫的要求。③ 信息化条件下的空袭作战的具体特征表现在：

（1）空袭兵器的高智能化。

随着隐身飞机和电子信息设备的发展，各种隐形技术引入现代空袭战斗中，空袭具有了更多的隐蔽性和不可测性。目前，空袭的隐蔽性主要依靠隐身飞机打击敌

---

① 杨学锋.重锤出击——俄罗斯军事打击"伊斯兰国"综述[J].中国空军，2015（11）：54.
② 人民防空理论与实践[M].南京陆军指挥学院，2011-10（1）：14.
③ 阚立奎.树立总体国家安全观拓展和深化人防军事斗争准备[J].中国人民防空，2014（10）：4.

人，以及利用少量电子干扰机和战斗机进行掩护。以隐身飞机为例，这种"飞机的大量装备将改变作战飞机体系的构成。"隐身飞行机可以运用外形隐身、材料隐身、红外隐身和声隐身等技术达成隐身的目的；隐身飞机有"先发现、先射击、先脱离"的优势，不仅适合超视距空战，而且还可以与其他机种协同，实现全球隐身打击。此外，空袭飞机还可以利用当今的夜视侦查器材的高度发展和精确制导技术，黑夜早已不是空袭的障碍，相反，作战方可以利用夜幕的掩护实现夜间作战，使得夜间成为有效的掩护手段。

再以无人机为例，自1917年英国人研制成功了世界上第一架无人机驾驶飞机起，无人机获得了空前发展。无人机是一种不搭载操作人员的、利用空气动力提供所需升力，能够自主飞行或摇控飞行，能够重复使用或回收，能够携带致命性或非致命性载荷的无人驾驶飞行器。① 与有人驾驶的战斗机相比，无人驾驶的军用飞机有七大优势：一是研制费用省，生产成本低；二是留空时间长，活动半径大；三是匿踪效果佳，突防概率高；四是承受过载大，机动性能优；五是隐蔽效果妙，前伸部署易；六是飞行高度广，速度范围宽；七是抗污能力强，改装风险小。② 从美国空袭南联盟行动开始，无人机就已经大量装备美军部队，执行了侦察监视、电子干扰、通信中继、对地攻击等多种作战任务。在阿富汗战争、伊拉克战争和利比亚战争等几场局部战争中无人机也发挥了巨大作用。当前无人机正在向无人战斗机的方向迅猛发展，未来还有可能取代载人机成为航空兵的主力机种。特别是近年来美国无人机不断列装，飞行控制软件也越来越先进，许多大型无人机已经实现了自动起降，可以根据预设程序自行完成各种作战任务。无人机还可以作为靶机，用作"空中战术诱饵"发现敌方雷达系统，接着用后随的防空压制飞机的反贴身导弹摧毁敌方的预警雷达和火控雷达系统。因而，美国空军正式将无人机部队确定为独立"兵种"。③ 俄军近来不断探索近程战术无人机的作战使用，以不断提高无人机部队在未来高技术局部战争中的实战能力。如通过近程战术无人机参与的"察打一体"新的作战模式，实人机参与的"网络中心战"新的作战模式，探索有人战斗机与无人

---

① 傅前哨.什么是无人机[J].中国空军，2014（1）：53.
② 傅前哨.谁"开"无人机[J].中国空军，2014（1）：58-59.
③ 张海珍，张利敏，陈宇.美军无人机操作员的尴尬身份[J].中国空军，2014（12）：71-73.

侦察战斗机系统组成的空中协同作战平台，以形成新型航空侦察打击系统。2013年3月，俄军在南部军区战备突击检查中，就陆军、空降兵现役无人机对特种作战、导弹兵与炮兵部队的引导打击能力进行了重点研究。同年8~9月，在太平洋舰队举行的大规模演习中，俄军全面检验了"天行者"无人机目标精确定位及火力引导性能。[①]

现代化的武器装备的智能化，使得空中打击可以准确定位目标，并使精确制导和摧毁目标更为有效，大大提高作战质量。尤其是随着以定点精确空袭为特征的"外科手术式"空袭逐步发展和普及，这种空袭带来的精确制导使得作战效果不仅有突发性而且直击要害。以世界上武器装备最强大的国家美国为例，远程精确制导武器越来越出现在美国对敌的战场上，并为其他空袭武器的使用起到铺垫作用。在空袭利比亚的过程中，"所有飞机均挂载精确制导武器实施对地攻击"。"美军飞机在夜间使用强化夜视仪时，可以精确地发现和攻击白天在沙漠中不易发现的地面装甲目标，夜间的平均摧毁率比白天提高了400%。"信息化战争所带来的精确性贯穿于实现目标的定位、打击、攻克、评估结果等各个环节，实现了对目标的"点穴式"攻击。这种精确性带来了远程打击的优势。

（2）空袭体系的网络化。

首先是多维空中力量的整合。无论是在大规模战争中，还是在小规模冲突中，信息化条件下，全军共用信息基础设施把陆、海、空、天、电五维战场有机地结合在一起，使战场上的兵力机动、火力打击、情报侦察、指挥控制等作战行动高度一体化，逻辑地统一好协调到作战之中，从而提高整体的作战效能。其次是多种武器的放入整合。如多机种的合成。多机种组合就是协同组合承担不同作战任务的群体，以实现作战目的。近几年来，多兵种组合战越来越引起各国关注，我国近几年也组织了多次多机种编队的空军演习，建成了多机种综合保障基地。再次是多兵种的组合。当前的国际环境下，依靠单一或少数几种兵种对抗，难以保证作战目的的实现。因此，必须通过多兵种的组合，发挥整体威力，这就需要打破军兵种的限制，实现作战体系的一体化。中国、美国、俄罗斯等国都在积极探索整合陆、海、

---

① 刘顺胜，郭世刚，赵燕燕.探索和论证近程战术无人机的作战使用方法［J］.中国空军，2014（11）：64.

空等兵种和各兵种所组建的专业部队。

（3）主体力量的不对称化。

目前，随着发达国家与发展中国家的经济、军事实力差距不断拉大，在战争过程中，难免会出现不对称战争的趋势。发达国家可以利用发达的经济实力和军事技术，实现"超限战"，以小规模的重点出动实现有足够毁灭力的打击。如美国新兴空袭力量主要包括网空、太空、特种作战、无人机系统、全球快速打击、新新型战机以及情侦监能力等。特别是第四代半空袭体系将具备"跨域联合"的空袭能力，并同时使用"低、高信号特征力量"，且具备作为"空海一体战"核心思想的瘫痪战"全纵深攻击"能力，同步实施"破坏""摧毁"和"打击"行动。2011年5月美国在突袭巴基斯坦境内拉登目标时，即采用了"情报+无人侦察机+隐身消声直升机载特战部队+边境外空军飞机佯动诱骗+本土指挥"的"低信号特征力量"实施空袭体系行动，以迅速、秘密和简捷为基本行动特点，有迹难寻、甚至无迹可寻，比使用大规模海空力量实施纵深常规打击要更加灵活，即便被发现或确认，敌方的报复选项也非常有限，很难采取对等性的反击措施，也很难做出不对等主动升级的战争决策。[①] 主体力量不对称化突现在：首先，强权国家高技术空袭兵器与落后国家相比差距甚远。这种差距突出表现在数量和质量上。就目前来看，美国、俄罗斯等国的战斗机已经发展至第四代，而落后国家的作战飞机仍停留在第二代、第三代，这种系统配套上的差距导致作战效能的落差。目前，美国的高性能作战飞机种类繁多、技术先进，而很多新型战机在很多发展中国家至今还是空白。其次，作战理论上的不对称。发达国家每年都投入巨额财政用于空袭理论的开发和武器装备的研制，而发展中国家没有能力开发、检验自己的空袭作战理论。再次，在可预见的范围内，发在作战方式和空袭体制编制方面，国与国之间的鸿沟无法逾越。

（4）作战方式的高自由化。

随着各种空袭技术和武器的发展，当前的空袭作战完全可以打破传统的时空限制因素，实现全时空的作战。随着脉冲多普勒雷达以及红外激光、激光电视等探测设备在作战机上的普遍使用，现代空袭即使在夜间或复杂天气下都可以发起。夜

---

① 孙亚力，文华.第四代半空袭体系发展总体要求［J］.中国空军，2014（9）：62.

间空袭使防空袭面临更大的挑战——无法局限于使用黑夜、天候等作为掩护屏障。2011年11月26日凌晨2点左右,一架北约直升机越境袭击了位于巴基斯坦和阿富汗边境的莫赫曼德特区一个哨所,造成巴基斯坦24名士兵死亡,另有13人受伤;2011年6月14日,北约凌晨空袭利比亚首都的黎波里,目标包括卡扎菲住处、塔朱拉区的东部郊区和通往机场的道路,并有分析指出,自2011年3月开始,多国联军对利比亚的空袭大部分集中在夜间进行,带来的人员伤亡和财产损失难以估量。

在信息化的空天时代,敌空袭兵器、手段和打击方式发生了很大变化,除了无人机、巡航导弹与隐身飞机的运用外,还有"低慢小"航空器肇事和恐怖袭击。以"低慢小"航空器肇事为例,1987年,联邦德国青年马蒂·鲁斯特驾驶轻型单引擎运动飞机,穿过当时认为是无懈可击的苏联防空系统的重重警戒,降落在莫斯科红场,使苏联防空系统饱受质疑。2012年7月4日,两名瑞典人驾驶单引擎飞机进入白俄罗斯领空,在明斯克郊区上空投放了876个带降落伞的玩具熊,飞机在白俄罗斯领空逗留1小时20分钟顺利返回立陶宛机场,白俄罗斯军队多名高官受到处理。[1] 专家分析认为,目前各国首都防空作战,仍然面临弹道导弹预警拦截难、低慢小目标发现处置难、隐身目标抗击难等一系列问题。

二、现代空袭下的战备民防任务

1. 树立现代防空观

树立协同式防空观。当前的防空已不再局限于一种兵种、一种武器或一个国家。近年来北约发动的几次空袭足以印证这一点。因此,防空袭必须站在联动的角度,优化配置人、财、物等资源;此外,随着不对称战争登上空袭舞台,劣势一方只有寻求联合式的作战方式,才有可能与强敌对抗,扭转战局。为此,新的防空观要求民防部门打破兵种界限,实现跨军种联合作战;将各类防空兵器纳入作战体系,最大限度发挥资源优势;综合运用多种伪装、设障、声光探测等作战手段,提升整体作战实力。

---

[1] 刘利平.首都防空面临的威胁[J].中国空军,2014:59.

树立动态防空观。动态防空观是提高空袭打击目标的生存能力和克服兵力有限与保卫目标多的矛盾的需要。目前，精度高、破坏力强大的空袭技术的发展使得传统的工事防护难以奏效。这就需要作战方将静态部署与动态布势相结合，通过广泛、快速、频繁的兵力和火力机动地实施防空作战。这就使得"三军一体、军民联合"体系的打造成为了新时代的要求。解决上述难题的关键是"融合"。"即天地融合、信火融合、友邻融合、平台融合。通过融合，实现雷达兵、航空兵、地面防空兵等诸军兵种的资源共享、信息融合、按需分享、一体管理；实现天基、空基、地基三维一体；打造海、陆、空联合的，战略、战役、战术有机统一的首都防空作战体系。"[①]

建立战略性的防空观。有专家从空袭发展历程、技术手段突破和作战发展趋势分析，认为现代防空无论是在需要防范的对象，还是行动覆盖的范围以及作战样式变革上，均面临着前所未有的挑战。如低空、超低空突防的威胁，超视距空战的威胁，隐身飞机的威胁，有人/无人机协同作战的威胁，弹道导弹的威胁，高超音速巡航导弹的威胁，临近空间助推滑翔武器的威胁，天地往返飞行器的威胁，电子战的威胁，网络战的威胁等。[②]新式空袭战争的发展告诉人们，传统的使用单方面的防空手段和策略已经失效，只有将人民防空、国土防空与野战防空紧密结合，共同发挥作用，才能形成"防打结合"的国家防空体系，才有可能实现反空袭作战的胜利。民防是"现代战争条件下求得生存的重要战略措施"，是"战时的决定性战略因素"和"有效的威慑力量"，是国家安全战略的重要组成部分。

2. 探索民防防护新模式

基于信息系统的体系作战要求实施信息互通、力量融合的体系防护、联合防护、主动防护，人防行动也呈现出新的特征。如体系防护以三位一体布局，在大的联合防空体系内统一行动、军地协同，形成三位一体、统一高效的防护体系，以充分发挥人民战争的优势；联合防护以跨区联动谋局，进行区域间的联合预警、联合

[①] 杨锋.首都防空的"融合之道"[J].中国空军，2014（10）：56.
[②] 谢苏明.现代防空面临的十大挑战（上）[J].中国人民防空，2014（11）：70-71；谢苏明.现代防空面临的十大挑战（下）[J].中国人民防空，2014（12）：64-65.

指挥、联合行动、联合保障，实现区域间的信息互通、力量互用、措施互助、行动共振、资源共享；主动防护以积极有为控局，寓积极手段于传统的消极手段之中，融对抗措施于传统的防护措施之间，赋予传统的防护手段以新的内涵，广泛采取欺骗、干扰、对抗等手段主动防护、积极有为。[1] 因此，现代化的网络空袭模式要求现代民防实现全方位、全覆盖、全动员，需从"法律保障、国家统管、重点防护、军民兼容、平战结合、媒体联动、社会参与、全民动员、社区行动、效益最优"等路径寻求有效的民防新模式。

3. 增强作战灵活性

当前信息技术的大量运用使得战争的时效性大大提高，要求防空工作必须在较快的时间内作出决策并实施。因此，传统的、冗杂的预警机制和指挥体系都需要作出相应的调整。首先，提高机动指挥能力。为提高应对突发的空袭灾害，必须在平时要对学习、培训和防空袭斗争演练适时组织开展。特别是信息化条件下人民防空行动需有新认识，如面对空袭的精确打击，防空行动需要实施精确疏散，传统的大规模疏散已无必要，适量适度、精确精细的精确化疏散成为时代要求；需精确做好掩蔽准备，根据敌打击重点和破坏机理，确定防护区域，测算防护需求，选定掩蔽对象，划分防护工程，规定行动路线，明确信记号和保障措施；需要重视消除空袭后果行动的应急性、技术性、复杂性特征，认识到在第一时间控制危害的应急抢险应成为消除空袭后果的主要内容。[2] 其次，建立民防特种救援队伍。根据我国军队编制和军地合作的现实，可以在解放军现役队伍和武警部队中训练一支高度专业化、快速反应、有侧重、有针对性的特种反应队伍，在政府的要求下负责应对特别重大及重大突发性事件。[3] 这种队伍要"具备极快的反应速度、超强的综合应对能力和既统一又灵活的行动策略。"特种救援队伍的快速反应性和轻便性是灵活机动作战的重要保障。

---

[1][2] 和治伟，王云龙. 对人民防空行动的再认识 [J]. 中国人民防空，2013（8）：20-21.
[3] 余潇枫，廖丹子. "现代民防"：安全治理新建构 [J]. 浙江大学学报（人文社会科学版），2012（2）.

4.提升军民心理素质

现代战场上，敌对双方都会利用宣传和蛊惑开展心理攻势，通过心理战的威慑作用瓦解对方的士气和斗志，某些心理战甚至可以达到"不战而屈人之兵"的效果。因此，防空袭中的心理战已成为最重要的作战样式之一，提升军民的心理素质和抗击打能力是非常必要的。对民防专业队伍而言，应当编制专业心理救援队伍和各个分队，如有可能应在民防部门设立心理作战部，其主要承担的工作应当包括：战前的心理应急知识的培训、普及以及防空模拟演练；战时运用各种传播手段和渠道开展对军民的心理抚慰，安定民心；战后开展心理重建工作并对有需要的群众进行个别的心理辅导和心理调适。长期处于和平环境的广大民众缺乏应对战争的心理常识和技能，往往在大灾大难面前恐慌忙乱。因此，在前期的防空准备阶段，应利用大众传媒的舆论引导，开展广泛的普及宣传教育，让民众提高防护心理素质，在此前提下，才有可能有条不紊地成功运用自救互救、紧急疏散和掩护等防空手段。

第二节 社区战备民防的主要行动

一、建立战时指挥机构

人民防空战时指挥机构是临战时根据预先方案和上级命令开设的指挥机构，是民防首长对民防工作计划、方案实施组织和指挥的机关。战时指挥机构作为整个民防应对体系中的首脑和中枢，具有独特的地位和重要作用。面对着现代空袭给人民防空带来的空前挑战，建立一支威严、高效、敏捷、精练的战时指挥机构是大势所趋。此外，我国各省区大都实行省、市、县（区、市）、镇（街道）四级人防指挥体制。

在战时支援的状态下，跨区域的战时指挥机构的设置和运行要遵循五个原则：建立运行管理机制，实现跨区支援指挥行动互助；建立信息共享平台，实现跨区支援指挥信息互通；建立指挥通行网络，实现跨区支援指挥响应互动；建立指挥救援集团,实现跨区支援指挥力量互补;统筹配置指挥资源,实现跨区支援指挥资源互惠。①

同时,民防工作的协同联动性决定了民防的战时指挥机构需要政府、同级军事领导指挥机关和民防部门以及相关政府部门的领导组成。因此,战时民防指挥机构是在原有的平时民防局的基础上,通过扩充职能与成员所组建而成。指挥机构包括指挥机关和指挥员两部分。其中,指挥机关是民防指挥机构的核心。

在整个战时防空的过程中,人民防空指挥机关的主要承担职责包括:制订防空袭预案和各种计划、命令;发放空袭预报、警报和解除警报等信号;组织城市戒严,进行交通、灯火管制,维护社会治安;组织民兵抗击敌空袭,对重点目标进行防护伪装,支援配合城市防卫和要地防空部队作战;指挥民防专业队伍和人民群众抢救抢修,消除空袭后果。人民防空指挥员主要承担的职责包括:根据上级的防空袭作战意图、作战任务、作战环境和作战力量,运用科学决策和谋略手段,设置与调整人民防空指挥机构、区分各类防空抢险救护力量的任务、战时突发情况的处置预案、协调与友邻的指挥协同关系等。

社区战备民防的指挥机构可以设立人民防空指挥组,指挥长由社区负责人兼任,成员由居委会成员和志愿者骨干组成,配备必要的指挥通信工具。社区内的重要经济目标也要积极创造条件抓好指挥场所建设,指挥长由单位负责人兼任,成员由相关部门人员组成。

二、战时防空管制行动

战时防空管制是指为保障防空袭斗争的顺利进行而采取的强制性措施,如治安管制、交通管制、灯火管制、无线电管制、信息管制、危险品管制等。

治安管制是为防止敌人从内部破坏而对居民活动的管制;交通管制是指针对人员、车辆、船只、飞机等通行的路线、时间、顺序等的管制;灯火管制是指为使敌人难以在夜间发现目标而对照明用具等使用的管制;信息管制是指为避免敌人通过

---

① 陆善鹏.关于长三角地区人防跨区支援的思考[J].中国人民防空,2015(8):22-23.

信息传播载体获取信息，主要对广播、电视、互联网、无线信号等进行严格管制，确保新闻等相关信息传播的正确性和隐蔽性；危险品管制主要是对生产储存易燃易爆、剧毒物品的单位实行管制，通过采取加固、转移、隐蔽等措施，确保危险物品在储存、运输的过程中防止遭受敌人空袭而造成间接危害。

防空管制主要从横向与纵向两个方面开展。从横向来看，要确保在统一指挥的前提下，权责明晰。统一指挥，即要在确保统一制订或修改防空管制计划、纪律与方案的前提下，通过将全部防空管制力量联合成整体，建立统一的防空纪律，统一部署强制性措施；权责明晰，就是要确保防空管制的具体指令逐级落实，根据城市的地幅面积、地形状况、敌空袭兵力、兵器的数量质量以及各专业队的数量质量情况，按照各级人民政府、街道和企事业单位由上而下，逐级负责区分管制兵力、划分管制地域、控制管制范围、部署管制任务。从纵向上看，要确保归口管理，网格化协作。归口管理就是按照地域、管制范围、管制任务及单位人力，有针对性地将管制的责任落实到相关单位；网格化的管制是为了确保在防空管制的过程中，调动各个区域、各个层级、各种社会主体的力量，实现多方的防空参与。

三、战时人口疏散行动

战时人口疏散行动，是指为保障战争到来时居民安全，通过预测和预警空袭的规模、定位和强度，将相关群众从可能遭遇空袭危险的地区转移，安置到相对安全的区域。人口疏散应注意以下几点。

（1）选择地域。

这是人口疏散计划的首要任务。疏散地域的选择要遵循"便于隐蔽、灵活机动、便于生存、方便管理"的原则。第一，地域的大小应当适当，面积根据疏散安置的人口数量来决定，一般按照1∶2的人员与疏散地域人口的比例确定面积。第二，道路交通应当顺畅，充分发挥所在城市整体交通网络的优势和便利条件，尽可能选择辐射状路线分头疏散，以保证最快的速度将人员疏散至安全区域。第三，应当有较好的隐蔽和生存条件。选择的地域周边应当有适当数量的地下防空措施，有良好的生活物资来源。第四，尽量避开预测的空袭方向及重要的防空目标，应远离敌方主要的空袭方向和可能遭袭的重要经济目标，尤其是核、化、生威胁等。

（2）确定疏散时机。

疏散时机的选择关系到社会稳定和防护的效果。疏散时机一般在国家发布战争动员令后，分为早期、临战、紧急三个时段开展。早期疏散，是在战争酝酿并逐渐紧张时期进行；临战疏散，是在国家进入战时状态前开展；紧急疏散，是在遭遇空袭威胁时进行。现代空袭对防空工作构成了更严峻的挑战，必须把握好最佳疏散时机，依据具体情况，选定最佳时段开展疏散工作。

（3）确定疏散对象。

疏散对象的定位主要是有可能遭受空袭灾害的居民。现代空袭战争中，必须特别注意各级指挥机关、通信枢纽、军事设施等重要经济目标范围内的居民安全。在疏散过程中，应当按照一定的次序，对疏散对象分批进行。对人员的疏散也分为三类：早期疏散对象主要是老、幼、病、残人员；临战疏散对象通常是高中以上学生及教师，科技人员、文艺团体及其他无坚持生产、工作、斗争任务的人员；紧急疏散对象是指党政机关的领导干部及重要经济目标范围内或附近的人员。

（4）拟制疏散方案。

综合上述几个要素，结合当地的特色及城市基本状况，因地制宜地制订出适合本地的疏散方案，是开展人口疏散工作的依据和标准。为保障战争来临时方案的准确性与可靠性，应当以方案为蓝本，适时开展人口疏散演练，并根据实际效果，对方案进行修正与完善，组织演练应分期、分批、分块，结合每年的防空警报演练等工作协同进行。

四、战时重要经济目标防护行动

重要经济目标防护是指维系国家经济命脉，在国民经济和社会中占有举足轻重的地位，对国计民生和战争潜力影响较大的目标。战时城市重要经济目标的生存状况对战争进程、结局和战后恢复，都有重大的影响。[①] 确定什么是重要经济目标，

---

① 杨家坤.组织城市重要经济目标防护的方法步骤［J］.中国人民防空，2001（8）.

制定防护原则,落实防护体系的方法与措施,是战时防空行动必不可缺的环节。

1.确定重要经济目标

对重要经济目标的确定需要综合考虑内外部的因素进行综合分析。外部因素包括战争的目的、作战的样式、战争中采取的武器与手段等;内部因素主要包括国家的经济发展战略、本国经济系统的分布、国家对防护建设的投入状况等。我国通常把以下几项作为重要经济目标:能源设施、交通设施、国防工业、石油工业、化学工业、机械制造业、信息产业、冶金工业和城市基础设施等。一般而言,将重要经济目标按照重要性划分为三类,分别是特别重要经济目标、较重要经济目标、重要经济目标。判定重要经济目标的标准主要来源于以下方面:

(1)经济价值。对于钢铁、电子、机械、金属制造等企业而言,不仅具有较高的技术含量,而且破坏后很难修复或代替,是经济防护中首要考虑的目标;此外,与战争有较强相关性的工业基地、大型厂矿、大型粮食和物资仓库、重要科研院所等,也是具有较高的经济价值的目标。

(2)军事价值。主要是与战争直接相关,或可能对军事行动产生严重影响并能直接在战争中发挥作用的经济因素,如与军事行动相关的机场、港口、码头、桥梁等建筑物,以及直接参与军事行动中的广播、电视、互联网等传媒产业,为军事提供保障的军工厂等。

(3)生存价值。主要是指与城市居民生活相关的经济目标,如城市的供水、供电、视频、供油设施和大型粮食仓库等。

(4)次生威胁的目标。主要是指遭敌空袭后可产生持续性、大面积危害的目标,如遭破坏后释放有害废弃物的核、化、生工厂,易造成易燃、易爆危害的油库、炸药库、燃气储罐及大型水库等。

2.重要经济目标防护手段

(1)疏散转移。疏散防护是指在战争爆发前后将重要经济目标转移到安全地区或地下,以达到保护的效果。如可将平时的高技术产业的实验室、重要工业产品的车间及精密仪器或零件等搬迁至安全地区,可以快速而有效地减少损失。在疏散转移之前，应当认真组织相关的专家论证并确定转移方案，按照轻重缓急的次序，分期分批进行疏散。

（2）严密伪装。变形伪装：一是用伪装网对公路、河流进行水平遮障。根据敌精确制导武器的制导方式，对目标区内河流、公路进行水平遮障伪装，可以迅速使目标区外貌发生重大变化，从而增大景像匹配区域相关末制导武器的打击误差。二是利用气体飘浮物、充气堆叠物和编织膜状遮盖物对高大目标进行变形伪装。这样不仅使目标直接产生变形效果，还可以起到降低目标红外辐射效果，破坏巡航导弹的末端制导识别能力，迫使其自毁或实施错误打击。水幕伪装：该伪装能有效地对电视、激光、红外制导的武器实施干扰破坏。在高大建筑物的四周和顶部制作人工水幕，并使其周围空气中形成大范围的水雾，就可以大大降低制导武器的打击精度。迷彩伪装：利用涂料，特别是利用含有高技术成分的涂料对建筑物及其他固定目标进行迷彩伪装，是伪装工程中不可缺少的手段之一。因此，根据季节，对裸露的管道进行迷彩伪装，减小管道与背景地面的色差，模糊目标的外部轮廓，从而可增大导弹攻击的误差率。烟幕伪装：施放烟幕并伴随喷放气溶胶，不仅可以有效地对付电视、激光、雷达等精确制导武器的攻击，还可以使非GPS末端制导的巡航导弹失去攻击的目标。

（3）欺骗干扰。施放诱饵干扰是设置假目标的方法之一。由于大型面状经济目标内固定大型建筑物较多，同时受地形位置和周边环境的限制，采取仿真假目标的可能性不大，但仍可以采取诱饵干扰，以弃轻保重的方法防敌打击。在敌导弹可能来袭的方向与重要目标之间，利用废弃、闲置和非主要建筑，预先设置雷达、红外线、热辐射干扰源，当敌导弹来袭时，及时启动干扰源，诱敌导弹向干扰源攻击，确保主要目标的安全。

（4）应急加固。加固防护，就是在临战或战时采取应急附加措施的防护。如采用黏钢加固、碳纤维加固、压力注浆加固等手段，对重要的经济目标进行防护，同时还可采取建设防护屏障、棚架和网罩等对厂房、车间、仓库等周围的围堤进行加固、加高。

（5）信息防护。即对城市重要经济目标的信息系统、计算机网络系统、指挥通信控制系统进行防护。制定并颁布切实可行的法规、条例，明确操作规程，建立网络信息安全管事机构，明确安全管理监控职责，加强网络信息安全防护的统一领导；采取屏蔽或干扰措施或研制低辐射计算机终端设备，严格控制电磁泄露造成计算机信息泄密；研制开发"病毒"预防程序，防止"病毒"入侵和信息污染，断绝"病毒"传染途径，提高计算机系统的抗"毒"能力；采用通行口令、身份识别、程序控制等方法对数据采取加密、多级保护以及设置"防火墙"等技术措施，防止"黑客"非法入侵，窃取信息或实施破坏；研制开发高抗度"病毒疫苗"，防止敌利用微米/纳米技术和"芯片细菌"进行信息破坏。

五、消除空袭后果行动

（1）紧急救护。主要是指对在空袭中受危害的人员进行紧急救援与医护行动。人是战争胜败的决定性因素，维护人的安全是战争中的首要目的也是落脚点。紧急救护不仅指专业的医疗救护，随着社区民防的重要性不断提升，人民群众的自救与互救也纳入了救护范围。当人员遭遇空袭伤害时，应迅速组织民防医疗救护队伍，按照轻重缓急分别展开对伤员的救治。组织医疗救护力量，可以"采取定点救护与医疗救护相结合"的方法，定点救护可以帮助伤员转移到安全地区进行救护；机动救护通常是通过徒步或机动的方式直接在现场展开救护行动。随着现代空袭战争的新特点以及社区民防的新发展，公民的自救与互救将发挥越来越大的作用，这也是应对突发性的空袭威胁的重要举措。

（2）抢险抢修。抢险抢修是为了保证城市的重要企业、交通、通信等正常运行，在空袭后对其进行的加固、修复或拆除等行动。战时需要开展抢险抢修的内容包括：修复和加固防护工程，修复破损的电路、管道、供水供电网以及网络故障，拆除或加固可能影响道路畅通或带来不安全因素的建筑物、路障、废墟等。在开展工作的过程中，应考虑到工作量大的困难，因此民防部门必须将抢险抢修保障队与当地民众的支援相结合，本着先重后轻的准则，对一些特殊的重要经济目标和"生命线"系统做到"边炸边修、随炸随修、再炸再修"，确保其功能得到较好的恢复。

（3）消防灭火。空袭战争中经常引起火灾的因素有二：一是因为空袭中的弹药等爆炸而引起的燃烧等，二是因为空袭中对电力设备造成的毁坏而引发火灾。

火灾的危害在空袭中发生几率较大,而且危害性极强。为此,火灾发生时,各级民防机关应当在第一时间组织相关的专业消防队伍,同时动员广大人民群众投入足够的人力物力,利用各种消防设施和器材,快速灭火,最大限度地减少火灾造成的损失,控制火势的蔓延。

(4)防化防疫防辐射。未来信息化战争中核化生武器受到全世界的严格控制与使用,但是其带来的阴影仍然笼罩着作战双方,现代化空袭战争中对核、化、生所带来的威胁引起了作战各方的重视。这些辐射性的物质对人体造成巨大的伤害,同时容易爆发病疫与流行疾病;不仅如此,含有核化生因素的生活设备也越来越多,一旦破坏,将给受空袭地区带来巨大的灾害。遭受核化生的危机时,应立即组织专业队伍探明发生源,判断发生性质,并及时进行处置;同时应采取隔离与严格的进出控制;设立洗消站,对受染物进行清洗,避免灾害蔓延。

(5)维护治安。由于空袭过后人们心理会受到不良影响,导致社会动荡和人口流动,同时一些不法分子伺机破坏捣乱,扰乱社会秩序,因此,需要民防部门加强战时社会治安与稳定的建设,尽快恢复正常的社会秩序。为此,应当以治安专业队伍为中心,其他力量开展配合。具体工作应包括:加强空袭重点地区的控制、预警与监督;对重要经济目标区、被袭击地区进行交通管制;开展对受灾对象的心理辅导,尽快恢复民众的正常情绪;加强重要目标区的警卫与巡逻;捕捉破坏分子,严惩敌特等。

第六章 参与应急支援的社区灾备民防

社区灾备民防是指社区民防工作积极参与各类重大突发事件的应急管理。随着非传统安全威胁与传统安全威胁相互交织的态势逐步凸显，民防应当在应急管理的平台发挥自己独特的优势与作用。"民防的发展遵循了从应对空袭灾害，向战争灾害防护与平时防灾减灾融合发展的一般规律。"[①] "融入政府应急管理体系，发挥民防系统的应急功能，是转变民防职能、壮大民防力量、提升民防影响的重要途径。"[②] 同时，民防系统所拥有的军地双重领导体制、复合多能的专业队伍、安全可靠的组织指挥体系为民防应急支援的实践提供了可靠保障；民防硬件保障资源如工程防护体系、指挥平台体系、警报报知体系等都是民防履行应急支援的重要基础。因而要"推进民防指挥体系与政府应急指挥体系有效衔接，依托民防指挥、警报、信息交互等系统，为参与和处置突发公共事件提供服务。发挥民防工程资源优势，为人民群众紧急疏散、临时安置和储备防灾物资提供场所。"[③] 上海市还以"条例"的形式为民防参与应急救援作出了规定，如《上海民防条例》（1999）强调"本条例适用于本市行政区域内对空袭、火灾、水灾、地震灾害和其他灾害，灾害性的化学事故、放射性污染事故、交通事故、建筑物与构筑物倒塌和其他灾害性事故的预防、应急救援及其相关的管理工作。"[④]

　　本章着重阐述参与应急支援的社区灾备民防，具体内容有两方面：一是简述应急支援的基本原则，二是社区灾备民防的整体要求。

---

① 李扬主编.民防基本理论［M］.北京：解放军出版社，2011：（前言）1.
② 钱国超.抢抓机遇，乘趋而上，奋力推动江苏民防再上台阶［J］.中国人民防空，2014（11）：9.
③ 钱国超.抢抓机遇，乘趋而上，奋力推动江苏民防再上台阶［J］.中国人民防空，2014（11）.
④ 上海民防条例［R/OL］.中国上海网.

第一节　应急支援的基本原则

一、危机事件的阶段划分

研究者习惯将危机的发生、变化过程进行阶段性划分和研究，以掌握危机的发生与演变规律。如芬克（Fink）在其文集《危机管理：为不可避免而准备着》中将危机的发生发展周期分为征兆期、发作期、延续期和痊愈期。美国联邦安全委员会将危机划分为四阶段：减缓（mitigation）、预防（precaution）、响应（response）和恢复（recovery）。罗伯特·希斯（Robert Health）又在此基础上将这四阶段修正为4R模型，即减少（reduction）、预备（readiness）、反应（response）和恢复（recovery）。我国学者则提出了危机管理过程模型，把危机治理过程分为预警与准备、危机识别、危机隔离、危机管理和善后处理五个阶段（见图6.1）。[①] 学者对危机进行时序上的阶段性划分的研究，为公共危机管理提供了理论指导。

预警与准备	危机识别	危机隔离	危机管理	善后处理

图6.1　危机应急管理阶段示意图

从性质上讲，危机是潜在危险经突发事件触发以及由突发事件导致的连带效应产生的过程，而这一过程有不同的阶段和重点，危机的涨落与诸多因素特别是"触发点""临界点"和"转折点"紧密关联，可用模型揭示（图6.2）。[②]

[①②] 余潇枫.公共危机管理［M］.杭州：浙江人民出版社，2008：20-22.

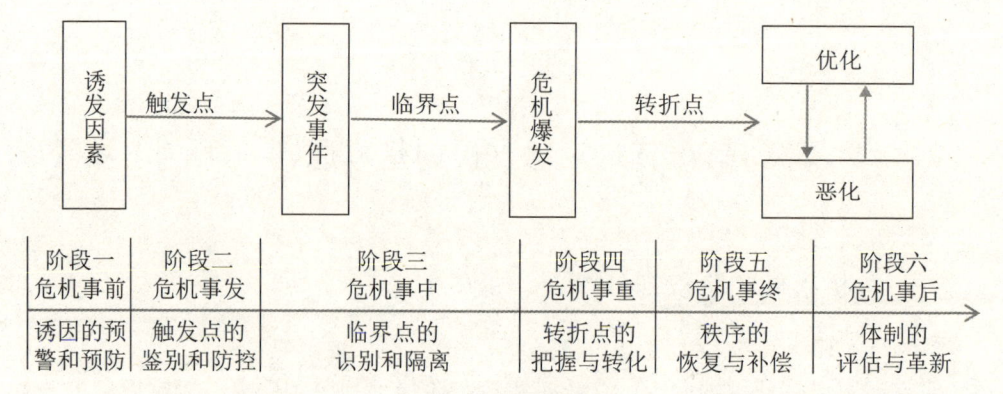

```
诱发      触发点    突发    临界点    危机              优化
因素  ─────────→  事件  ─────→   爆发   ─转折点→
                                                    恶化

 阶段一    阶段二      阶段三      阶段四      阶段五      阶段六
 危机事前  危机事发    危机事中    危机事重    危机事终    危机事后
 诱因的预  触发点的    临界点的    转折点的    秩序的      体制的
 警和预防  鉴别和防控  识别和隔离  把握与转化  恢复与补偿  评估与革新
```

图6.2　危机周期模型

二、公共危机在不同阶段的应对原则

按照危机事件的发生与发展的"六阶段",即危机事前、危机事发、危机事中、危机事重、危机事终、危机事后,公共危机在不同阶段有不同的应对原则。[1]

1. 危机事前:预警和预防原则

预防危机首先要树立"预警安全观",即在应急管理过程中,应当控制危机发生的苗头,将危险扼杀于萌芽之中。为此,建立预警机制是各国治理危机的最基本制度。缺乏对危机的预防机制,一个普通的社会安全事件就有可能升级为公共危机。许多国家在经历过预防缺失带来的弊端后,开展了从法律层面到体制层面再到社会相应层面的革新。

尽管危机预警机制是危机预防的第一步,但通过"演习"才能使得预警机制更为完备。危机管理专家米歇尔·里切斯特创建了一个极具实用性的危机预警模型。在这个模型中,通过参与人员与专家之间形成良性互动,使资源的调配与各方配合得到协调,并通过分阶段和全过程的演练发现问题,从而不断反馈给评估机制,进一步完善原预警方案。

---

[1] 余潇枫.非传统安全与公共危机治理[M].杭州:浙江大学出版社,2007:22-26.

2.危机事发：鉴别与防控原则

危机的形成往往是诸多因素交互作用所酿成，因此，对危机诱发因素的鉴别在事发阶段尤为关键。如何对诱发因素进行识别？首先是对系统存在状态进行分析，确保系统所处状态不会产生危险因素。其次，要对诱发潜在因素"爆发"的"触发点"进行鉴别，这个"触发点"往往是某个对正常秩序具有破坏性的或者具有冲击性的行动或事件，而这一行动或事件本身具有不确定性。再次，可以对历史上曾经发生过的类似或同个系统中发生过的危机事件进行比较。通过对危机诱发因素进行识别和排序，就能明确相关的人员，检查应对措施，从而建立起防控的逻辑。危机对组织管理的永恒挑战，通常就是危机爆发之前存在一些让组织无法鉴别的诱发因素。因此，危机事发后的核心原则，就是组织管理者必须从模糊的、不确定的、矛盾的诱发因素中进行规律分析与信息鉴别，并依据危机管控的科学方法对威胁、风险等进行识别，在此基础上制订全面、科学、及时的危机管控计划。

3.危机事中：识别与隔离原则

任何普通的突发事件都有可能造成涟漪效应，形成对周遭环境的影响，当这种影响超过"临界点"时，突发事件就会成为危机事件，引发危机的全面爆发，因此，必须对危机临界点进行识别与隔离，才能避免危机带来的巨大损失。由于危机的不确定性，突发事件往往会发生"飘移"，因此对临界点的把握不能就"点"论"点"。对临界点的控制主要是对危机事件进行识别与隔离，如果突发事件处置不当造成严重后果，就会波及系统其他因素，因此应对危机的时效性特征凸显，上级领导应亲临第一线，在"第一时间"掌握真实情况，在"第一时间"召开紧急会议，在"第一时间"研究应对措施，在"第一时间"承担领导责任，在"第一时间"向大众发布信息，在"第一时间"进行危机公关。

4.危机事重：应对与掌控原则

危机临界点的防控一旦因时间紧急、条件不备或判断有误、应对无方而失效，因危机而引发的全面灾难就有可能发生，在这一危机事重的时刻，危机"转折点"的识别与掌控就成为危机治理过程的关键。危机爆发会使政府和领导处于非常状态中，此时的快速反应机制就是对危机"转折点"的恰当掌控。这要求上级部门和领导要勇于承担责任，实施积极响应，落实责任制；同时为了防止事态恶化，应采取相应的技术手段与措施，来跟踪并掌控危机"转折点"；为应对有可能产生的危机的全面爆发及其消极后果，应迅速组织多方力量，协同参与应急管理，通过合作实现资源的最佳利用；此外，应针对具体的危机事态做出主动反应，同时掌控危机的连带效应，避免危机事态的恶化。

5. 危机事终：究责与补偿原则

危机事终，就是指危机已经达到恢复状态的结束阶段。政府不能始终处于紧急的危机状态或超越程序的危机模式之中，必须尽快过渡到紧急时期而恢复正常状态，并承担危机事终的特殊任务：首先应当给予损失补偿，其次应给予责任追究，这两项任务是政府公共管理活动合法性的重要条件之一。危机过后，应当严格按照国家宪法、国家赔偿法及相关法律的要求，对受难者进行补偿，且补偿不仅停留于经济层面的赔偿，更是对公民合法权益（如知情权、紧急救助请求权、申请行政复议或提请行政诉讼权、公民对政府危机管理的监督权）的保护和尊重，也是化解矛盾的重要举措；危机过后，政治责任的追究是善后的最关键步骤。政府应当设立第三方独立调查机构，对事件发生的发生与防控过程进行全面再调查，对相关责任方进行依法处置，对受难（灾）群体实施必要补偿。

6. 危机事后：评估与变革原则

危机应对基本工作结束后，应当认真对发生的危机进行归纳与总结，通过提炼教训，把认识反馈到组织的实践、政策和法律中。从这一层面上讲，危机利用得当可以发挥"社会安全阀"的作用，危机管理中的变革也是人类社会文明的进步。

面对危机，最根本的是进行评估基础之上的体制革新。体制包括三个要素：机构设置、权限划分和运作程序。是否进行体制革新，取决于领导者的战略选择以及领导者对危机结果的认知。体制革新的价值不仅是为了更有效地防止同类或其他公共危机的发生，且是为了更有效地获得政府危机管理的政治合法性，获得民众对政府执政权威的进一步认同与支持。但特别要注意的是，在对危机管理体制进行变革时，应尽量减少因新的改革举措而带来的新的管理问题。

第二节　社区灾备民防的行动要求

一、转变理念，科学定位

随着当前国家、城市及社区的安全更多地呈现为"低政治"的非传统安全，民防的职能范围也相应扩大。在以人民安全为宗旨的现代民防探索中，我国民防开始走向以灾险防控、安全防护和平时服务为主要职责的新阶段。特别重要的是，在参与应急管理实践中，民防的角色定位是"支援"。因此，（社区）灾害民防在和应急、公安、卫生、食药等系统联合进行突发事件应对时，要明确自身定位，积极响应相关部门的动员，努力做好相关应急部门的支援工作。

民防系统支援应急救援，首要就是要明确认识民防支援应急救援的社会意义和现实状况。从社会意义看，民防与应急管理相结合是现实需求，民防工作与应急救援工作有着本质目标上的一致性。国际民防组织界定的民防宗旨是"防止和减少平时自然灾害或战时使用武器造成的后果""保护、营救人民和财产"，其基本功能是：平时组织居民应付各种灾害；战时组织居民隐蔽、疏散、抗击敌方各种袭击和消除袭击后果，保护居民、经济设施及其他重要目标的安全，恢复和维持正常的生产、社会生活秩序等。同时，民防经历过战争年代的应战训练，积累了灾害应急中的领导指挥、专业队伍、预警预案、紧急避灾场所等资源，推进"防空防灾一体化"的实践也为民防资源服务于城市建设、灾害管理和百姓民生积累了相关经验。因此，民防资源可以作为应急资源的重要组成部分。

从现实状况看，一方面是现实和政策都呼求民防参与应急管理。第六次全国人民防空会议强调："把人民防空作为应急管理的重要力量。要按照平战结合的要求，进一步完善人民防空系统参与应急管理的功能，推进人民防空和应急管理一体化建设，实现资源共享，避免重复投资和资源浪费。各级政府要把人民防空部门作为政府应急管理工作成员单位，赋予相应的防灾救灾职能，充分利用防空资源为应对和处置突发公共事件、抢险救险和应急求援服务。"2016年5月13日召开的第七次全国人民防空会议，在新的历史背景下又提出，要从国家发展和安全高度深刻认识人民防空工作的重要性，不断提高民防战备效益、社会效益和经济效益。另一方面，民防积极转型，但存在诸多现实问题。十八届三中全会后，随着总体国家安全、国家安全法治的推进，我国民防提出了"战时防空、平时服务、应急支援"的新定位。然而，在当前的灾害应急管理体制下，民防远未发挥它潜在的防灾救灾作用与优势，相关公共资源未得到有效开发、整合与利用。同时，民防支援应急救援也在实践中碰到各样的难题。从民防基本理论和我国民防发展趋势看，民防与应急管理"结合"或"一体化"需要探讨几种路径：一是由"大民防"来统筹应急管理，二是"民防"与"应急"实行协同联动，三是以"应急"来统筹民防工作，也即民防资源支援应急管理。从全国民防体系的探索看，这三种形式都碰到了诸多难题。

在与应急管理进行"支援"联动时，从我国民防当前的发展定位看，民防的基础和首要工作，仍是战时人民防空，在此项工作完全保证的前提下，积极发挥民防资源支援应急救援和服务平时经济和城市发展。这一新定位是符合新时期我国国家安全形势和民防改革要求的。因此，社区灾备民防在支援应急救援的实践中，其角色应是"配合"与"响应"相关应急部门的应急行动，而非指挥、更非领导的角色。

二、明确职责，统一规划

要明确社区民防在关联体制中的职责定位。政府灾害应急是一项动员全社会力量的系统工程，而社区民防是支援政府应急管理的重要力量之一。要充分按照政府精简、高效、统一的应急管理要求，科学设定社区民防在政府应急指挥网中的节点、定位与职责，在法律法规的框架内和自身综合资源允许的条件下积极参与灾害应急。具体而言，在民防体制内，各级民防部门要积极按照"防空、服务、支援"的整体要求，逐步健全平战结合和平战转换机制，加快自身改革与建设，推进现代民防转型；在民防体制外，民防部门要积极响应与配合民政、交通、消防、地震、卫生、电力、电信、气象等部门的应急行动，在政府应急管理的整体部署下，有步骤、有计划、有目的地相互合作与协调，保证应急救援正常展开，切实保障安全、服务民生。

以杭州为例，杭州市城市应急救援指挥中心（下简称中心）设立在杭州市人防办（民防局），城市应急救援指挥机构是城市公共安全框架建设的重要组成部分，也是政府实施协调、指挥、调度职能的重要组织，是城市危机管理的重要支撑平台。作为民防部门支援应急管理的中枢，中心在杭州市政府应急管理中的职责与规划包括两大方面：

一方面是加强中心自身建设。中心不断深化自身的纵深发展与建设，提升中心的专业化与职能化水平，强化其承载的灾害应急与救援的软硬件资源与条件。首先是强化中心标准化建设，在应急事件的描述机制、数据单元描述、技术接口描述、事故应急人才（专家）库、地理信息数据库、突发公共事件应急处置预案数据库、城市基础设施数据库、数字城管信息库、气象地震灾害资料库、各类灾害资料库等领域开展突破性研究与探索，加强对灾害性、突发性事故信息的收集、分析、判断以及跟踪监测，为市政府处置重特大事故灾害提供决策依据，为全市有效应对复杂、突发性公共危机提供智力支持与技术支持。同时，还按照分层、分类、分级管理的原则，下设若干分中心，分中心负责所在职能的应急救援工作。对一般灾情，各分中心可直接按照各自程序进行处理，但必须报上一级指挥中心备案。对重大突发事故和重大灾情，则由中心下达任务，各级分中心必须听从上级指挥，服从调度和调配。

另一方面是不断畅通中心与横纵向部门的关联。首先充分发挥中心在人才、技术、设备等方面的优势，有效带动其他应急指挥部门的相互配合，发挥其在各类应急指挥中心的联结与桥接作用；其次建立中心与相关危机事故指挥机构有机、灵活的网络架构，在全市应急管理指挥网络的宏观视域下，遵循法律、职责的允可，达成中心与周围其他类应急指挥机构在信息获取与判断决策方面的良好匹配；再次充实其对外延伸与包揽能力，避免中心"指挥孤岛"的信息闭塞与发展困境；最后进一步理顺各类应急指挥机构形成的联结网，明确中心与其他相关应急指挥机构的相互关系，准确定位中心在这张错综复杂的联网中的地位与作用。

三、依法行动，全面保障

1. 依法行动

民防法律法规是进行民防建设和准备，履行防灾减灾职能，战时实施人防行动的法律依据；是明确公民和组织在民防中的权利和义务的基本依据；是实现民防工作规范化、制度化的法律依据，也是政府行使民防职能的法律依据。民防法规可以引导、评价、预测和威慑人们在民防行动中的行为，调整人们在民防活动中的行为规范。我国已颁布了《国防法》《人民防空法》《突发事件应对法》《国家安全法》等相关法律，对应急管理开展支援的社区灾备民防有了基本法律依据。

依法行动的总体原则。总体原则是预防为主、预防与救援相结合，贯彻政府统一领导、分级管理和平战结合的原则。具体就是要遵循"四个结合"和"七项整合"，即要坚持防空防灾一体化与人民防空工作相结合，坚持民防建设与服务民生相结合，宏观设计与具体操作相结合，稳定连续与与时俱进相结合；以全面、协调和可持续的科学发展观为指导，确立现代危机管理理念，实现减灾组织机构整合、信息资源整合、救援队伍整合、工程设施整合、后继保障整合、教育资源整合和法律法规整合七项整合，通过危机预警、危机识别、危机隔离、危机救援、危机善后处理等系列危机管理措施，转移灾害来源，缩减灾害影响，保障人民安全。

依法行动的适用范围。区域的适用范围，适用于行政区域内对空袭、火灾、水灾、地震灾害和其他灾害，灾害性化学事故、放射性污染事故、交通事故、建筑物与构筑物倒塌和其他灾害性事故的预防、应急救援及其相关的管理工作。实施主体的适用范围，市和区（县、市）的发改、规划、财政、建设、交通、商业、民政、卫生、环境保护、物资、电力、电信、公用事业、气象等部门，在各自职责范围内负责相关民防工作。此外，在国家民防法尚未出台的情境下，地方性民防条例是保证民防建设具备自身独立性、系统性、科学性与合法性的有力依据，也是推进社区民防工作的必然要求。

依法行动的具体落实。从实际情况看，民防行政执法存在很多问题：如依法行政的意识和观念薄弱；行政执法中对相关法律、法规的掌握和运用能力不足；有些地方的行政执法行为较为软弱，规范性有待提高。① 因此，在社区民防的依法行动的落实中，要最大程度性的坚持合法性原则，并在此基础上加强依法行动的观念，不断提升执法能力。

2. 全面保障

资金保障。社区民防工作所需要的组织机构、人才队伍、物资场所、宣教平台等基础条件都要求必要的经费保障。救灾应急资金可通过财政补助、部门支持、社会捐赠等多种渠道获得。按照救灾工作分级响应、救灾资金分级负担的原则，街道财政应安排专项救灾资金，从各级政府预算中列支。每年街道级财政要安排必要的救灾资金采购一定数量的棉被、衣服和抢险装备、设备等救灾物资，确保社区急需。要建立社区民防建设的专项资金，保障社区民防建设中的人力、物资、设施等落到实处。为进一步加强资金保障，争取将应急、民政、公安、卫生、水利、地震等部门各自用于防灾抗灾物资设备的资金进行整合，统一设立全市防灾应急专项资金。通过全市防灾应急专项资金来加强社区民防建设的资金保障。

物资保障。充足的应急物资保障是社区民防开展应急救援活动的必备条件之一。如《上海市民防条例》第十三条规定了"计划、财政、商业、物资、医药等有关部门，应当结合平时物资周转供应，有计划地做好民防物资储备。"紧急救援物资包括抢险物资和救助物资，由相关部门储备和筹集，建立救灾物资仓库。采购必要的救灾和灾民生活必需品，将灾害应急时必要的食物、饮水、自救工具等其他物品准备好，并要指派社区专员负责管理。

设施保障。要按照战时防空、平时服务、应急支援的原则，推进社区民防建设所必备的设施、场所等基础设施建设。要通过建立街道民防应急库、社区民防应急箱、家庭民防应急包来逐步完善必要的食品、通信等自救互救工具，确保应急救助工作的需要；要充分利用绿地、地下停车场、操场等，建立一定数量的社区民防应急疏散场所；对社区内避难场所进行摸底、统计与规划，完善民防（人防）指挥场

---

① 王胜利. 人民防空行政执法概览［M］. 北京：中国人民公安大学出版社，2002.

所，明确疏散标识，推广社区应急疏散平台，制订社区应急疏散图等。

人才保障。高素质的社区民防工作者队伍与专业化的应急救援队伍是防空减灾工作中必要的人才保障。信息化的迅速发展对民防工作者的信息敏锐性和信息分析能力提出了新要求；通信设施与指挥系统等现代应急设备的开发和利用，决定了储备一支战斗力强、反应迅速、知识广博的民防工作者队伍和应急救援队伍非常必要。推进社区民防人才队伍建设，还要在平常的工作中不断提高民防工作者的理论水平和解决实际问题的能力。

信息保障。信息无疑是现代社会的一项重要资本。信息保障就是要求社区民防工作部门及时掌握社区内的各项灾害信息，做好灾害预警与发布，灾前群众动员与宣传；对虚假灾害信息或夸大灾害信息要做好必要、及时的科学解释与澄清工作，防止引起社会的不必要恐慌。

四、上下贯通，部门协作

上下贯通。社区民防的上下贯通，就是要市、区（县、市）、街道（乡、镇）、社区四级"纵向到底"的防灾体系，既要加强上级对下级的指导，也要充分发挥社区民防活动灵活性和创造性，既要保持上下级的民防活动统一有序，也要保证不同层级民防活动的自主性和变通性。当前我国民防部门接受的"军地双重领导体制"为民防工作的开展提供了有利条件：各级民防机构具备明确的领导指挥关系，有利于突发事件的应急统一指挥与领导；战时的管理体制有利于为应急救援提供快速、有效的反应机制与专业的人才队伍；可以充分发挥人防系统的设备、装备、通信、疏散等资源，为应急救援服务。要进一步发挥我国军政双重领导和上下级统一行动的民防体制的优势，逐步健全上下贯通的民防体制。

部门协作。在社区民防支援应急管理体系的过程中，必须使民防与同级的计划、规划、财政、建设、交通、商业、民政、卫生、环保、物资、电力、电信、公用事业、气象等多个相关部门有效合作，在各自职责范围内负责有关民防工作。

在实际的社区民防工作中，民防部门与教育部门、应急救援指挥中心、民政局等部门联合开展了防空工程建设、民防宣传教育、民防队伍建设等工作，但在实践中普遍存在着难以调和的一对矛盾：社区民防与社区建设和管理的相关工作在职能上既交叉又独立，既工作又竞争，既协同又排斥。以与民政局的工作关系为例：民政局一般负责社区规划与社区治理，"社区工作站"等社区工作组织基本由民政局负责筹建与管理。民政局为社区的基本稳定、和谐、有序而搭建了基本组织机构，并配备了社区建设的基本人员队伍。而与之对应的是，市民防开展的社区民防的一项主要工作，就是社区疏散场所建设、人防工程建设、应急物资和社区民防宣传等。事实上，在社区开展类似工作的还有应急、公安、消防、地震等，如这些部门都会有防灾避险场所、应急减灾的宣教等，这就直接导致了社区应急救援的重复建设和资源浪费。正是因为部门间的职责划分不清以及相关工作的交叉性，使得市、区（县、市）民防与民政、应急、公安、消防、地震、防汛抗旱等部门的社区安全建设方面各自独立开展一些具有同一性质和同一内容的工作，给社区应急防灾减灾的综合活动带来了新问题。因此，社区民防与社区管理和社区建设在实践中既协作又矛盾，即社区民防在具体实施中一方面可以与其他社区工作同建、共进，但也存在协调与合作上的诸多矛盾与摩擦，在资源上既共享又竞争，在具体活动中既存在协同又相互排斥。

必须认清社区民防所处的横向关联体制现状，进一步正确定位社区民防的职责与发展方向，进一步改变现有的相互独立、资源分散、效率不高的社区应急管理模式，提高社区民防与其他横向部门的资源互动、共享与合作，提高社区民防对城市应急管理的支援能力。

五、区域联动，多方参与

1. 区域联动

单一区域救援存在着以下方面的矛盾和问题：救援所需能力与单一区域内救援能力不足的矛盾、救援所需资源多样性与单一区域内配置资源局限性的矛盾、救援需求时效性与资源分布广域性的矛盾，等等。同时由于应对灾情的不同区域管理主体的工作性质和职责之间、各自的利益取向存在差异，所以各自需要介入的方式和程度也不一样。如果没有适用的联动机制，就有可能出现单独作战或多头指挥的现象，不利于应对灾情的有效开展。[1] 非传统安全威胁所特有的超越传统地缘边界的特征，需要民防部门在参与应急管理的过程中，要打破常规区域限制，而开展跨区域民防行动。这就要求建立科学有效的机制，使不存在隶属关系的行政区域之间集中智慧、统筹协调，构建科学处理灾情的运作模式。

民防部门除了建立区域间的联合预警机制、自主协作机制、信息交互机制、联合救援机制以及综合保障机制等运作机制外，还需要采取灵活的联动方式，增强在应急救援中时效性。首先，要实现地缘互助，以受灾地区为中心，就近调动资源，按照第一时间原则，启动自主协作机制，打破行政区域的界限，避免灾情扩大。其次，要遵循资源互惠原则。通过区域间的协议规定，向对方输出或引进资源，实现防灾减灾资源的自由而有序的流动和调配。再次，建立运行功能互补机制，以行动目的为依据，打破行业和行政的壁垒，灵活进行单元、要素的组合，从而使各种力量在功能上实现完全融合。例如杭州市余杭区人防办通过区公共交易中心，采购了冲锋舟、橡皮艇等水上应急救援装备，组建成立了具有跨区域联动性质的余杭区水上民防救援分队。余杭区范围内有苕溪、运河、上塘河等流域，水网交错，历年来多次发生洪涝等灾害。为切实做好应急救援准备，余杭区人防办采购了4艘冲锋舟、2艘橡皮艇及部分救生圈、救生衣等装备，分别在塘栖镇、闲林街道组建了共40人的水上民防救援分队。水上民防救援分队通过前期的集中训练，具备了随时应对水上应急救援的能力。平时，这支水上民防救援力量还在区"五水共治"、河道巡查管理中发挥积极作用。[2]

2. 多方参与

在社区民防支援应急管理的过程中，社区民防应当动员社会各方的力量，如民间组织、企事业单位、社会团体与个人等，形成多方参与、多方融合的民众防护新格局。

（1）建立社区民防与社区驻地单位的有效互动。与社区内的居委会、城管部

---

[1] http://news.mod.gov.cn/defense/2009-07/27/content_4023605.htm.
[2] 余杭区组建成立水上民防救援分队［EB/OL］.杭州市人民防空办公室（民防局）(2014-07-29)．

门、物业管理部门、消防部门、工厂企业等建立良好合作关系，最大限度地减少社区民防工作中存在的阻碍因素。鼓励这些驻区单位积极参与社区民防的宣传、演练等活动，争取驻区单位对社区民防工作的支持。国家减灾委员会办公室下发《全国综合减灾示范社区标准》的通知中，做出了关于社区内相关企事业单位积极组织开展防灾减灾活动，主动参与风险评估、隐患排查与演练等减灾活动的要求。这预示了社区民防组织必须要与社区驻地单位联合互动、交叉融汇，在以社区民防"防空防灾"为中心的社区安全建构下，逐步形成多元主体共同参与、协同治理的社区民防建设氛围。

2. 建立社区民防与社区综合管理的相互融合。各单灾种管理部门和民防管理部门对涉及民防工作的公共事务和公共利益负有共同责任，公安、水利、地震、卫生、环境、建设、交通、通信等有关行政主管部门在本级人民政府的统一领导和本级民防管理部门的综合协调下，按照职责分工，各负其责，协调配合，共同做好本行政区域的民防工作；在社区综合管理职能中融入空袭、灾害、灾害性事故的防范和应急救援责任制，保证空袭、灾害、灾害性事故的预防、灾害救援工作的有效进行。因此，社区民防要充分把握应急管理规定中的法律法规依据，促进我国现代民防转型，在融入城市应急救援中推进自身的进一步改革。

多元主体参与、相互融合的社区民防建设模式，就是要有效理顺社区生态之中的所有应急主体与资源，着力构建政府、社区组织、非营利组织、社区单位之间的多元互动的网络型运作模式。

第七章 防控日常灾险的社区生活民防

社区生活民防是指社区民防工作除了重视"战争防空属性"和重大突发事件的"应急支援属性"外，还应重视平时的"灾险防控属性"，积极服务民生，参与民众"日常生活"突发灾险的防护与应对。民众日常生活中的灾险多种多样且难以预测和避免，而社区民防具备应对各类灾险的资源与能力，社区民众的日常灾险防控也是社区民防的重要内容。本书提出"生活民防"并将其列为社区民防建设的第三项重要内容，这既符合国际民防的综合化发展趋势，也符合我国基层民防建设的内在要求。社区生活民防强调民防要服务日常民生，主要包括"居家安全""社区安全""工作场所安全""公共场所安全"和"校园安全"。

本章内容有三方面：一是介绍生活民防的内涵、意义与特征，二是概述社区生活民防的主要内容，三是阐述社区生活民防的建设途径。

第一节 "生活民防"的提出

一、"生活民防"的内涵

本书将"生活民防"界定为：以日常生活为防护领域，以社区、家庭、工作单位为基本依托，以自救互救为主要手段，对社区地域空间内聚居人群的"日常性"生命财产及生存环境实行灾险防控与安全保护。生活民防主要防控发生在社区、家庭、商场、工厂、校园、办公室等领域空间内的各种日常化的威胁，如火灾、触电、中毒、冰雪、台风、暴雨、交通事故、校园灾害、生产安全事故，以及弱势群体的特殊保护等，其以"日常生活"中的事故、危害、风险等为防护对象，以"社区"和"家庭"为基本依托，以民众的生命、财产和生产环境为核心防护目标。建设生活民防，除了政府主导下的"公救"外，社区组织引导下的民众"自救"与"互救"也应成为灾险防控与日常安全保护的重要路径。需要特别说明的是，"生命民防"与"灾害民防"在防护的目标、对象、内容和手段上都存在一些交叉，但两者的关键区别在于，"灾害民防"定位在重大突发事件的应急支援，是"非常态情境"下的民防活动,而"生活民防"定位在日常性的灾险防控,与民众日常性的生产和生活活动有着更为紧密的联系,更多地表现在"常态情境"下的民防活动。从整体看,与战备民防、灾害民防相比,生活民防有着更为特殊的精神意涵。

生活民防强调民众公共安全意识的觉醒与自觉。社会或社区的公共安全意识把民防与民众的日常生活紧密关联了起来。从民防的历史发展过程来看,民防的发展是一个不断唤醒全社会的公共安全意识的过程,正是民防首次把广大民众为了自己的生命安全与财产安全广泛地组织动员起来,不仅培训了他们自救、互救的技能与技巧,而且也培养了他们的公共安全意识。[1] 生活民防的最终目标,就是要通过"公救"的活动而形成公共安全防护的氛围和网络,逐步形成社会民众"自救"和"互救"的自觉,形成社会民众防范和应对日常灾险的自觉社会格局。

生活民防强调"人本民防"的理念。关切民众的生命、财产、健康与环境安全是生活民防的价值目标,体现了"以人为本"的科学发展观,符合当前我国安全治理体系新建构的整体要求。将生活民防纳入现代民防体系,纳入的不光是一个新名词,更是一种新理念、新思维、新境界——即从更大范围、更广领域、更宏观层面审视人的安全、社会安全和国家安全。"人本民防"理念的突显,意味着安全的核心将是日常生活的境况——食物、居所、求职、健康、公共安全和人的权利等[2],安全的价值基点不再仅仅是国家安全,而是拓展成了"国家、社会、人"三者的复合,因此将原本常被忽视的民生安全也纳入到总体安全之中。

生活民防强调"社区"和"家庭"在安全建设上的作用。从我国的整个安全生态看,中国面临的很多非传统安全问题是社会转轨期的安全问题,如公共健康问题、公共卫生问题、就业失业问题、犯罪问题、教育问题,等等,这些问题不仅具有"常态化"和"复合化"的特征,且常发源于社区和家庭。因此,生活民防建设的推进,日常生活中大量常态化的灾险问题,都将主要依靠社区和家庭的自主防控。

---

[1] 夏保成.论民防在西方国家公共安全管理发展中的作用[J].河南理工大学学报(社会科学版),2007(1):19.
[2] Andrew T.H. Tan, J.D.Kenneth Boutin,:Non-Traditional Security Issues in Southeast Asia: Select Publishing Pte Ltd, 2001, p.2.

二、"生活民防"提出的意义

1. 回应了"人的安全"命题的凸显

传统安全观聚焦于国家安全的创建，而历史的发展使得各国学者和政策制定者认识到，国家的领土安全并不等同于国民安全，跨国安全危机也无法用现有的安全框架去应对和解决。在改变范式的思维下，"人的安全"顺势而兴，并在外交政策讨论中逐渐占据重要位置。联合国开发计划署1994年发布的《人类发展报告》提出了"人的安全"（human security，也有学者翻译成"人类安全""人本安全"等）概念，该报告认为："人的安全有两大方面的内容，其一是免于诸如饥饿、疾病和压迫等长期威胁；其二是在家庭、工作、社区等日常生活中对突如其来的、伤害性的骚扰进行保护。"[①] 报告还具体提出了人的安全的七大构成要素：经济安全（基本收入有保障）、粮食安全（确保粮食供应充足）、健康安全（相对免于疾病和传染）、环境安全（能够获得清洁水源、清新空气和未退化的耕地）、人身安全（免遭人身暴力和威胁）、共同体安全（文化特性的安全）、政治安全（基本人权和自由得到保护）。[②] 生活民防建设，体现了和平时期民防建设对"人的安全"的关注，体现了21世纪民防建设对服务民生、保障民生、改善民生的重视。

2. 构成了"防空、支援与服务"民防的重要内容

民防进社区以及社区生活民防的展开，正体现了政府以人为本、关注民生的工作导向。我国民防经历了从单一战备防空到防空防灾一体化，进而广泛涵盖支援应急管理和保障国家安全的重要发展过程。提出并实践社区民防的生活民防这一维度，不仅是我国现代民防体系的逐步探索与完善，也是我国国家安全和应急管理能力提升的有益实践，共同构成了我国现代民防"防空、支援与服务"的综合化改革

[①][②] *Human Development Report* 1994, New York: Oxford University Press, pp. 24-25.

实践。

3. 顺应了国内民防与国际民防接轨的趋势

冷战结束尤其是进入21世纪以来,国际民防的内涵不断扩大,除了战备防空和应对重大突发事件外,已开始向日常生活防护、生态环境保护、人道主义援助等方面延伸。由于民防职能及其各项工作具有全方位、多层次、综合性的特点,其作为一项重要的安全防御性国策及其在国家安全和发展战略中的重要地位和作用也日益凸显。我国1992年加入了国际民防组织,作为国际民防组织的成员国,逐步完善民防体系是我国民防与国际接轨的需要。近年来世界民防日的主题,如"民防和道路安全""民防与环境保护""民防在学校""工作场所的民防和安全""民防与基本急救技巧""预防信息和沟通技巧"等,都很好地体现了生活民防的内容在国际民防实践中的重要性。因此,我国大胆探索生活民防,就是顺应了国际民防的发展要求。

4. 有助于"平安中国"的具体实施

"平安中国"的提出有重要的现实背景。一方面,高风险社会下的自然灾害(地震、泥石流)、事故灾难(如工厂爆炸、飞机失事)、公共卫生事件(如流行疾病、食品安全事件)、社会安全事件(如民族争端、暴力恐怖事件)等时有发生,危机发生呈现常态化,危机治理难度加大。我国传统的安全维护体制已经不能适应众多灾险的挑战,需要建立"公救""互救""他救"和"自救"相呼应的多元主体全方位参与的安全治理体系。另一方面,防护能力和自救能力是公民素质的一部分,生活民防能有效提升公民的自我防护意识和能力。伴随着工业化、现代化的进程加快,生活中的危险源增多,如何开展日常性的灾险自救和互救,是现代社会生活中人们必须掌握的生存技能。同时,民防教育的知识内容涉及军事、自然、地理、社会、医学、人文等多学科知识,具有鲜明的时代性、知识性、实践性特点,不但有助于提升公民的知识水平和实战技能,而且能增强危机应变能力、抗挫折能力、救护能力和创新能力。"平安中国"建设就是要全面实现"保平安、保稳定、促发展、促和谐"。安全是人生存和发展的基本条件,也是社会繁荣昌盛的理想支点。安全是发展的前提，是发展的核心。改革开放使中国经济飞速发展，然而一味只重视经济的发展模式也带来了环境破坏、贫富差距过大、社会阶层急剧分化、群体性事件猛增、犯罪率上升等问题。政府和民众越来越认识到"和平不等于安全""富裕不等于安定"，以往盲目追求GDP的行为开始被反思，社会发展的价值定位开始被重新寻找。[1] 建设生活民防，有助于打造出经济建设欣欣向荣、人民群众安居乐业、社会治安秩序良好的局面，顺应了"平安中国"这个新的时代主题。

三、"生活民防"的总体特征

1. 涉及内容广泛

生活民防的作用对象，包括日常小型灾险、自然灾害和重大社会事件，即危及人民生命财产安全和社会安全的事件。我国是世界上自然灾害最为严重的国家之一，灾害种类多，分布地域广，发生频率高，造成损失严重。同时，改革开放以来，城市快速膨胀，工业化规模不断扩大，人口和建筑物高度密集，生产和生活高度集中，车流密，道路不足，基础设施庞大，危险源广布，事故隐患增多，城市防灾脆弱性凸显。主要灾种有干旱、瘟疫、火灾、地震、洪水、暴雨、台风、重大交通事故、重大有害有毒物质泄漏污染、大范围停电、大面积网络瘫痪、劫持人质事件、大型聚会中人员拥挤而导致的群死群伤事件等，灾害的种类多，加之群发与交叉性强，使民防行动涉及的内容十分广泛。

一是自然灾害。地震、洪水、台风、冰雹、寒流、热浪、雷电等灾害在我国时有发生，每年都造成大量的人员伤亡和财产损失。以洪涝灾害为例，洪灾是严重的气象灾害，虽然我国抗洪能力逐步增强，但在城镇化和人口高度集聚的背景下，洪涝造成的危害有增无减。洪涝灾害严重时，城区往往发生积水，积水时间从几小时至十几小时不等，有时甚至持续几天，临街商店进水，道路交通受阻，民众生活、出行发生困难，造成的人员伤亡与财产损失程度相当巨大。

---

[1] 余潇枫."平安中国"：价值转换与体系建构[J].中共浙江省委党校学报，2012（4）：12-17.

二是火灾和爆炸。随着城市化进程加快,地下建筑不断增加,高层和超高层建筑也如雨后春笋般拔地而起,这大大增加了火灾防控难度。此外,城市中的加油站、煤气站、危化品仓库等密集度逐渐加大,这些危险化学品和易燃易爆物品的生产、储存、运输、管理等整个过程,就如一颗颗随时可能引爆的炸弹置于城市之中,严重威胁着城市安全,一旦发生爆炸火灾事故,很可能给城市带来毁灭性灾难,如2015年天津港"8·12"瑞海公司危险品仓库特别重大火灾爆炸事故。

三是城市生命线系统事故。城市生命线系统是指公众日常生活中必不可少的支持体系,是保证城市生活正常运转的重要基础设施,是维系城市功能的基础性工程,主要包括电力、煤气、交通、输油、供气、供水、通信、网络等系统。从城市安全发展的角度看,我国多数城市的生命线系统还缺乏科学、长期的整体规划,且对各系统的全面监管还十分不足,这为城市安全潜藏了诸多安全隐患。

四是交通事故。城市交通事故主要包括公路交通事故、轨道交通事故、水上交通事故和空中交通事故。当前我国道路安全形势十分严峻,每年因道路交通安全事故伤亡人数超过20万人,每年全国各地交警接报事故的总量近470万件,事故总量巨大、死亡率高、恶性事故多发。[①] 道路交通事故是中国安全生产中死亡人数最多的领域,占安全生产死亡总数的近78%,是煤矿死亡人数的近15倍。

五是公共卫生事件。公共卫生事件,是指突然发生,造成或者可能造成社会公众健康严重损害的重大传染病疫情、群体性不明原因疾病、重大食物和职业中毒以及其他严重影响公众健康的事件。近年来,SARS、H_1N_1、埃博拉、MERS(中东呼吸综合症)等流行病、重大传染病疫情以及食物中毒时有发生,全球新发的30多种传染病已有半数在我国发现,公共卫生安全形势堪忧。城市人口数量大,流动频繁,突发公共卫生事件的机率较高,这些事件不仅会对公众健康和生命安全造成威胁,还会引发公众恐慌、普遍焦虑等,对社会、政治、经济等各方面产生消极影响。

六是社会安全事件。改革开放以来,我国经济快速发展,利益格局不断调整,与之伴随的就是在利益、认同、身份等方面的不可忽视的深层次矛盾,造成了社会

---

① 我国每年道路交通事故伤亡人数超20万 [EB/OL].中国公路网(2013-09-01).

诸多不稳定因素，如2013年以来，在北京、昆明、杭州、广州、上海等地就分别发生多起暴恐、公交车自燃、群众性踩踏等重大事件。[①] 如何综合各类应急力量有效应对城市突发社会事件是政府与社会面临的共同问题。

2. 建设方式多样

一是应急预案实用可靠。城市是社会经济和自然灾害复合的人工生态系统，一旦发生灾害，相互紧密关联的各系统很容易引发整个城市灾害的链式反应；若不及时控制，灾害很容易自动放大，演变成危害更大的灾害。针对不同的灾种，结合当地危险源的实际情况，提出有针对性、实用性和可操作性的应急预案，组织相应的防灾救援队伍进行紧急响应，是生活民防的重要方面。

二是宣教方式灵活多样。生活民防宣传教育要依据不同人群、不同地域、不同灾种灵活开展。生活民防教育的对象涉及人员多、范围广、流动性大，且其文化层次、从事职业、年龄结构等差别较大，集中组织困难。因此，生活民防教育十分讲究宣传技巧，善于从群众最关心、同群众利益最密切的安全问题入手，针对不同的人群开展不同形式的宣传教育，融思想性、科学性、知识性、趣味性于一体，增强说服力、吸引力和感染力，使生活民防宣传教育深入浅出、生动活泼。

三是推进方式多样创新。社区生活民防可以和社区工作结合，可以充分发挥社区管理工作的各类平台与手段。如可以在创建和谐社区、文明社区的过程中，社区民防倡导邻里互帮互助的良好风气，为生活民防的自救互救奠定基础；可以在创建平安社区的过程中，创新形式让社区民防志愿者队伍参与进来，共同开展消防、交通安全、法制教育等工作，提高社区民防工作者和志愿者对民防基本知识与技能的掌握；还可以在举办社区文化活动的过程中，将生活民防的知识宣传编排进去，在潜移默化中普及社区防灾与应急的相关知识。

---

① 如2013年10月28日在北京天安门金水桥、2014年月1日在云南昆明火车站等地发生暴恐事件；2014年7月杭州和广州几乎同时发生公交车纵火爆燃案件；2015年12月31日晚发生上海外滩跨年夜踩踏事故，等等。

3. 运转高效灵活

一是组织体制完善。我国民防经过60多年的改革与建设，已经发展为机构健全、职能明确、运转有效的一套系统。在重大突发事件和日常性灾险防空中，其专业化的人员队伍、较为完善的软硬件系统和运行机制，能够有效地发挥作用。

二是建设力量多元。生活民防建设可调动的人员资源是多元丰富的，可以根据灾害类型和严重程度，在预案的规划与实施下，调动不同类型与数量的救援力量。主要包括政府组织、武装集团、社会团体和个人。其中，政府组织包括各级地方政府及其机构；武装集团包括军队、警察、预备役部队等；社会团体包括各企事业单位、团体组织、社会应急力量等；个人包括社会个人（如参与心理救助、实施捐赠等）和社区人员（如社区工作者、社区应急专业队伍和社区志愿者）。

三是信息平台健全。民防部门指挥通信手段日趋完善，基本建成了地上与地下结合、固定与机动结合、军队与地方结合的指挥信息网络和平台，实现了有线传输、无线传输、视频传输等多种手段通信；有的省市还实现了与地方应急救援110、119、120、122的网络互通、信息共享和机制联动。民防信息平台为生活民防的开展奠定了扎实的信息与平台。

第二节　社区生活民防的一般内容

2009年，世界卫生组织（WHO）社区安全促进合作中心出台了"WHO安全社区导则"，其中规定"有一个负责安全促进的跨部门合作的组织机构"，具体要求是成立以跨部门合作为基础建立的工作小组，从事具体的安全促进和伤害预防工作，一般应至少六个工作小组，通常有交通安全、居家安全、工作场所安全、运动安全、学校安全、公共场所安全、儿童安全、老年人安全、犯罪和暴力预防、自杀预防和伤害监测等。国际社区安全促进合作中心又在交通安全、工作场所安全、公共场所安全、涉水安全、学校安全、老年人安全、儿童安全、家居安全和体育运动安全九个方面分别提出了七项具体指标。[1] 据此本书将社区生活民防的内容设定为五方面，即居家安全、交通安全、工作场所安全、公共场所安全和校园安全。

一、居家安全防护

居家安全是指对发生在家庭居住空间内的安全灾险进行防控。随着互联网在社区的扎根落户，社区迎来了新的发展时机，社区居民的集聚方式从过往散落村居形式转变为集中安置、模块管理的小区模式，人口集聚性越来越突出，家庭安全事故发生的频率也随着加大，居家伤害成为涉及人数多、涉及面广、危害大的伤害类型。据统计，人们每天的居家时间占到全天时间的一半以上，老人和儿童等弱势群体是居家生活的主体；跌倒是老人发生意外的主要原因，而发生地点主要是在家中；超过60%的儿童意外伤害发生在家中，近80%的家长表示不清楚如何使用安全的家居用品并对其进行安全检查，对相应的居家安全产品知之甚少。[2]

居家安全的防护对象涉及家庭火灾预防、家庭触电预防、食物中毒预防、煤气中毒预防、室内污染预防、烧伤和烫伤预防、家庭防盗、预防家庭暴力、急救与逃生等。家庭火灾、食物中毒和有毒气体的防护是居家安全的三大重点内容。

家庭火灾的预防与防护。家庭火灾是社区生活民防所要预防与救护的一个重要方面。家庭火灾常常事发突然，令人猝不及防，后果极为严重。家庭火灾的直接原因主要有生活用火不慎、电器设备安装使用不当、存放危险物品和药品不善和纵火、青少年玩火等六个方面。其中，生活用火不慎和电器设备安装使用不当是造成家庭火灾的主要原因。

食物中毒的预防与救护。食物中毒是指人们食用了含有致病微生物或有毒素的食品后造成身体伤害甚至死亡的事故。食物中毒从致病因素看，常见的有以下五类：细菌性食物中毒（指人们食用被细菌或细菌毒素所污染的食物而引起的急性中毒性疾病）、真菌毒素中毒（指真菌在谷物或其他食品中生长繁殖产生有毒的代谢

---

[1] 世界卫生组织安全社区准则与指标 [R/OL]. 东直门安全社区网（2013-01-24）.
[2] 本质安全化的居家安全环境设计 [EB/OL]. 中国安全社区网.

产物，人食用这种毒性物质发生的中毒）、动物性食物中毒（指食入含有有毒成分的动物食品引起的中毒，如河豚鱼中毒、鱼胆中毒等）、植物性食物中毒（指因误食有毒植物引起的中毒，如毒蘑菇中毒等）和化学性食物中毒（指人们食用被有毒有害化学品污染的食品引起的中毒）。

有毒气体中毒的预防与救护。居家安全的有毒气体防护的对象包括煤烟、煤气、下水道综合气体和城市大型空气污染事件。其中引发中毒的有毒气体主要有一氧化碳、二氧化硫、三氧化硫和硫化氢。一氧化碳是许多国家引起意外生活型中毒中致死人数最多的毒物。一氧化碳中毒是含碳物质燃烧不完全时的产物经呼吸道吸入引起的中毒。目前全国范围内很多家庭都使用煤气作为生活燃气，在运输、储存、使用和操作过程中的任何不规范行为都可能引发煤气泄漏甚至发生爆炸。

居家安全的隐患主要在居家环境范围内，属于私人空间，因而生活民防建设的工作重点主要集中在宣传教育和应急救援这两方面。居家安全建设，可以以社区为抓手，免费向小区居民发放居家安全防护应急包，并且组织使用培训；组织编制《民众应急防护预案》和《基层社区疏散撤离和应急防护预案》，将应急疏散掩蔽地域和行动路线明确到居民家庭；研究制定《社区居家安全建设测评标准》，并纳入当地市级、区（县）级年度文明社区、文明镇测评体系，定期组织召开居家安全建设总结表彰会。

二、交通安全防护

社区生活民防范围内的交通安全是以各类交通事故为防护问题，依托交通、民防、医疗、教育等相关部门，针对生命财产和道路周边环境实行的灾险防控与安全保护。目前，交通事故已成为当今世界一大普遍性"公害"。自1769年法国蒸汽驱动车发生世界上第一起交通事故至今，全世界已有3200余万人死于交通事故。据公安部统计，中国死于交通事故的人数近几年来的平均值一直保持在10万人左右，而世卫组织统计的数据是中国每年超过20万人死于交通事故[1]。

---

[1] 世界卫生组织：中国每年超20万人死于交通事故［EB/OL］.中国法院网.

国际安全社区中心对"交通安全"的指标规定是：① 已成立一个由管理人员、工人、技术人员、志愿者组织以及安全专家组成的跨界组织，以伙伴合作模式，负责交通方面的所有安全促进事宜，由一名政府代表和一名志愿者代表共同担任负责人；② 有交通安全规章制度，这些制度应由跨界组织制定，并被安全社区内的交通部门所采纳；③ 长期、持续地开展交通安全促进工作，并覆盖到不同的性别、年龄、未采取保护措施的行人、机动驾驶者、所有交通场所、环境和状况；④ 有针对高风险人群、高风险环境,以及脆弱群体的安全措施；⑤ 有记录伤害发生的频率及其原因的制度；⑥ 有评估规章制度、项目或措施及其实施过程、变化效果的评价方法；⑦ 积极参与本地及国际交通安全有关的活动。①

社区生活民防关涉的交通安全主要包括道路交通安全和危险化学品交通安全。

道路交通事故的防护与救护。道路交通是公民出行的最常见方式。我国公安部统计数据显示，近年来全国发生的道路交通事故中，机动车驾驶人违法行为是交通事故的主要原因，如超速行驶、占道行驶、无证驾驶、酒后驾驶、疲劳驾驶等。其次是机动车故障而引发的交通事故，如2009年6月2日到6月15日，深圳全市范围内共发生公交车冒烟、自燃事故11起。经调查发现，90%以上的公交车自燃均因发动机故障和电线短路引发。

交通事故重在预防。民防部门应联动交通部门、安监部门、工商部门和社区制订和实施道路安全计划，这项计划可以涵盖以下几个方面：一是人群安全计划，联合交通部门针对事故高危人群加强宣传教育，安排参与交通执勤强化安全知识；二是机动车安全计划，联合安监部门、工商部门严格管控机动车质量，包括机动车设计制造维修、安全技术标准、汽车车架结构安全性、车内结构安全性、安全装备、运输管理等；三是道路安全计划，联合交通部门建立健全道路安全审查规范和道路整治评价体系，并且让广大民众参与到评价过程中；四是全民性交通安全宣传计划，联合社区充分发挥民防志愿者队伍的作用，加强对交通常识、交通法规常识的宣传。

危险化学品运输事故的防护。危险化学品具有爆炸、易燃、毒害、腐蚀、放射

---

① 世界卫生组织安全社区准则与指标［R/OL］.东直门安全社区网（2013-01-24）.

性等特性，危险化学品运输车辆事故不确定性强，是流动的重大危险源，更具有易扩散、易污染、危害大、损失大、影响大等特点，极易造成重大人员伤亡、环境污染和经济损失。我国化工产能较大，生产企业较多，特别是随着工业化、城镇化进程加快，危化品运输量增大，危化品运输企业大量设立，运输车辆急剧增加。然而，危化品运输事故频发。

民防部门可以联合公安交管、道路运管、安全监管、质量监管等相关部门，首先，共同建立快捷高效的危化品运输事故信息网络，要求危化品运输车辆100%安装行驶记录仪，各地建立GPS卫星定位平台，全国联网，区域互通，对每一台危化品运输车辆实施全程动态监管，并设立24小时咨询电话，开展危化品运输信息查询和技术援助，提供化学品物质性质、抢险救援、医疗救护等方法，使危化品运输救援得到有效保障。其次，共推危化品运输应急预案事前申报制度。危化品事故发生后，事故地往往未按事故报告与调查处理条例的相关规定及时报告，缺乏事故宏观分析和预警预测指导，耽误了事故救援的最佳时机。要民防可以参与相关部门的危化品应急预案的编制过程。再次，共建专业强大的危化品运输事故救援队伍。大中型化工企业虽然建有危化品专兼职救援队伍，但是仅满足企业自身一般事故救援要求，危化品运输事故发生在道路上，目前主要还是依靠公安消防力量在救援。民防部门应该加强与医疗卫生、公安交管、救援组织、指挥机构等部门之间协调及区域救援协作，依据化工生产企业，分类建立应急救援专业队伍，定期组织演练。

三、工作场所安全防护

工作场所安全是以工作环境为防护领域，依托政府相关部门，围绕社区、企事业单位开展的，针对劳动者生命财产、生产空间周边人员和环境安全实行的灾险防控与安全保护。工作场所安全具体包括电气安全、机械安全、火灾爆炸安全、特种设备安全、职业安全、办公室安全、建筑安全、危险化学品安全、民工安全，等等。

国际安全社区中心对"工作场所安全"的指标规定是：① 已成立一个由管理人员、工人、技术人员以及安全专家组成的跨界组织，以伙伴合作模式，负责工作场所的所有安全促进事宜,由一名管理者代表和一名工会代表共同担任负责人;② 有工作场所安全规章制度,这些制度应由跨界组织制定,并被安全社区内的管理部门和工会所采纳;③ 长期、持续地开展工作场所安全促进工作,并覆盖到不同的性别、工龄的人员以及各种环境和状况;④ 有针对高风险人群、高风险环境以及脆弱群体的安全措施;⑤ 有记录伤害发生的频率及其原因的制度;⑥ 有评估规章制度、项目或措施、工作过程及变化效果的评价方法;⑦ 积极参与本地及国际工作场所安全有关的活动。[1]

针对工作场所安全防护,社区民防可以结合国际安全中心对"工作场所安全"的建设规定,发挥自身人民防空的战备制度与资源优势,与社区相关部门进行合作,提升工作场所综合防护能力。如社区民防与社区内消防、防震减灾、防汛抗旱、信息维护等职能处室,联合开展工作场所安全隐患排查、拟订处置预案、完善安全防护设施、救援人员演练、安全宣教等,提高工作场所安全防护能力。

四、公共场所安全防护

公共场所是为公众提供工作、学习、经济、文化、社交、娱乐、体育、参观、医疗、卫生、休息、旅游等满足部分生活需求所使用的一切公用建筑物、场所及其设施的总称。公共场所安全是以公共场所为防护领域,依托政府相关部门,围绕社区、企事业单位开展的,针对民众生命财产实行的灾险防控与安全保护。具体防护内容包括火灾、爆炸事故、集体食物中毒、打架斗殴、恶性踩踏、传染病,等等。

国际安全社区中心关于"公共场所安全"的指标规定是:① 已成立一个由管理人员、志愿者组织代表、技术人员以及安全专家组成的跨界组织,以伙伴合作模式,负责公共场所的安全促进事宜,由一名社区行政管理代表和一名志愿者代表共同担任负责人;② 有公共场所安全规章制度,这些制度应由跨界组织制定,并被安全社区内的志愿者组织采纳;③ 长期、持续地开展公共场所安全促进的项目,并覆盖到不同的性别、年龄的人员及各种环境和状况;④ 有针对高风险人群、高风险环境,

---

[1] 周耀祖.从社区实际出发,最大限度保障人民群众交通安全(城市交通)[EB/OL].中国安全社区.

以及脆弱群体的安全措施；⑤有记录伤害发生的频率及其原因的制度；⑥有评估规章制度、项目或措施、工作过程及变化效果的评价方法；⑦积极参与本地及国际公共场所安全有关的活动。

根据国际安全社区中心对公共场所安全的指标规定，社区生活民防主要关注三类安全事件的防控：公共卫生事件、暴力恐怖事件和公共活动安全事件。

1. 公共卫生事件防控

公共卫生事件是指突然发生，造成或可能造成社会公众健康严重损害的重大传染病疫情、重大食物和职业中毒、群体性不明原因疾病以及其他严重影响公众健康的事件。2003年"非典"疫情波及国内20个省市，流传到加拿大等国，并演化成为全球性的危机。2013年2月，上海发生H7N9禽流感导致人感染事件，感染遍及上海、江苏、浙江、安徽、北京、江西、山东、湖南、台湾等十余省份。2014年暴发于西非国家的埃博拉疫情又一次引发全球恐慌，世界卫生组织于2014年12月24日公布，埃博拉疫情已导致19497人疑似或确诊感染，其中7588人丧生。除了重大疫情外，还有手足口病、H1N1流感以及"苏丹红""瘦肉精""毒奶粉""毒大米""地沟油"等食品安全问题，它们对公众健康造成严重威胁，也对国家的发展和稳定产生影响。传染性疾病暴发和传播、重大食物中毒等突发公共卫生事件的机率较高，生活民防建设应该高度重视对公共卫生事件的监测与预防。

一是联合共建专业的应急信息协同平台。充分利用现代网络技术、多媒体技术和计算机技术，借助地理信息系统、数据分析系统和信息表示系统，与疾病预防等部门共建统一高效、快捷、准确的信息资源网络平台，对突发事件数据进行收集、分析，并实现对应急资源的组织、协调和管理控制以及对应急指挥的辅助决策。

二是共建公共卫生专家库。共同参与专家的遴选工作，严格资格入选条件，对符合条件的专家进行资格审核，在履行相关聘请程序后，纳入专家库管理，增大专家库容量，丰富专家库的存量，增加专家日常储备，以满足突发公共卫生事件的实际需要，形成专业技术结构合理的专家队伍。

三是利用电子屏新型警报系统发布信息。电子屏新型警报系统在满足人民防空预警报知的基本需求上，也可以投入到平时的公共卫生事件预报中。要改变防空警报的传递渠道和传播内容，从单一鸣响到声音、图像、视频多种方式传递信息，将警报信息具体化。大型电子屏可以设置在城区的主要路口、车站、广场、商业中心等人流较多的公共场所，中小型电子屏则设置在学校、居民小区、医院、企业、机关等，确保预警告知的覆盖面。发放突发公共卫生事件预警信号，第一时间告知公众卫生事件的具体信息及应对措施。

2. 恐怖暴力事件防控

由于我国正处于转型期，社会发展不平衡，贫富差距越来越大，劳资、移民、拆迁、城管、学生伤亡、环境污染、物业管理、干群关系等矛盾及摩擦如果没有处理好，就很容易导致群体性、报复性事件。另据中国医院协会和中国医院协会医疗法制专业委员会共同完成的一份调研报告显示：目前中国每所医院平均每年发生的暴力伤医事件高达27次。据此，恐怖暴力事件阶段的主要内容包括三个方面。[①]

一是参与制订暴恐应急预案。暴力恐怖事件应急救援预案应包括救援的组织领导力量构成及其人员分工，事故的报警和响应程序、方法，现场救援的内容、程序和方法，现场保障的内容和方法，信号、记号及各专业队伍的行动规定等，以及平时救援准备工作的内容、要求等。预案制订后应适时组织分散和综合应急救援演练，预案若与实际情况不符或情况变化时应及时修改。

二是与相关部门联合开展应急训练。民防部门可以联合公安、武警、特警、消防等部门开展应对暴力恐怖事件应急处突演练，增强组织指挥、协同联勤落实、巡控力量处置等方面的工作能力。应急演练内容可以分为三个部分，警棍盾牌基本攻防和战术队形演练，突发暴力砍杀事件现场处置，未爆炸现场处置及抓捕恐怖分子行动。同时，民防部门还可以联合医疗部门加强应对暴力恐怖事件的院前医疗应急救援工作，提升院前医疗救援水平，定期举行应对暴力恐怖事件院前医疗救援应急演练，演练内容可以涵盖呼救电话受理、车辆调派、现场评估、检伤分类、现场救治、伤员转送、伤员分流及信息上报等环节。

---

① 张然.中国医院每年暴力伤医事件27次，医患沟通难到位［N］.京华时报，2013-08-16.

三是加大暴恐防护知识宣传力度。民防部门可以印制并发放《公民防范恐怖袭击手册》，同时将电子版公开于民防网站。社区民防工作人员应该开展反恐防暴宣传，提升民众的反恐防范意识，切实提高民众防范恐怖袭击和自救互救能力。可以将有关反恐防暴知识和相关法律法规知制作成易于携带、方便阅读、图文并茂的反恐防暴漫画宣传册，以便民众更方便、快捷地学习、理解反恐防暴知识。

3. 公共活动安全事件防控

在公共活动遇到危险时，奔跑、逃生是人类的本能，很多人"慌不择路"而容易出现集体踩踏。近年来，我国在节假日、演唱会、宗教活动等期间发生的拥挤踩踏事故屡次发生，造成可怕后果与沉痛教训的事例不少，如1970年9月17日，国家田径队在青岛市第一体育场表演时发生群众严重挤压事件，造成伤135人、死37人的特大伤亡事故；2004年震惊全国的密云灯展踩踏伤37人、死37人的特大伤亡事故；2014年12月31日晚23时35分许，上海外滩陈毅广场发生群众拥挤踩踏事故，致35人死亡，等等。

一般而言，公共活动安全事件的发生主要有以下原因：一是缺乏组织大型活动的经验，对安全隐患估计不足，没有危机管理意识；二是应急准备工作没有做好，组织工作不严密，未做好群众组织工作；三是硬件准备工作不到位，未检查和完善设施设备；四是宣传工作不够，未开展安全教育；五是民众自我防范意识与防护能力不足。

针对公共卫生事件、暴力恐怖事件和公共活动事件的防护，应由街道和区（县）政府牵头，建立跨界联合组织与响应机制，联合民防、消防、公安、医院等相关单位、部门，成立协调小组，形成常态化的长期工作机制，全面开展社区安全的维护、运行、评估与改进。

五、校园安全防护

近年来，我国发生了南方低温雨雪冰冻、汶川特大地震、大范围秋冬春连旱、青海玉树地震、舟曲特大山洪泥石流、华北地区洪涝风雹灾害、雅安地震等重特大自然灾害，这同时波及校园建筑和校园生活，威胁到广大师生的安全和健康。此外，严重超载、违规运营的"校车"而引发的校车事故也触目惊心，社会人员砍杀校园学生（尤其是幼儿园和小学学生）、校园暴力等也时有发生。因此，校园安全防护极为重要。

1. 校园安全的主要特征

一是校外伤害事故比重大。学生走出校园后，缺乏必要的监管和保护，自由空间较大。学校内部主要是校园伤害和学生互殴，其中校园伤害占56%，主要包括绑架、爆炸、持刀伤害、放火、性侵犯等安全事故。二是节假日为事故多发期。从时间段来说，周末和暑假等节假日及其前后是溺水、自杀等事故的集中多发期，每年有三分之一的学生安全事故发生在暑假和节假日。三是农村是校园安全事故多发地区。从地域上看，农村中小学的安全事故发生数、死亡人数和受伤人数都明显高于城市，是城市的3～4倍。主要原因是农村办学条件较差、基础设施不完备，师生安全意识相对淡薄，学校安全管理相对薄弱。四是事故多发地点主要集中在上下学路上、江河水库和学校及周边。各类事故中约有1/3发生在学生上下学路上，其中以交通事故为主，也包括个别强奸、学生斗殴等事故；发生在学校里的主要是校园伤害和学生斗殴，另外还有少数踩踏、房屋倒塌、一氧化碳中毒等事故；发生在江河水库和公路上的事故主要是溺水，包括个别发生在非学生上下学路段公路上的交通事故；个别发生在学生家中，包括学生自杀、一氧化碳中毒、火灾等事故。五是学生安全意识淡薄是多数事故发生的重要原因。在各类中小学安全事故中，一半左右的事故因学生安全意识淡薄而发生，部分事故由于社会交通、治安等原因发生，少部分事故因学校管理问题而发生。

2. 生活民防进校园的主要任务

国际社区安全促进合作中心对"学校安全"这一指标的规定是：① 成立一个由老师、学生、技术人员以及学生父母组成的跨界组织，以伙伴合作模式，负责学校的安全促进事宜，由一名学校董事会代表和一名教师共同担任负责人；② 有学校安全规章制度，这些制度应由安全社区内的学校董事会和社区居委会制定；③ 长期、持续地开展学校安全促进项目,并覆盖到不同的性别、校龄的人员及各种环境和状况;④ 有针对高风险人群、高风险环境以及脆弱群体的安全措施;⑤ 有记录伤害发生的频率及其原因的制度;⑥ 有评估规章制度、项目或措施、工作过程及变化效果的评价方法;⑦ 积极参与本地及国际安全学校有关的活动。[①] 据此,生活民防进校园的主要内容包括两方面。

第一,协助校园构筑牢固的校园安全网络。首先要建立绿色教育理念,维护校园的"本质安全"[②]。绿色教育就是要十分注重各项教育活动实施中教育主体存在的物理生态建设,通过健康和谐的外在生态环境的创设,激发教育主体积极、健康、向上的成长本性,从源发机理上避免突发事故的发生或最大限度降低事故伤害。要十分注重安全教育,将安全内化为师生的自觉意识;淡化强制性管控措施而强化人文化、服务化举措。其次要健全牢固的防护网络。应采取多项有力措施,抓实抓牢校园安全,构筑校园安全工作管理网络、安全工作排查网络、构筑安全工作教育网络。规范安全工作管理,完善各种安全工作管理与责任制度,如建立组织领导小组,树立主管负责、责权明晰、快捷高效。在灾害前,做到防灾方案完善,演练落实到位,宣传教育深入师生人心;在危害来临时,做到指挥畅通、反应迅速、应急到位;在危害发生后,做到救援得力、保障到位。

第二,民防宣教进校园。要是建立民防宣教进校园的宣教体系。首先,应分层次确定民防宣教进校园的教育内容。要全面、客观地考虑不同阶段、不同区域学生在基础教育阶段的实际情况,制订具有针对性的民防教育方案,适当调整民防知识的理解和应用难度,提高民防知识的可学性与应用性,并十分注重知识与演练的结合。其次,应根据不同灾害特点而有所侧重,突出校园学生学习防灾减灾知识的实效性。如针对火灾事故、气象灾害、地震灾害、恐怖袭击、人群踩踏等突发事件,学校应根据危害特征开展专门性的教育与演练活动。再次,不同地区的学校应根据自身校园安全的特点及其应对要求,校园安全防护的针对性与实效性,提升学生自我安全防护能力。

---

① 世界卫生组织安全社区准则与指标[R/OL].东直门安全社区网(2013-01-24).
② "本质安全"一词源于GB3836.1-2000标准,指通过科学设计而使设备和系统本身具有安全功能,即便是在发生故障时也能通过自身系统运行而自我修复。

社区生活民防的保障对象是广大公众。提升广大公众的安全意识和安全技能，建立社会性的安全自觉，是社区生活民防的最终目标。马斯洛在1943年出版的《人的激励理论》中提出了人类动机的五个层次的需要学说，即生存需要、安全需要、爱的需要、自尊的需要以及自我实现的需要。这意味着第一层次的生存需要得到满足后，人就会自动寻求满足高一层次的需要。随着现代化进程和生活生产节奏加快，危险源也增多，突发公共安全事件不断增加，不少民众的安全意识和安全需求不断增长。因此，民防宣传教育要讲述生命的意义、人生的价值，强调安全的宝贵。通过小组活动、文化沙龙探讨人活着对其自身以及对亲人的价值。通过死亡教育让受教育者深切明白死亡的永久离去，感知生命面临的种种可能的危机，树立热爱生命善待生命、感恩珍惜的高尚情怀，并且学会在自救助人中提高生命的价值。当人们更深切地体会到生命的价值和意义，安全意识就会觉醒，安全自觉也就自然形成。

社区生活民防体现的是以人为本的安全观在基层的实践，标示的是从"战备民防"走向与民生相紧密关联的以灾险防控与安全保护为主的民防。社区生活民防建设切切实实地把民众生命财产和生存环境的灾险防控与安全保护关联了起来，切切实实地把人的安全与民众日常生活境况中的安全关联了起来，从而更体现了和平时期民防建设对人的安全的关注，反映了我国改革开放新时期民防建设对服务民生、保障民生、改善民生的关注，也有利于民众提升自身安全防护能力。"生活民防"必将越来越会成为社区民防体系建设的新思路与新亮点。

下 篇

第八章　杭州市社区民防探索与实践

第一节 杭州市"分工联动"的民防模式概述

杭州市人防办（民防局）与时俱进，不断探索，不断提高民防基础工作和民防应急救灾能力。新时期，在《中共中央、国务院、中央军委关于深入推进人民防空改革发展若干问题的决定》（中发〔2014〕15号）的要求与精神下，杭州市人防办（民防局）正紧密围绕全面深化改革的相关要求，不断创新民防发展方式，不断提升民防建设质量和水平，积极探索民防系统资源为人民防空和防灾减灾抗灾服务的新思路与新方式。

近年来，杭州市人防办（民防局）将社区民防作为一项重要工作来抓，为惠民生、保安全开展了多项实质性工作，探索建立了"平时分工、灾时联动、平战结合、造福民众"的民防工作模式，基本建成了横向到边、纵向到底的现代城市民防体系。

杭州市人防（民防）系统在发挥人民防空资源为"平时服务"和"应急支援"的活动中具有多方面优势：第一，硬件资源优势。这主要包括：防护工程与应急疏散资源，主要包括全面系统的人防工程、应急物资储备库、应急疏散基地、应急疏散管理平台等[①]；通信指挥系统与平台，主要包括杭州市城市应急救援指挥中心（设立在杭州市人防办）及96110专线，杭州市民防通信平台系统依附于国家公用邮电网等各类专用通信网，是获取与传递信息的重要保障，是实施指挥的中枢神经；预警预案体系，主要包括《杭州市公共突发事件人员防护保障行动方案》、相关场所的《应急疏散（避险）场所开设方案》、9个区（县、市）的专项内容突发事件支援预案、近百个街道（重点镇）和社区建立并实施《应急行动人员临战疏散防护方案》、重大事件后的报知系统，等等。第二，软件资源优势。这主要包括：

[①] 杭州市民防牵头完成了《杭州市应急疏散避险场所布局规划》，在整体评估杭州灾害风险之基础上，明确了杭城总体防护体系、应急疏散避灾场所布局、人员遮蔽工程、疏散基地建设等民众防护方面的具体内容与要求。见余潇枫，廖丹子."现代民防"：安全治理新建构[J].浙江大学学报(人文社会科学版)，2012（1）：98-107.

军政共管的领导体制有利于平战转接；与民政、消防、应急等多个相关部门的联动灵活的组织指挥体系，为建立纵向对应、横向协同、网格化、全覆盖的城市应急管理体制准备了良好的组织指挥基础；复合多能的专业人才队伍，主要包括民防专业队伍、民防干部队伍；① 覆盖广泛的宣教平台，主要包括人民防空展览馆、民防教育基地、社区民防宣传基地、社区民防干部培训、"杭州人防"网站；完整的城市防灾减灾的数据库采集机制等。第三，实践经验优势。杭州市是全国范围内较早探索民防系统的"战时防空、平时服务和应急支援"的城市，在城市民防和社区民防的探索中总结了诸多宝贵经验。如西湖区人防办（民防局）深入开展社区民防工作站、社区民防指挥部、社区民防志愿者、社区民防培训基地等；杭州市共9个城区已全面实施"杭州市社区民防示范社区"试点；杭州市获得"全国综合减灾示范社区"荣誉称号的社区居全国前列。

  杭州民防应急救险新模式探索可概述为："平时分工、灾时联动"。"平时分工"，即在平时，杭州市现有应急管理体制保持现状，负有防灾救险职责的各部门依法独立履行各自的职责；"灾时联动"，即在灾害发生前、中、后的整个过程中，市相关防灾减灾部门要迅速形成"联动"机制，在民防部门的指挥和协调下，组成一致、反应迅速、平战（灾）灵活转接的防灾救险模式。"平时分工"建立在各部门合理分工、高效合作之基础上，并在平时的防灾知识宣传、预案演练、数据信息采集与分析等过程中保持信息共享、及时沟通、共同协商与集体探讨，达到相互渗入、相互支持，这为"灾时联动"准备了快速的信息传递与有效的应急决策机制。"平时"各部门工作之间的相互沟通、经验分享与合作本身成为"灾时"联动的重要组成部分。因此，"平时"与"灾时"的灵活转接机制既保证了民众生产、生活的正常进行与社会秩序的稳定，也最大限度地整合了政府应急救灾资源，为保护民众生命、财产与生存环境安全夯实了体制基础。

  "平时分工、灾时联动"的应急救险模式适应了当今传统安全与非传统安全相互交织的现实，反映了杭州民防在"平时""灾时"不断反复更替的现实挑战面

---

① 杭州市民防成立了由各区、县（市）民防局通信专业人员组成的杭州市民防应急（通信）专业队伍，还整合了消防、公安等部门队伍，组建了指挥协调组、抢险抢修组、人口疏散组、消防、治安、防化、交通、运输、通信、医疗救护10支民防专业队伍，为城市防灾应急提供了强大的队伍优势。

前，实现了一个从"救火"应急到理性自觉、从经验避灾到体制抗灾、从部门独立散乱到集体系统合作的发展过程。这一模式还解决了防灾部门分立、实权部门缺失、协调部门虚设等困难，摆脱了现代大中城市综合型防灾体制建设的困境。"平时分工、灾时联动"模式的建立，顺应了中国对城市的灾害应急联动能力和公共服务体系建设的发展要求，提高了杭州市防灾减灾抗灾能力、应急联动协调能力、应急服务资源整合能力和社会公共服务能力。

"灾时联动"主要体现在五个方面。

第一，上下贯通。杭州市形成了市、区（县、市）、街道（乡、镇）、社区四级防灾体系，实现了纵向防灾机构的上下贯通。2003年杭州市民防就在8个城区10个试点社区开展了"民防进社区"工作，2004年推广到市辖县（市）。2009年杭州13个区（县、市）移动指挥车全部配备到位，民防指挥网基本建成。杭州市已经初步建立了社区的民防体系，大大提高了杭州市基层民众的防护能力。社区民防体系的建设与成熟，弥补了民众防护体系"基层缺腿"的不足，建成了杭州市区（县、市）、街道（乡、镇）、社区上下衔接、关系顺畅、灵敏高效的四级民众防护体系。各级民防组织建成了民防依法行政、组织指挥、人才队伍、宣教培训、物资设施、预案演练、避灾疏散的七大模块。当前，包括杭州市在内的浙江省各市"人防办"全部增挂了"民防局"的牌子，321个人防重点镇和1073个城市社区成立民防组织并开展工作，基本建立了"纵向到底"的民防工作体系。

第二，部门联动。杭州市民防与市计划、规划、财政、建设、交通、商业、民政、卫生、环境保护、物资、电力、电信、公用事业、气象等部门有效合作，在各自职责范围内负责有关民防工作。杭州市民防指挥体系由市政府办公厅、发改委、经委、建委、旅贸、宣文等多个部门组成，建构了一个信息畅通、快速反应的民防指挥体系，有效地实现了灾险防控的部门联动。2003年杭州市民防局与市委组织部、市委宣传部、市国教办、教育局、民政局六部门联合下发了《关于进一步加强人民防空教育的通知》，明确了各相关部门在民防知识宣教与培训方面的职责与任务，形成了民防防灾教育工作的合力。杭州市萧山区民防局与所在区教育局通力合作，就年度民防宣教工作开展各校领导与任课教师座谈会，制定了民防宣教与培训的"十有"：有教材、有资料、有时间、有教师、有教案、有活动、有经费、有考核、有评估、有文章。杭州市民防还与应急办联合开展防空洞服务夏季纳凉工作。

第三，区域联动。2007年9月19日，超强台风"韦伯"正面袭击浙江省，600多万人受灾。在区域联动应对"韦伯"的过程中，杭州、金华、丽水、嘉兴、台州、宁波、舟山等民防共同拉响了一级防台警报，启用了应急避灾所，有效地利用民防资源来保护民众生命、财产安全，完成了"不可能完成的任务。"[①] 2008年，在"发展民防、服务民生"的精神指引下，杭州、宁波、金华、舟山、余姚、岱山、义乌等市县民防机构围绕"防空防灾一体化"与"民防服务民生"为主题，召开民情恳谈会，实地察看应急疏散场所，开展防灾知识宣传，了解各地民防工作事情，促成民防发展新思路。为检验县级民防应急指挥车在各种恶劣环境下的各项战技术性能，提高民防应急救援遂行跨区域应急通信保障任务的能力，2010年杭州市民防局组织了跨区域应急救援通信保障演练。杭州市民防局、城市应急救援指挥中心和各县（市、区）民防局分管领导和工作人员参加，中心应急救援指挥车和各县（市、区）民防局所装备的14辆民防应急指挥车及2辆保障车参加了演练，具有较高的实战意义。

第四，多方参与。非政府组织、企事业单位、团体与个人等的共同参与，形成了多方参与、多方融合的民众防护新格局。杭州民防为提高全民的自我防护与应急避险能力，实现了民防知识教育的"五进五面向"：进学校面向青少年、进党校面向领导干部、进社区面向居民、进企业面向法人、进网络面向网民，形成了覆盖各领域的民防宣传教育网络。"五进五面向"从评估杭州市典型灾害出发，依据杭州市民众防护要求，突出民防知识教育的系统性与实用性，基本形成了"全社会参与型"的灾害防护模式，大大提高了居民的自我防护意识与能力。需要特别指出的是，随着民防事业和政府机构改革的纵深发展，民防协会作为"第三方力量"的桥梁纽带、协调管理作用愈来愈明显。实践证明，杭州市民防协会主动融入民防建设，发挥了"两个中心、两个平台"的重要作用，即理论研究中心与宣教培训中心、行业管理平台与提供服务平台。民防协会既熟悉民防工作又相对超脱于民防行政体制的特殊身份，成为民防建设的重要支撑力量。

---

① 余潇枫.公共危机管理［M］.杭州：浙江人民出版社，2008：177-181.

第五，防空防灾一体化。积极推进民防"防空防灾一体化"是新时期杭州市民防的总思路。"防空防灾一体化"的内涵是，民防既要全力实现可能性战争灾害的防止与减轻，又要融入人为灾害与自然灾害的应急管理，亦要积极创造条件与空间服务平时的城市建设与百姓民生。"防空防灾一体化"的理念与实践是杭州民防逐步接轨国际民防的重要助推器。2009年杭州市民防局"让洞于民，避暑纳凉"活动共接待纳凉市民9.7万人次，提供纯净水1399桶、凳（椅）子1540张、桌子187张、电视机及DVD机8台、急救药品10种、防灾防流感宣传挂图100余份，给广大纳凉市民提供舒适健康的纳凉环境的同时，宣传了民防的法律法规、防空防灾知识和技能。①

充分发挥民防资源优势为防灾减灾与应急救险服务是杭州市民防推进"防空防灾一体化"建设的主线，目前包括杭州在内的浙江省民防获得的评价是："民防已经从'地下'走上'地面'，从'幕后'走到'前台'，从封闭走向开放，从'边缘'走上了'主战场'"。②当然，民防应急救险体制还需要在实践中不断健全与完善。③

从整体看，杭州市民防探索的主要特征如下。

第一，充分体现军民兼容及平战结合。杭州市民防（人防）系统的组织指挥、通信警报、人防工程以及宣传教育等资源具有军用/民用兼容性和平战兼顾性，不仅能在防空袭中发挥作用，也能在平时的应急救援中发挥作用。目前运行良好的人防通信警报系统可为应急救援提供可靠的服务保障，人防重点经济目标防护预案可作为应急管理预案的补充，人防工程可作为临时应急避险场所。其他单灾种管理体系的预警、监测、预报、宣传等各种资源，也具有军用/民用兼容性。

第二，全面落实以人为本与关注民生。杭州市人防（民防）在推进"两防一体化"的进程中，始终以"人本""民本"为基本理念，充分发挥自身资源在保障民生方面的效用，承担了其他部门和社会中介所不能承担或忽视的相关工作。如城市

---

① 杭州市人防办（民防局）内部资料。
② 李杭.以创业创新精神推进浙江民防科学发展[C]//浙江省民防局编.浙江民防实践与思考[M]，2008.
③ 关于杭州"分工联动"模式的研究及其相关论述，见余潇枫，廖丹子."现代民防"：安全治理新建构[J].浙江大学学报(人文社会科学版)，2012（1）：98-107.

应急救援指挥中心（96110）近十年来处置城建城管类突发事件7万余件，是市应急管理的备用指挥中心；每年高温期开放部分民防工程供市民避暑纳凉，八年来已累计接待市民100多万人，成为节能减排、应对高温的有效方式。在重大灾害性天气时提供部分人防工程用于疏散安置群众等。

第三，主动推进应急管理机制的完善。长期以来，充分认识到以单灾种管理为主的抗灾救灾机制的弊端和不适用性，面对现代城市灾害朝着更加突发性、复杂性、综合性转变这一现实，面对各职能部门分头建设、职责不清的现状，杭州市人防（民防）部门结合自身的资源优势，在政府公共危机管理体系内，积极整合人防（民防）资源为应急救援服务，积极探索和构建防空防灾一体化机制，致力于建立平战一体的公众防护体系，在某些层面实现了政府公共危机管理资源的统一配置、统一管理、统一使用，主动推进了应急管理机制的完善。

与此同时，杭州市民防建设还面临多方面的困难与阻碍，如民防专门的法律依据缺失，导致民防系统开展应急救援活动时难以调动与组织相关资源，难以与相关应急部门开展通力合作；落实机制不到位，各级民防工作在具体落实、监督与考核过程中，缺乏应有的执行保障；与民政、应急、消防、抗震、防汛抗旱等部门存在职责交叉，导致应急管理工作整体上呈现多线条、多部门、重复工作、资源浪费等问题；理论指导也不足，对民防未来发展方向及职责定位缺乏更深层次的研究和理解，等等。随着国防与军队相关制度改革的推进和第七次全国人民防空会议的召开，作为负有重要战备防空地位的杭州市人防（民防）需要在新的目标任务下，继续坚持人民防空为人民的基本原则和战略定位，在贯彻总体国家安全观下突破难点，深化改革，努力实现更好质量、更高效益、更可持续的发展。

第二节 杭州市社区民防的探索内容

杭州市2002年开始推行民防进社区试点，经过多年的探索基本形成了以"人本民防"为理念指导，涵盖组织领导、人才队伍、物资场所、宣教网络、预案演练、信息化等内容的以"分工联动"为主要特征的社区民防体系。[①]

1. "人本民防"新理念

人本民防突出以"人"为价值核心，以人的安全为最终关怀目标，涵盖战备民防、灾害民防与生活民防三个方面。"人本民防"以人的安全与社区安全为目标，以社区为切入点，以社区单位、居民及其他单位为行动主体，立足社区防灾减灾实际需求切实开展民众防护工作，积极推动民防为城市应急救灾服务。

2. 领导与组织

① 领导指挥。建立了"市、区、街道、社区"四级联动指挥机制，形成了指导、督促和配合的关系，一级抓一级，层层落实。区级民防专门成立了社区民防工作领导小组，专门负责辖区内的社区民防工作。② 组织机构。全市主城区社区几乎都设立了社区民防工作站，成员由社区工作者、小区物业管理、社区民警和民防志愿者组成，由社区主任或书记兼任站长，民兵连长具体负责工作，并设联络员，下设组织领导、宣教培训、人才队伍、物资设施、评估预案与综合实践六项内容（图8.1）。

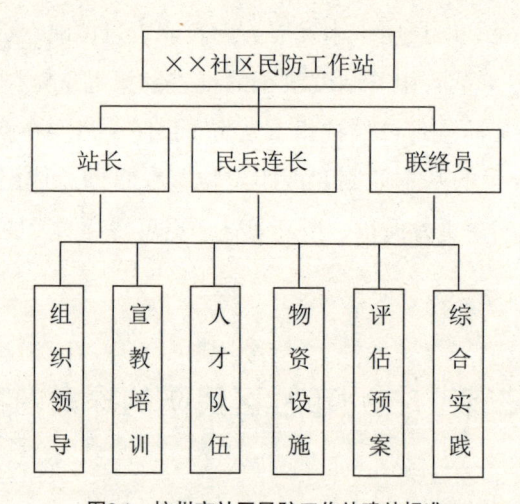

图8.1 杭州市社区民防工作站建站标准

[①] 关于杭州市社区民防体系的研究，见廖丹子.城市社区安全新建构[J].城市发展研究，2012（8）.

3. 人才队伍

① 专业救援队伍。杭州市民防现有指挥协调组、抢险抢修组、人口疏散组、消防、治安、防化、交通、运输、通信、医疗救护10支可用于社区民防的专业救援队。② 工作干部队伍。包括专职与兼职两种，一般由社区主任（或书记）、街道人武部部长、民兵连连长、社区优秀党员、群众代表、志愿者等组成，定期开展行政执法、政务信息、工程维护管理、无线报务自动化处理等业务培训。③ 志愿者队伍。社区民防志愿者队伍协助社区组织居民应急疏散、紧急救援、事故处理与民防宣传教育等活动。

4. 物资与场所

① 应急物资储备。基本建成了比较规范的包括应急物资库（街道）、应急物资箱（社区）、应急包（家庭）的应急物资体系。当各类险情发生时，可提供必要的逃生、呼救等工具以及基本的水、食物、药品等生命维持之物资。② 应急疏散场所。结合广场、学校、汽车城、民兵训练基地等场所，建成了19个应急疏散基地，必要时为民众提供避灾场所，在重大灾害性天气时开放部分人防工程用于疏散安置群众。

5. 宣教网络

① 教育基地。将杭州同顺职业技能培训学校确定为"杭州市民防教育试点学校"，该校2008年完成对14家企业4800名职工的民防教育，2009年对2万余名企业职工进行了民防教育。② 知识培训。一是民防教育进中学。已在全市的229多所初级中学开设防空防灾知识课程，年受教学生达8.73万名。二是干部培训。民防专题讲座已纳入市委党校教育计划。三是志愿者培训。对参与社区民防工作的志愿者队伍定期开展讲座、参观、演练等形式的培训。四是门户网站与报刊。坚持利用"杭州人防"门户网站、《杭州民防》报等载体开展民防宣传与教育。截至2012年2月，全市638个社区开展了民防宣传活动约达800次，制作和发放宣传资料10万余份。全市95%以上社区建立了民防宣传教育的常规制度。

6. 预案与演练

① 预案规划。先后完成了《杭州市公共突发事件人员防护保障行动方案》、10个场所的《应急疏散（避险）场所开设方案》、98个《街道（重点镇）应急行动人员防护方案》等方面的拟制工作，所建成的预案管理系统有综合预案、重点单位救援预案130余个。② 模拟演练。举行针对社区家庭成员、企业员工和中小学生的紧急疏散、义务消防、楼道防灾逃生和高层建筑防火等演练与培训。如2010年5月12日结合警报试鸣，共11个区、县（市）进行了代号为"HF-10街道人员防护疏散演练"，共有25个街道、43个乡镇及60余所中小学校的学生4万余人参加演练，将演练视频通过移动指挥车和卫星同步传输到市应急办指挥中心和市人防信息网。

7. 信息化

① 信息服务平台。设立综合信息服务平台，方便民众及时掌握社区灾备信息及紧急联系的对象与方式等。② 信息化指挥系统。1999年7月，杭州市民防局组建了城市应急救援指挥中心（作为市应急管理的备用指挥中心），开通96110城市应急服务专线。96110指挥系统采用国内先进的应急联动主流技术——CTI技术，建有GIS地理信息系统、GPS卫星定位系统、信息查询系统、统计系统、预案管理系统、道路监控系统、防灾警报发放系统等十大子系统。十几年来96110处置城建城管类突发事件7万余件，在处理城市的供水供气、市政市容、园林绿化、城市规划、环境保护、行政执法等与人民群众生活密切相关领域的突发公共事件发挥了积极作用。③ 应急疏散管理平台。2009年开展了"社区民防应急疏散管理平台项目"建设，国家人防办认为该项目对于提高防空防灾一体化能力具有借鉴和示范作用。这个平台具有详细的社区应急疏散信息查询，提供应急疏散图形化展示，并采用网络数据库等信息技术创新手段，使一般社区民防应急疏散预案进社区单元楼、单元门，并落户到人。

杭州市社区民防体系的主要特征有：一是以社区为突破口，突出基层性。民防工作向社区延伸，以社区民众与各单位为主体，大力加强民防工作在社区的覆盖面和影响力。二是以"空白点"为内容，重视"边缘性"。在民政部门、应急部门职能覆盖范围之外或者相关职能模糊之处找到相关职能部门缺位的"真空地带"，积极开展工作，充分发挥人（民）防系统资源为社区防空防灾服务。如社区应急救灾物资储备、灾害预警信息管理平台等是其他相关应急机构不具备，且在实际防灾减灾中易忽视、难开展的工作，而这些条件却是人（民）防系统具有的独特优势。人（防）系统要积极发挥这些优势条件，为加强社区防灾中的"空白点"与"边缘处"的工作内容增添力量。三是以各类平台建设为主体，加强基础性。加强和加快应急避难工程、相关信息系统和信息平台、物资保障平台等基础性建设，为社区民防工作的深化开展搭建必要的场所、工具、信息、人才等基础要件。四是以队伍建设为抓手，强化专业性。加快志愿者队伍、宣传队伍、应急救援队伍、心理救援队伍等专职兼职结合、专业性明显的各类队伍建设，充实社区民防工作人才储备，为深化开展社区民防工作夯实智力与人力基础。五是以机制建设为统领，鼓励探索性。积极探索综合、统一的"大部制应急体系"的民防工作新思路，寻求民防与应急管理相结合的条件与领域，充分发挥民防各方面优势对应急管理的支持与支撑作用。

第九章　社区民防建设的基本标准
（以杭州为例）

在探索社区民防的实践中，一些城市尤其是东部沿海城市和具有重要军事防御职责的城市，大多开展了社区民防（人防）的标准化建设，如杭州市近年来就探索实施了社区民防（人防）工作规范化建设评定标准，对社区民防建设中的组织机构、计划方案、场所建设、救援物资、组织活动、宣传教育等六方面进行了细致规定，杭州市人防办（民防局）以此评判社区民防工作是否达标。此外，在具体实践中，杭州市社区民防还探索实施了"八项标准"。本章就逐一介绍杭州市社区民防工作的"八项标准"。

第一节 社区民防工作站建设标准

1. 组织机构

（1）机构名称。统一为"××社区民防工作站"。原来设社区人防工作站的社区直接由"人防工作站"改为"民防工作站"。

（2）岗位设置。设1名站长、1名联络员和若干工作人员。所在的社区党委或行政负责人担任站长，分管综治、应急管理或人武工作的人员担任联络员，志愿者、社区保安、物业管理者与辖区单位人员各1名组成工作人员。

（3）主要职责。综合协调，调动各种资源和力量，共同参与民防工作；负责社区民防建设全面工作，开展宣教培训、编制应急预案、组织演练，提高居民的民防意识和自救互救能力；做好隐患排查、预警准备、人员疏散、应急抢险等工作。

2. 硬件建设

（1）办公设施。有单独的办公室或办公桌，配备电脑、台账资料柜，配备相应的通信、巡防、疏散、警报等设备。

（2）图表标识。社区平面图、社区应急疏散图、工作人员照片、紧急联系人与信息上墙，社区民防应急疏散标识导向置于合理位置。

（3）应急要件。按照《杭州市社区民防应急库建设标准》《杭州市社区民防应急库管理规定》建有社区民防应急库；按照《杭州市社区民防应急箱建设标准》《杭州市社区民防应急箱管理规定》建有社区民防应急箱；鼓励每户家庭自主配置家庭应急包。

3.软件建设

（1）制度。建立社区民防例行会议制度、工作计划与总结制度、岗位工作责任制度、信息报告与管理制度、宣传教育培训制度、考核制度、保密制度等，装订成册上墙。

（2）台账。工作人员信息登记簿、工作人员日常工作记录簿、应急库（箱）使用登记簿、家庭应急包发送登记簿、会议记录簿、来访人员信息登记簿、信息发布登记簿。台账资料有专人保管。

（3）预案与演练。建有专项与综合类社区民防应急预案及演练方案，保持预案、方案的及时修订与更新。

（4）信息化。建立社区信息查询、信息服务、信息传递等信息化工作平台。

第二节　社区民防应急物资储备建设标准

1.社区民防应急库储备参考标准（表9.1）

表9.1　社区民防应急库物资储备参考清单

序号	物资名称	数量	序号	物资名称	数量
1	雨衣（雨裤）	10套	5	胶鞋	10双
2	雨鞋	10双	6	武装带	10条
3	作训服	10套	7	棉大衣	5件
4	作训帽	10顶	8	棉被	2床

续表

序号	物资名称	数量	序号	物资名称	数量
9	床单	2条	19	麻袋	10只
10	钢盔	5个	20	铁锹	5把
11	救生衣	5件	21	铁镐	5把
12	手电筒	10只	22	急救箱	1个
13	应急灯	5只	23	呼吸器	1只
14	电喇叭	5只	24	担架	1个
15	对讲机	1对	25	作业箱	1只
16	灭火器	10只	26	消防斧	1把
17	便携式水桶	5只	27	胶棍	5根
18	绳子	100米	28	抽水泵	3个

注：表中数据可根据社区自身条件适当变动。

2. 社区民防应急箱参考标准（表9.2）

表9.2 社区民防应急箱物资储备参考清单

序号	器材名称	数量	基本标准
1	箱体	1个	箱体规格：76cm×84cm×30cm，采用宝钢SPPC优质冷轧板（厚度1.2毫米），箱体角向误差±5度，激光点焊工艺，箱体采用酸洗、脱脂、中和、磷化、干燥、无尘等6项处理，外表采用阿克苏塑粉喷涂，门框防水、防尘嵌条处理，表面硬度≥0.4。在箱体上印"民防应急箱"字样
2	人员疏散指挥棒	2根	全长530mm，全部工程塑料，用电池
3	危险区警戒带	1卷	全长125m，外壳工程塑料
4	电喇叭	2个	充电、电池两用，带录音，传送距离>200米，失真度<7%
5	应急哨子	5只	金属材质
6	民防应急背心	5件	国产反光晶格，背面印"民防应急"字样

续表

序号	器材名称	数量	基本标准
7	指挥人员袖章	5个	上印"民防应急"字样
8	应急救援绳	1根	1.6厘米×10米，带固定环，阻燃，承重力1000公斤以上
9	撬棒	1根	合金钢，长50厘米
10	应急照明电筒	2只	充电式，射程1500米，功率15瓦
11	二氧化碳灭火器	1只	3升
12	消防斧	1把	斧头体为合金钢，柄体为柞木，总长40厘米
13	绝缘手套	1付	防220—380伏电压
14	绝缘鞋	1双	防220—380伏电压
15	绝缘剪	1把	防500伏电压，能剪线、拔线
16	应急通用工具	1套	盒体1个、榔头1把、螺丝刀2把、钳子1把、活动扳手1把
17	紧急救护器材	1套	盒体1个、三角巾1条、止血带1根、医用剪刀1把、救心丸1包、颈托1个、纱布1卷
18	折叠锹	2把	长55厘米

注：跟根据社区实际条件适当调整。

3. 社区民防家庭应急包参考标准

（1）家庭应急物品。

①应急逃生物品：逃生绳、锤子、哨子、防烟面具；

②应急生存物品：收音机、手电筒、蜡烛、打火机、电池、地图、多用刀、手套、指南针、太阳镜、雨衣；

③应急卫生用品：个人卫生用品（牙刷、牙膏、梳子、刮胡刀等）、香皂（洗衣粉）、塑料袋、厕纸。

（2）家庭应急药品。

①医用材料：胶布、体温计、剪刀、酒精棉球；

②药物：外用药（碘酒、眼药水、烫伤药膏、跌打膏药、消炎止痛药膏、创可

贴等）和内服药（退烧片、止泻药、消炎片、保心丸、止痛片、抗生素、催吐药、消毒水等）。

（3）家庭应急食品。

①即食食品：矿泉水、罐装肉（鱼）、饼干、方便面等；

②富含能量的食物：花生油、果冻、麦片、坚果、牛肉干、干果等；

（4）家庭成员信息（表9.3）。

表9.3　家庭成员信息单

家庭成员信息单			
姓名：	性别：	年龄：	血型：	电话：
家庭住址：	工作（学习）单位：			
家庭紧急联系人：		联系人电话：	
备注：			

①将"家庭紧急联系人"的号码和常用报警号码贴在家中电话机上或近旁。

②将"家庭成员信息单"在工作单位和邻居家备份。

第三节　社区民防志愿者建设标准

1. 志愿者选拔（招募）

社区民防志愿者采取公开选拔的方式，面向整个社区选拔有相关经验（党员，警务人员，公务员，医生，学生）的居民。经确认的社区民防志愿者需在所在社区注册登记（有条件的可登记成为正式的志愿者，并享有志愿者应有的各项权利），并颁发杭州市民防志愿者证书。经确认的社区民防志愿者应在社区内张贴公告。

2.志愿者义务

①参加社区民防志愿者培训，积极学习民防知识，掌握一定的应急技能；②按时参加社区民防工作会议；③按时参加社区民防演练；④积极宣传社区民防知识；⑤认真配合社区民防工作。

3.志愿者权利

①同等条件下享有社区服务相关优惠政策；②工作特别突出者应给予相应奖励，并公开表彰；③按照规定享有相应的保险服务；④享有本市志愿者拥有的其他各项权利。

4.管理规定

社区民防志愿者的招募与管理要遵循所在市或区（县、市）制订的《社区民防志愿者管理条例》等管理规定。

第四节　社区民防宣传教育标准

1.社区民防宣传教育工作任务清单

①开辟民防宣传专栏（窗）；②建有社区民防工作动态的网页链接；③建立一支专兼职结合的社区民防宣传培训师资队伍（3~5名）；④组织开展民防知识讲座；⑤组织社区民防干部培训与演练；⑥设有专人负责社区民防活动的新闻报道；⑦向社区民众发放民防宣传资料等；⑧开展有特色的宣教活动（如举行"5·12防灾减灾日"演练等）；⑨与所在社区的企事业单位、学校联动开展宣教活动；⑩开展其他社区民防宣传教育活动。

2. 社区民防教育的基本内容（表9.4）

表9.4　社区民防教育的内容

序号	科目	主要内容	目的
1	人民防空知识	人防的简要历史知识	了解国内外人民防空的产生与发展史，了解我国人防建设的基本方针、政策、法规等。
2		防空警报信号	了解掌握防空警报信号的有关规定以及听到防空警报后的响应行动。
3		利用工事掩蔽	了解民防工程的作用，掌握应急情况下进入民防工事的方法及使用注意事项。
4		利用地形地物隐蔽	了解掌握战时室外人员利用地形地物实施防空隐蔽的基本方法。
5		现代战争特点与基本防护技能	了解国际战略环境与现代战争特点。
6	自救互救与逃生知识	对有毒化学品的防护	了解有毒化学品泄漏对人员的危害，掌握对有毒化学品进行应急防护的基本方法。
7		对常见安全事故与安全事件的防护	了解常见安全事故与安全事件的危害，掌握逃生的基本方法和措施。
8		对常见自然自然灾害的防护	了解常见自然灾害的自救互救与逃生方法。
9		对公共卫生事件的防护	了解公共卫生事件的危害，掌握公共卫生事件的基本防护措施。
10		对家庭常见安全事故的防护	了解家庭常见的安全事故种类，掌握基本的应急与自救、互救技能。

续表

序号	科目	主要内容	目的
11	现场紧急救援与应急知识	对中毒人员救护	了解掌握对化学品中毒人员应急救护的基本方法。
12		对触电人员救护	了解掌握对触电人员应急救护的基本方法。
13		人员烧（烫）伤应急处置	了解掌握对人员烧（烫）伤应急处置的基本方法。
14		止血与包扎	了解掌握几种对人员止血与包扎的基本救护技术。
15		心肺复苏	了解掌握几种对人员心肺复苏的基本救护技术。
16		伤员搬运	了解掌握几种对伤员搬运基本救护技术。

注：可根据社区具体情况，结合《杭州市社区防灾避险应急手册》开展。

第五节　社区民防应急避险场所建设标准

一、应急避难场所建设的一般要求

（1）物资储备设施。

应储备一定数量的生活必需品，配备应急照明设施；规模较大和有条件的避难场所，配备必要的医疗急救、通信、帐篷、生活器具和救灾等设备，在战争灾害和自然灾害发生后，能够保障民众的基本生活要求，确保"有饭吃、有水喝、有住处"。长期性预储物资，应尽可能利用基地区域内或附近的公用民防物资库工程。

（2）供水设施。

应设置独立的供水管网，供水水源主要为城市供水管网、地下水井、蓄水池等水体，并配备移动供水车辆，结合厕所设置洗浴设施。

（3）环卫设施。

应设置独立的排污系统，并接入城市污水管网，医疗卫生污水应处理达标后才可排入城市污水管网系统；应根据避难人员容量，按相关卫生要求设置应急厕所，并附设或单独设置化粪池。各基地内还应设置专门的垃圾集中存放点。

（4）供电设施。

采用两路及以上电源供电，有条件的可设置太阳能供电系统，应设置独立的汽（柴）油发电机组，以满足场所内照明用电及必要设施的供电需求。

（5）通信设施。

设置固定电话，并应使无线通信信号覆盖应急场所。应设置广播系统，可与公园、学校、体育场等广播系统结合建设和使用。

（6）疏散通道。

疏散通道分为疏散主通道和疏散次通道两个等级。疏散主通道，主要连接对外交通枢纽、对外公路以及各类应急避难场所，主要承担受灾人群集体撤离、转运；疏散次通道，主要连接商住集中区域、居民集结点与各类应急避难场所，主要承担居民的就近疏散功能。

二、社区民防应急避难场所建设的基本内容

1. 日常管理

（1）社区应急避难场所由其权属或管理单位负责，并由所在区（县、市）民防部门牵头、相关部门配合，共同开展检查督导。

（2）社区及相关单位要预先组织编制《应急避难场所启用预案》，并将预案的有关内容告知相关单位和居民群众。各社区要根据预案，适时组织社区和社区单位开展应急疏散演练，使民众熟悉应急避难场所和应急疏散通道，确保能够在灾后安全、有序进入预定位置，提高应对突发灾害事故的能力。

2. 紧急启用

突发灾害事故时，由区（县、市）、街道（镇）或相关单位按照预案组织实施，疏散的权属和管理单位要积极配合。

第六节　社区民防应急预案文本标准

1. 总则

（1）编制目的。

为适应杭州市社区防空防灾的需要，建立健全××社区防空防灾预案机制，提高本社区人员疏散撤离能力，保障公众安全，维护社会稳定，编制本预案。

（2）编制依据。

杭州市、本社区突发公共事件总体应急预案，相关专项和部门应急预案、应急处置规程，相关法律、法规、规章及规范性文件名称。

（3）适用范围。

本预案适用于××社区需组织民众应急防护与应急反应行动的突发公共事件。

（4）工作原则。

以人为本、预防为主；及时报告，积极应对；分工明确、责任到人；自救互救，减少损失。

（5）基本情况。

社区的地理位置、人口数量分布及流动状况、区域附近重要设施及场所等详细情况（可附图、表说明）。

（6）防护重难点。

主要阐述本社区可能面临的突发公共事件的风险隐患和危害后果，详细分析本区域民众防护的重点对象和防护难点等。

2. 组织体系

（1）组织领导和工作机构。

明确社区突发公共事件民众应急防护管理的专兼职工作机构、负责人、成员及职责任务。职责主要指在民众应急防范、应急响应、后期处置等过程中承担的具体工作。根据突发公共事件类型等级和应急工作需要，社区应急指挥机构可设置相应的应急救援、应急保障等工作小组，并明确各小组的人员名单和职责任务（可附表）。

（2）志愿者机构。

明确社区应急志愿者组织机构、负责人、成员名单、联系方式及任务。任务主要包括应急防范、应急响应、后期处置等过程中承担的具体工作。

3. 应急防范

（1）预警信息发布。

一旦接到区（县、市）相关部门发布的预警信息，本社区民防工作站等工作机构要采用电话、广播、公告栏等有针对性的方式及时在社区内进行通报。通报内容主要包括：突发公共事件可能危害的区域、时间，强度及后果，民众应急防护的范围、对象、时间及转移的路线、时限和安置地区等。

（2）应急防护科普宣传。

社区民防工作站和相关单位要采取多种多样的形式，积极开展风险防范、应急避险、疏散撤离及自救互救的知识技能的宣传教育。

4. 应急响应

（1）灾情报告。

一旦发现灾情险情，社区民防工作站应通过口头、书面、电话等各种形式向上级主管部门报告突发公共事件发生的时间、地点、影响范围、伤亡人数、已采取的控制措施、报告单位和个人、联系方式等信息。

（2）先期响应。

①突发公共事件发生单位和所在社区负有对人员疏散撤离进行先期响应的第一

责任，要尽快通告事发地市民、有关部门和单位立即实施疏散撤离或就地防护。情况紧急时，必须即时组织应急疏散撤离。

②通告内容应简明扼要，主要包括：疏散撤离原因与范围、对象，撤离集结点与时间，主要注意事项等。

③发布应急疏散撤离通告，可通过电话、传真、广播、电视、警报器（车）、宣传车或组织人员逐户通知等方式进行，对老、弱、病、残、孕、幼等特殊人员及和警报盲区，应当采取适当的告知方式。

（3）响应措施。

① 接到上级应急疏散撤离命令后，本社区民防工作站等工作机构要立即通知并组织有关人员向预定地点或指定区域转移。其程序包括：

1）发布应急疏散撤离通告与行动信号；

2）组织疏散撤离人员集中和编队；

3）组织疏散撤离人员向预定地点或指定区域转移；

4）抵达安全区域后，妥善安置被疏散撤离人员。

②应急疏散撤离通常以社区居委会、企事业单位等为基本单元，编成撤离梯队，人数较多的社区和单位可以编2个以上梯队。情况紧急时，要立即通知受危害地区人员自行向安全区域转移。

③人员疏散撤离后，事发社区及有关单位要指派专人逐户检查，以防遗漏而造成不必要的人员伤亡和财产损失。

5.后期处置

（1）疏散撤离安置。

明确社区相关职能部门职责，负责人员疏散撤离至安全区域并妥善安置，保疏散撤离人员的基本生活。

（2）人员返回。

当突发事件危害已消除或得到有效控制，社区民防工作站要及时发布通告、组织疏散撤离人员返回原住地。

（3）信息管理。

民防工作站配合上级有关部门做好信息发布工作，做到及时、准确，并协助管理现场媒体。

6. 应急保障

（1）通信保障。

明确疏散撤离人员的相关人员的通信联系方式及备用方案，确保应急行动期间的信息通畅。

（2）队伍保障。

明确疏散撤离应急保障队伍、志愿者队伍的组织和保障任务（可附表）。

（3）物资保障。

根据社区实际情况和需求，针对可能发生的突发公共事件，储备适量的应急专用物资，同时要掌握相关重要物资的生产储备等信息，以便及时采购和调用（可附表）。

（4）避难场所与安置区域保障（视情况而定）。

根据社区的地形地貌、建筑特点等，确定临时避灾、安置场所（可附图、表说明：包括可用的公园绿地、体育场馆和民防工程建设等。要明确启用紧急避难场所时机与应对突发公共事件的类型，使用场所区分，进入避难场所路线等）。

7. 预案管理

（1）预案制定。

本预案由社区民防工作站负责编制和解释，接受区（县、市）民防的指导、监督和检查，并按照有关规定进行审批、备案和发布。

（2）预案修订。

根据突发公共事件的情况变化、预案实施中发现的问题、相关人员调整或上级要求等，及时对预案进行更新、修订和补充。

（3）预案实施。

本预案由××社区负责组织实施。

本预案自印发之日起实施。

8. 附件

（1）××社区民防工作机构及人员通讯录。

（2）××社区人员疏散撤离集结点和主要路线图。

（3）××社区民众防护应急物资分布图（包括避灾场所、医疗救护、消防等）。

（4）××社区应急疏散标识导向图。

第七节　社区民防演练标准

（1）编写演练方案。

演练方案中应明确演练目的，演练科目和内容，演练时间和地点及组织指挥、后勤保障等内容。

（2）设置组织指挥机构。

组织指挥是组织演练的首要条件，必须落实到位。

设演练指挥部，由街道（社区）领导任指挥长，下设组织组、宣传组、保障组，由社区相关各部门人员组成。明确各组职责。

（3）落实参演人员。

参演人员主要由社区内各企事业单位职工和社区居民代表及物管人员组成，人数应50人以上。

（4）召开演练准备工作会议，讲解演练方案，部署演练任务。

（5）编写演练情况设置，制订导调计划。

（6）培训演练工作人员。

（7）落实组织管理和后勤保障。

【社区民防演练标准的范例（杭州）】

演练过程一般应把握灾害预警和信息传递，组织自救、互救和疏散逃生，组织灾害隐患排查，转移安置，灾情上报等方面，各社区也可根据实际情况有所增减。

1. 灾害预警和信息传递

根据气象预报或防空袭警报和上级关于应急任务的要求，研判灾情和应急响应等级，提出处置意见，第一时间发布防灾预警，并通过各种方法将信息传递给社区内各企事业单位和居民。

2. 组织自救、互救和疏散逃生

（1）当发生灾害时，保护生命是第一要务，应立即组织受灾群众就近就地掩蔽，并进行自救互救。

（2）组织疏散逃生，应组织受灾群众有序进入社区应急避难场所。

（3）落实应急避难场所供水、供电、通信、治安、消防和医疗等各项保障。

3. 组织灾害隐患排查

在组织自救互救和疏散逃生的同时，组织民防志愿者和民防应急小分队对可能发生灾害的隐患进行排查，并对排查出来的隐患组织消除。对重大隐患和危险源应向上级报告，请求支援。

4. 做好转移安置工作

因社区应急避难场所无法容纳疏散逃生人员时，应向街道、区一级民防部门请求，转移一部分人员进入应急疏散基地，对危重病伤人员应转移至医院治疗。

5. 灾情上报

灾情结束，应做好统计清查工作，向上级报告受灾损失和人员伤亡情况。

6. 组织演练评估和总结

演练结束，在现场进行演练评估和总结。

第八节 社区民防工作考核标准

一、考核标准

1. 考核对象

社区民防专(兼)职工作人员。

2. 考核项目与方法

(1)考核项目:组织领导、宣教培训、人才队伍、物资设施、预案演练与评估、综合实践(应急事件的处理与民防工作的实效)。可结合年度民防工作目标责任制考核进行,对考评成绩突出的社区根据有关规定,实行精神奖励和物质奖励。

(2)考核方法。采用自查自考和上级考核相结合的方法。先由社区采取社区民防考核评估表自查打分,在此基础上,由街道(乡镇)组织考核。考核可采用听取汇报、查看实情、翻阅资料、座谈访问、素质测评相相结合的方法进行。

3. 考核成绩评定

考核成绩以100分计算,组织领导、宣教培训、人才队伍、物资设施、评估与预案各占18分,综合实践项为10分。总评得分在90分(含)以上的为优秀,得分在70~89分为良好,得分在60~69分为及格,得分59及以下为不合格。

4. 奖励及其他

经考核为优秀、良好、及格的社区,给予一定物质和精神奖励;经考核及格的予以公开表扬,不合格的给予批评。上级主管部门可视情况组织抽查,抽查不合格的,取消单位达标资格,并限期改正。社区民防考核内容如表9.5。

表9.5 社区民防考核表

考核名称	测评项目	测评内容
社区民防工作	组织领导（18分）	建立社区民防工作站，符合社区民防工作站的建站标准。 社区民防工作领导小组一年开2次及以上关于如何开展社区民防工作的会议，形成年度工作总结与工作计划。
	宣教培训（18分）	建有社区民防宣传专栏。 建有社区民防工作动态的网页链接。 组织民防知识讲座1次及以上。 每年组织社区民众观看民防教育片1次及以上。 每年组织社区民防干部培训2次及以上。
	人才队伍（18分）	建有专、兼职结合的社区民防工作者。 建有10~20人的社区民防志愿者队伍。 每年组织社区民防志愿者开展2次及以上的活动。
	物资设施（18分）	"三防一册"进社区：社区民防应急库、社区民防应急箱、社区民防家庭应急包、市民防灾手册进社区。 有应急避难场所。 制定《社区民防应急疏散标识导向体系》
	预案、演练与评估（18分）	制定了专项类与综合类的社区应急预案。 每年开展1~2次演练活动。 每年组织1次对社区的灾害防控评估。
	综合实践（10分）	对社区内发生的突发应急事件处理得当。 社区民防建设富有实效。 社区民众对社区民防建设满意度高。

二、实施方案

针对杭州社区民防标准的建设要点，杭州市制订了实施方案，如《杭州市民防建设实施方案（2012—2017）》，其具体内容如下。

1. 民防立法立规建设方案（表9.6）

表9.6　民防立法立规建设方案

序号	规划项目	主要内容与要求
1	推动杭州市制定《杭州市民防条例》或民防工作政府规章	结合杭州市民防建设特点与总体要求，由杭州市人防办（民防局）牵头，联合市应急办、民政局、消防局、防汛抗旱指挥部等部门，推动制定《杭州市社区民防条例》和民防工作政府规章。

2. 社区民防宣传教育培训建设实施方案（表9.7）

表9.7　社区民政宣传教育培训建设实施方案

序号	项目	主要内容与要求
1	编制《杭州市社区民防手册》或称《生命安全手册》	结合杭州市灾害特点与民众防护现状，制定《杭州市社区民防手册》，为杭州市居民提供实际、可靠的安全知识手册。
2	建立杭州市社区民防网站	将社区民防网站作为推进社区民防宣传教育的新渠道、新平台，加强对社区民防网站的管理。
3	主办杭州市社区民防研究专刊	会同相关专家，与浙江大学非传统安全与和平发展研究中心主办民防专刊，为杭州市政府各级领导提供最新民防研究理论动态和国内外最新社区民防进展。
4	建立杭州市社区民防宣传培训中心	整合社区民防理论研究人才资源，建立杭州市社区民防宣传培训中心；建立社区民防教育培训基地；组建社区民防活动报道队伍；建立社区民防宣传计划。
5	建立杭州市学校民防教育动态管理软件	根据学校民防教育的特点与需求，组织制作《杭州市学校民防知识教育动态管理服务系统》，对学校的民防知识教育实行动态管理。
6	成立杭州市社区民防研究会	结合《推进杭州市社区民防工作研究》的课题，以为杭州民防建设提供理论指导为目标，组建杭州市社区民防研究会。
7	组织杭州市社区民防工作交流	制定下发社区民防工作交流的内容，组织社区民防工作干部撰写交流文章，适时召开交流会。
8	组建杭州市社区民防教育培训师资队伍	根据社区民防教育培训特点，组建市社区民防教育培训师资队伍，组织开展社区民防宣传与教学研究活动。

续表

序号	项目	主要内容与要求
9	制定社区民防教育培训大纲	组织对社区民防教育培训工作进行调研，组织编制社区民防教育培训大纲。
10	编写《社区民防工作教程》	在广泛调研与充分论证的基础上，与浙江大学非传统安全与和平发展研究中心共同编写社区民防工作教程，做好社区民防培训的教材编制工作。
11	开展杭州市社区民防干部培训	每年有计划地组织专兼职（社区）民防工作者进行民防意识教育与技能培训，制定《杭州市民防干部业务培训管理办法》。
12	成立杭州社区民防工作研究会	与浙江大学非传统安全与和平发展研究中心合作，成立杭州社区民防工作研究会，初步搭建研究会的组织机构。
13	制定《杭州市社区民防志愿者招募与管理条例》	结合杭州市关于志愿者工作的要求和市民志愿者的现状，制定《杭州市社区民防志愿者招募与管理条例》，有效实施对社区民防志愿者的招募、管理与活动开展。
14	建立杭州市社区民防志愿者注册管理系统	根据杭州市社区民防志愿者的队伍构成与专业特点，建立杭州市社区民防志愿者注册管理系统。

3. 社区灾备评估与预案演练建设方案（表9.8）

表9.8　社区灾备评估与预案演练建设方案

序号	项目	主要内容与要求
1.灾害评估	制定社区灾害评估体系	做好本社区可能出现的灾害与风险的评估标准、指标、结果与报告工作，以指导社区民防预案体系建设。
2.预案与疏散	制定《杭州市社区人员防护总体预案》	根据杭州市民众防护意识与技能特点，结合杭州市社区民众防护基本条件，拟订《杭州市社区人员防护总体预案》，保障社区人员的生命、财产与生存环境的安全。
	制定杭州市社区自然灾害专项应急预案体系	针对杭州市社区自然灾害特点与社区民防工作条件，制定杭州市社区自然灾害专项应急预案体系。
	制定杭州市社区事故灾害专项应急预案体系	针对杭州市社区事故灾害特点与社区民防工作条件，制定杭州市社区事故灾害专项应急预案体系。
	制定杭州市社区公共卫生专项应急预案体系	针对杭州市社区公共卫生事件特点与社区民防工作条件，制定杭州市社区公共卫生专项应急预案体系。

续表

序号	项目	主要内容与要求
2.预案与疏散	制定杭州市社区安全专项应急预案体系	针对杭州市社区特殊安全事件与社区民防工作条件，制定杭州市社区安全专项应急预案体系。
	编制紧急疏散图与家庭防护计划表	结合所在社区（楼道或家庭）的规划特征与灾害发生特点，编制社区人员紧急疏散图、楼道人员紧急疏散图、家庭应急防护计划表，选择恰当位置进行张贴。
	完善杭州市社区民防应急疏散平台	在反复演练与检验的前提下，进一步深化杭州市社区民防应急疏散平台基本建设，提高社区紧急疏散能力。
	制定《杭州市社区民防应急疏散标识导向体系》	加强民众自我防护教育，普及基本疏散标识，制定《杭州市社区民防应急疏散标识体系》。
3.演练	制定《杭州市社区民防组织开展演练的基本要求》	根据杭州市社区民防工作实际情况，制定规范社区民防演练的基本要求，拟定《杭州市社区民防组织开展演练的基本要求》，提高社区防空防灾水平。

4.社区民防物资设施平台（表9.9）

表9.9　社区民防物资设施平台

序号	项目	主要内容与要求
1."三防"标准化建设	制定《杭州市社区民防应急库设定标准》《杭州市社区民防应急库使用管理规定》	深入调研社区应急物资储备与管理情况，进一步健全社区应急库建设，规范应急物资管理，制定《杭州市社区民防街道应急库建设标准》及管理办法。
	制定《杭州市社区民防应急箱设定标准》《杭州市社区民防应急箱使用管理规定》	全面掌握社区应急工具与设备建设情况，根据社区客观条件，制定《杭州市社区民防应急箱设定标准》与《杭州市社区民防应急箱使用管理规定》，加强社区应急箱的规范化建设与管理。
	制定《杭州市社区民防家庭应急包设置标准》	充分调研社区家庭应急防护准备情况，在广泛宣传与加强民防教育的条件下，制定《杭州市社区民防家庭应急包设置标准》，有条件的社区为每户家庭分发家庭应急包，或鼓励、指导家庭设置家庭应急包。

续表

序号	项目	主要内容与要求
2.应急避灾场所	制定《杭州市应急避难场所建设规划》	根据社区应急避难场所建设现状，结合市（社区）民防发展规划与要求，拟定《杭州市应急避难场所建设规划》，指导应急避难场所建设。
	制定《杭州市社区民防平战结合人防工程管理办法》	重视人民防空工程建设，制定《杭州市社区民防平战结合设施管理办法》，将人防工事与城市规划、城市建设与城市治理。
3.信息化平台	建立杭州市社区民防信息化工作平台	适应现代信息化发展要求，建立杭州市社区民防信息化工作平台。

参考文献

[1] Abbott, E. B.. Law, Emergencies, and the Constitution: A Review of Outside the Law: Emergency and Executive Power. Journal of Homeland Security and Emergency Management, 2010, 7(1), Article 17.

[2] Adams, T., Anderson, L., Turner, M., and Armstrong, J.. Coping Through a Disaster: Lessons from Hurricane Katrina. Journal of Homeland Security and Emergency Management, 2011, 8(1), Article 19.

[3] Adler, Emanuel. The Emergence of Cooperation: National Epistemic Communities and the International Evolution of the Idea of Nuclear Arms Control. International Organization, 1992, 46(1): 101-45.

[4] Adler, Emanuel. The Spread of Security Communities: Communities of Practice, Self-Restraint, and NATO's Post-Cold War Transformation. European Journal of International Relations, 2008, 14(2): 195-230.

[5] Amanda J. Dory. Civil Security: Americans and the Challenge of Homeland Security. Washington D.C.: Center for Strategic and International Studies Press, 2003.

[6] Andrew T.H. Tan, J.D.Kenneth Boutin. Non-Traditional Security Issues in Southeast Asia: Singapore: Institute of Defence and Strategic Studies/Select Publishing, 2001.

[7] Axworthy, Lloyd. Human Security and Global Governance: Putting People First. Global Governance, 2001, 7(1):19-23.

[8] Barry Buzan, Lene Hansen. The Evolution of International Security Studies. Cambridge: Cambridge University Press, 2009.

[9] B. L. Turner II, et al., A Framework for Vulnerability Analysis in Sustainability Science. Proceedings of the National Academy of Sciences of the United States of America, 2003, 100(14): 8074-8079.

[10] B. Wayne Blanchard. American Civil Defense from 1945-1984:the Evolution of Programs and Policies. National Emergency Center, Emmitsburg, Maryland, Monograph Series, 1985,2(2).

[11] Commssion Staff Working Paper. Annual Report on the European Union's Humanitarian Aid and Civil Protection Policies and Their Implementation in 2010. {COM(2011) 343 final}, Brussels, 22 June 2011.

[12] Danzi, Liao. A Review of the Key Legal Dynamics of Chinese Military Involvement in Domestic Disaster Relief (MI/DDR). Journal of Homeland Security and Emergency, 2010, 9(1).

[13] David Alexander. From Civil Defence to Civil Protection – and Back Again. Disaster Prevention and Management, 2002,11(3):209-213.

[14] Eugene P. Wigner. Who Speaks For Civil Defense. New York: Charles Scribner's Sons,1968.

[15] European Commission. EU Focus on Civil Protection[EB/OL].[2012-10-12]. http://ec.europa.eu/echo/civil_protection/civil/pdfdocs/focus_en.pdf. 2002.

[16] European Communities. EU Focus on Civil Protection: Coping with catastrophes-Coordinating civil protection in the European Union, 2002.

[17] European Union Committee. Civil Protection and Emergency Management in European Union. 6th Report of Session 2008–09. Authority of the House of Lords, 11 March 2009.

[18] Homeland Security National Preparedness Task Force. Civil Defense and Homeland Security: A Short History of National Preparedness Efforts, 2006.

[19] International Humanitarian Law-Treaties &Documents[EB/OL].[2012-10-02]. http://www.icrc.org/ihl.nsf/CONVPRES?OpenView.

[20] Jennifer K. Elsea, R.Chuck Mason. The Use of Federal Troops for Disaster Assistance: Legal Issues. CRS Report for Congress 7-5700 RS22266, Nov. 28 2008.

[21] Joint Chiefs of Staff, Joint Pub 1-02, Department of Defense Dictionary of Military and Associated Terms. Washington, D.C.: GPO. 1994, under the phrase "Military Operations Other than War".

[22] Keith E. Bonn, Anthony E. Baker. Guide to Military Operations Other Than War. Stackpole Books, 2000.

[23] Laura McEnaney.Civil Defense Begins at Home[M]. Princeton University Press, 2000.

[24] Maria R. Freire. The European Security and Defence Policy: History, Structures and Capabilities, in Michael Merlingen, et al., European Security and Defence Policy: An Implementation Perspective, Routledge, 2007: 35.

[25] Milliman, J., Grosskopf, J., Paez, O. E.. An Exploratory Study of Local Emergency Managers' Views of Military Assistance/Defense Support to Civil Authorities (MACA/DSCA). Journal of Homeland Security and Emergency Management, 2006,3(1):Article 2.

[26] Office of the Secretary of Defense of the USA. Military and Security Developments Involving the People's Republic of China. Annual Report to Congress, 2010:19.

[27] Rietjens, S.J.H..Civil–Military Cooperation in Response to a Complex Emergency: Just Another Drill?. PhD thesis, University of Twente, Enschede,

[28] Sebastiaan J. H. Rietjens. Managing Civil-Military Cooperation: Experiences from the Dutch Provincial ReconstructionTeam in Afghanistan. Armed Forces & Society, 34, 2(2008):173-207.

[29] The Chinese Armed Forces and Non-Traditional Missions: A Growing Tool of Statecraft. China Brief, 9, 4 (2009).

[30] The PLA's Multiple Military Tasks: Prioritizing Combat Operations and Developing MOOTW Capabilities [EB/OL].China Brief. (2010-01-21)[2012-11-21]. http://www.jamestown.org/programs/

chinabrief/single/?tx_ttnews%5Btt_news%5D=35931&tx_ttnews%5BbackPid%5D=25&cHash=8945e05997.

[31] Tim Essex-Lopresti. A Brief History of Civil Defense. Derbyshire: Civil Defence Association. Foreword. 2005.

[32] Tom Ling. Deliving Joint up Government in the UK Dimensions, Issues and Problems, Public Administration, 2002(4):625-642.

[33] Yungnane Yang. The 9/21 earthquake in Taiwan: a local government disaster rescue system, Disasters, 2010, 34(1): 112-136.

[34] 埃米尔·J.科什纳.欧盟安全治理的挑战[J].南开学报(哲学社会科学版), 2007(1): 3-11.

[35] 巴里·布赞, 琳娜·汉森. 余潇枫译. 国际安全研究的演化[M]. 杭州: 浙江大学出版社, 2011.

[36] 北京市突发公共事件应急委员办公室与中国人民大学公共管理学院联合课题组. 突发事件典型案例汇编[M]. 北京: 中国人民大学出版社, 2009.

[37] 布迪厄, 华康德.实践与反思:反思社会学导引[M].北京:中央编译出版社, 1998.

[38] 车瑞金.国防动员体制与政府应急体制融合建设的思考[J].国防, 2010(6): 34-35.

[49] 陈瑞莲, 刘亚平.泛珠三角区域政府的合作与创新[J].学术研究, 2007(1): 42-50.

[40] 陈婷.军队应对非传统安全的法律法规研究[J].军事历史研究, 2009(1): 130-136.

[41] 陈志龙等.人民防空概论[M].北京:解放军出版社, 2007.

[42] 崔顺姬, 余潇枫.安全治理:非传统能力建设的新范式[J],世界经济与政治, 2010(1): 84-96.

[43] 邓萱.欧盟民防机制尽管及其借鉴[J].中国安全生产科学技术, 2012(1): 123-127.

[44] 付彩霞, 陈活良.从抗震救灾看我军非战争军事行动动员能力的新要求[J].理论月刊, 2009(2): 83-85.

[45] 高建国.应对巨灾的举国体制[M].北京:气象出版社, 2010.

[46] 高建华. 区域公共管理视域下的整体性治理:跨界治理的一个分析框架[J].中国行政管理, 2010(11): 77-81.

[47] 高小龙, 陶传进.抗震救灾中的NGO间的联合[A]. 王名.汶川地震公民行动报告——紧急救援中的NGO, 北京:社会科学文献出版社, 2009: 8-16.

[48] 国家人民防空办公室.人民防空事业在深化改革中发展[J].中国人民防空, 2002(11): 3-4.

[49] 胡百精.中国危机管理报告(2008—2009)[M].北京:中国人民大学出版社, 2009.

[50] 胡联合.当代世界恐怖主义与对策[M].北京:东方出版社, 2001.

[51] 江川.突发事件应急管理案例与启示[M].北京:人民出版社, 2010.

[52] 蓝志勇, 李东泉. 社区发展是社区管理创新与和谐城市建设的重要基础[J]. 中国行政管理, 2011(10): 71-74.

[53] 李承. 应对传统安全与非传统安全威胁的统———新时期军队历史使命的延伸[J]. 军事历史研究, 2007(4): 22.

[54] 李杭. 以创业创新精神推进浙江民防科学发展[G]. 浙江省民防局.浙江民防实践与思考, 2008.

[55] 李佳. "人的安全"视阈中的非传统安全能力建设[D]. 浙江大学博士学位论文, 2010.

[56] 李陆平. 军队与非传统安全[M]. 北京: 时事出版社, 2009.

[57] 李扬. 民防基本理论[M]. 北京: 解放军出版社, 2011.

[58] 李扬. 世界民防概览[M]. 北京: 解放军出版社, 2011.

[59] 李一行, 黄萍, 孙兴旺. 人民解放军参与地震灾害救援的法律依据分析[J]. 防灾科技学院学报, 2009, 11(2): 117-120.

[60] 李永清. 如何应对重大突发事件(以深圳经验为例)[M]. 北京: 中央编译出版社, 2011.

[61] 廖丹子. 城市社区安全新建构[J]. 城市发展研究, 2012(8): 60-65.

[62] 林增金. 认真贯彻十八大精神推进人防融合式发展[J]. 中国人民防空, 2013(3).

[63] 刘成. 跨界治理视阈下我国危机管理跨省际合作机制探究[J]. 天水行政学院学报, 2012(2): 78-82.

[64] 刘芳. 深圳大部制改革再动刀[N]. 中国青年报, 2012年4月23日.

[65] 刘静. 安全是发展的核心部分——访浙江大学非传统安全与和平发展研究中心主任余潇枫[J]. 观察与思考, 2008: 35-36.

[66] 刘军甫, 郭炎. 防空防灾一体化建设研究[M]. 北京: 海潮出版社, 2008.

[67] 刘雅静. 跨区域应急协调联动机制构建研究[J]. 厦门特区党校学报, 2010(4): 56-59.

[68] 龙心刚, 龚耘. 军队参加抢险救灾的性质定位[J]. 军队政工理论研究. 2008, 9(5): 76-78.

[69] 楼海强. 非战争行动的战争元素[N]. 解放军报, 2008-06-10, 第6版.

[70] 吕芳. 社区公共服务中的"吸纳式供给"与"合作式供给"——以社区减灾为例[J]. 中国行政管理, 2011(8): 76-79.

[71] 罗国亮. 灾害应对与中国政府治理方式变革研究[M]. 北京: 中国社会科学出版社, 2012.

[72] 马奔. 危机管理中跨界治理的检视与改革之道: 以汶川大地震为例[J]. 清华大学学报(哲学社

会科学版), 2009(3): 147-152.

[73] 马宏建. 深圳大部制改革为政府改革破局[N]. 中国改革报, 2009-09-03, 第005版.

[74] 马建红, 叶翔. 创新"十个一"宣教载体扎实推进人防教育进小学工作[J]. 中国人民防空, 2016(3).

[75] 倪百鸣, 周成喜, 王明威. 军队参加处置突发核化生事件指挥研究[M].北京: 国防大学出版社, 2009.

[76] 欧阳景根, 国家能力理论视野下的政府危机管理能力[J]. 中国行政管理, 2010(1): 71-74.

[77] 欧阳景根. 国家能力研究: 应对突发事件视野下的比较[M]. 吉林: 吉林出版集团有限责任公司, 2011.

[78] 庞娟. 城市社区公共品供给机制研究——基于利益相关者理论的视角[J].城市发展研究, 2010(8): 132-133.

[79] 钱七虎. 民防学[M]. 北京: 国防工业出版社, 1996.

[80] 商则连. 民防学[M].北京: 国防大学出版社, 2006.

[81] 沈荣华. 国外大部制梳理与借鉴[J]. 中国行政管理, 2012(8): 88-92.

[82] 沈荣华. 外国防灾救灾应急管理体制[M]. 北京: 中国社会出版社, 2008.

[83] 沈逸. 应对进攻型互联网自由战略的挑战——析中美在全球信息空间的竞争与合作[J]. 世界经济与政治, 2012(2): 69-79.

[84] 石亚军, 于江. 大部制改革: 期待、沉思与展望[J]. 中国行政管理, 2012(7): 52-55.

[85] 寿晓松, 徐经年. 军队应对非传统安全威胁研究[M]. 北京: 时事出版社, 2009.

[86] 宋劲松. 突发事件应急指挥[M]. 北京: 中国经济出版社, 2011.

[87] 宋晓鲁. 从汶川大地震看军队参加抢险救灾中军事法的应用与完善[J]. 西安政治学院学报. 2008, 21(5): 58-61.

[88] 孙柏瑛. 基层政府在社会管理中的适应性变革[J]. 中国行政管理, 2012(5): 34-38.

[89] 孙振武, 王大伟, 孙峰承. 非传统安全威胁与非战争军事行动[N]. 中国国防报, 2010年1月21日, 第003版.

[90] 谭小红, 李巍. 加强国际合作促进民防发展[J]. 中国人民防空, 2007(8): 2.

[91] 谭小红. 国家人民防空办公室副主任徐经年在21世纪民防发展战略国际研讨会闭幕式上的讲话(节选)[J].中国人民防空, 2007(8): 2-3.

[92] 谭小群,陈国华.跨区域突发事件应急协调机制实现途径探究[J].防灾科技学院学报,2009(4): 76-79.

[93] 谭小群,陈国华.政府跨区域突发事件应急管理能力评估研究[J].灾害学,2010(4): 133-138.

[94] 陶希东.跨界治理:中国社会公共治理的战略选择[J].学术月刊,2011(8): 22-29.

[95] 滕五晓,王清,夏剑霙.危机应对的区域应急联动模式研究[J].社会科学,2010(7): 63-68.

[96] 托马斯·库恩.金吾伦,胡新和译.科学革命的结构[M].北京:北京大学出版社,2003.

[97] 王凤山,李孝军,马拴柱.现代防空学[M].北京:航空工业出版社,2008.

[98] 王凤山,杨建军,陈杰生.信息时代的国家防空[M].北京:航空工业出版社,2004.

[99] 王会鹏,涂攀.非传统安全视角下的东盟国家间领土边界争端及解决思路[J].东南亚纵横,2010(5): 49-53.

[100] 王珏,侯康明.新时期民防研究[M].南京陆军指挥学院专业课系列教材,2000.

[101] 王珏,王文臣.民防概论[M].南京陆军指挥学院人武指挥专业系列教材,2008.

[102] 王珏.城市人民防空[M].南京陆军指挥学院专业课系列教材,2001.

[103] 王军.多维视野下的网络战:缘起、演进与应对[J].世界经济与政治,2012(7): 80-98.

[104] 王明武,常永志,徐戈,章楠.非战争军事行动[M].北京:国防大学出版社,2006.

[105] 王守福,张战卫.建国以来人民解放军参加抢险救灾的丰功伟绩及历史经验[J].军事历史,2007(4): 31-36.

[106] 王文臣,齐仁林.外国民防研究[M].南京陆军指挥学院内部教材,2010.

[107] 王文臣.信息化条件下人民防空指挥研究[M].北京:海潮出版社,2008.

[108] 王小京.着眼应对非传统安全威胁推进国防动员机制与政府应急机制衔接[J].国防,2009(6): 31-33.

[109] 王逸舟.恐怖主义溯源[M].北京:社会科学文献出版社,2010.

[110] 王逸舟.论综合安全[J].世界经济与政治,1998(4): 5-14.

[111] 王逸舟.中国与非传统安全[J].国际经济评论,2004: 11-12.

[112] 王颖华,毛建华,陈志龙.浅谈民防时期民防的形成[J].中国人民防空,2005(6): 45-46.

[113] 魏玲.中日韩灾害管理合作:机制现状、发展前景与政策建议[A].虞少华.中日韩救灾减灾合作研究,北京:社会科学文献出版社,2012: 46-53.

[114] 魏智华,王文峰.军地联动提高抢险能力[N].解放军,2011年9月26日,第001版.

[115] 温宪, 吴云, 张旸. "桑迪"暴露美国防灾短板[N]. 人民日报, 2012年11月1日, 第19版.

[116] 吴凯. 新军事变革条件下我国人民防空教育探析[D]. 东南大学硕士学位论文, 2007.

[117] 吴挺. 中国再保海外利益, 赴利比亚撤侨首次并用陆海空力量[N]. 东方早报, 2011年2月23日, 第A14版.

[118] 吴为. 科索沃战争中的网络战[J]. 上海航天, 1999(5): 26.

[119] 吴晓涛, 吴丽萍. 突发事件区域应急联动影响因素的实证研究[J]. 灾害学, 2011(3): 139-144.

[120] 吴晓涛. 突发事件区域应急联动机制的内涵与构建条件[J]. 管理学刊, 2011(1): 91-93.

[121] 吴政宏, 王胜利. 高技术条件下人民防空[M]. 北京: 军事科学出版社, 2000.

[122] 夏尔-菲利普·戴维, 王忠菊译. 安全与战略: 战争与和平的现时代解决方案(增订第二版)[M]. 绪论. 北京: 社会科学文献出版社, 2011.

[123] 夏征农. 辞海 (缩印本) [M]. 上海: 上海辞书出版社, 1989.

[124] 肖天亮. 军事力量的非战争运用[M]. 北京: 国防大学出版社, 2009.

[125] 谢芳. 西方社区公民参与: 以美国社区听证为例[M]. 北京: 中国社会出版社, 2009.

[126] 谢庆奎. 整体政府的理论与实践[C]. 赵永茂等. 公共行政、灾害防救与危机管理. 北京: 社会科学文献出版社, 2011.

[127] 徐金才. 浅谈军队遂行非战争军事行动任务的组织指挥[J]. 国防, 2008(9): 20-23.

[128] 徐选华. 面向特大自然灾害复杂大群体决策模型及应用[M]. 北京: 科学出版社, 2012.

[129] 薛澜, 俞晗之. 政府过程视角下的政府参与国际规则制定[J]. 世界经济与政治, 2012(9): 28-44.

[130] 严三强, 和治伟, 赵晖. 人民防空理论与实践[M]. 南京: 南京陆军指挥学院印刷厂, 2011.

[131] 杨爱平, 陈瑞莲. 欧盟公共管理制度对泛珠三角的启示[J]. 珠江经济, 2007(4): 62-68.

[132] 杨龙, 郑春勇. 地方政府合作对政府间关系的拓展[J]. 探索与争鸣, 2011(1): 38-41.

[133] 杨亚南, 刘小年. 论大珠三角区域公共管理协调机制的完善[J]. 产业与科技论, 2006(12): 26-28.

[134] 佚名. 驻深某预备役高炮团和深圳民防办建立合作机制[N]. 深圳特区报, 2009年7月25日, 第A02版.

[135] 易巧平, 严慧. 汶川抗震救灾对我军遂行非战争军事行动能力建设的启示[J]. 国防,

2008(7): 6-8.

[136] 应松年.突发公共事件应急处理法律制度研究[M].北京:国家行政学院出版社,2006.

[137] 游志斌,魏晓欣.美国应急管理体系的特点及启示[J].中国应急管理,2011(11): 46-51.

[138] 余潇枫,李佳.非传统安全:中国的认知与应对(1978—2008)[J].世界经济与政治,2008(11): 89-96.

[139] 余潇枫,廖丹子."现代民防":安全治理新建构[J].浙江大学学报(人文社会科学版),2012(2): 98-107.

[140] 余潇枫,廖丹子.应急救援的民防体制研究——以杭州民防为例[C].赵永茂等.公共行政、灾害防救与危机管理.北京:社会科学文献出版社,2011.

[141] 余潇枫,潘一禾,王江丽.非传统安全概论[M].杭州:浙江人民出版社,2006.

[142] 余潇枫."平安中国":价值转换与体系建构[J].中共浙江省委党校学报,2012(4): 12-17.

[143] 余潇枫.比较行政体制——政治学理论应用[M].杭州:浙江大学出版社,1999.

[144] 余潇枫.公共危机管理[M].杭州:浙江人民出版社,2008.

[145] 余潇枫.中国非传统安全研究报告(2011—2012)[M].北京:社会科学文献出版社,2012.

[146] 余远来.中美军队参与非传统安全政策之比较研究[D].国防科学技术大学硕士学位论文,2005.

[147] 张佰成,谭伟贤.城市应急联动系统建设与应用[M].北京:科学出版社,2005.

[148] 张成福,李昊城,边晓.跨域治理:模式机制与困境[J].中国行政管理,2012(3): 102-109.

[149] 张国庆.当代中国行政管理体制改革论[M].长春:吉林大学出版社,1994.

[150] 张康之,石国亮.国外社区治理自治合作[M].北京:中国言实出版社,2012.

[151] 张茂明.欧洲共同体防务:进展、动因与问题[J].欧洲,2001(1): 66-73.

[152] 张强,陆奇斌,张秀兰.汶川地震应对经验与应急管理中国模式的建构路径——基于强政府与强社会的互动视角[J].中国行政管理,2011(5): 50-56.

[153] 张元奇.中美俄民防体系比较研究[D].上海交通大学MPA学位论文,2009.

[154] 张召忠.网络战[M].北京:解放军文艺出版社,2001.

[155] 赵平.浅谈新常态下如何创新人防宣传教育工作[J].中国人民防空,2016(3).

[156] 赵成根.国外大城市危机管理模式研究[M].北京:北京大学出版社,2006.

[157] 赵远良, 主父笑飞. 非传统安全与中国外交新战略[M]. 北京: 中国社会科学出版社, 2011.

[158] 钟开斌. 纽约市自然灾害风险评估的主要做法与经验[J]. 中国行政管理, 2012(10): 87-90.

[159] 钟磊, 白建升. 国防动员体制与政府应急管理体制的融合点[J]. 国防, 2010(6): 28-29.

[160] 朱建新. 各国国家安全机构比较研究[M]. 北京: 时事出版社, 2009.

[161] 朱之江. 论非战争军事行动[J]. 南京政治学院学报. 2003(5): 83-86.

[162] 卓力格图. 我国应对突发事件的军地协调联动机制建设[J]. 中国应急管理, 2009(10): 25-28.

[163] 杭州市政府机构改革昨天启动[EB/OL]. 搜狐新闻网. (2011-05-27) [2012-09-23]. http://roll.sohu.com/20110527/n308662325.shtml.

[164] 国家减灾委专家委员会委员: 应急办公室应改组为实体[EB/OL]. 凤凰网. (2012-07-25) [2012-10-21]. http://finance.ifeng.com/news/region/20120725/6814237.shtml.

[165] 贾玥. 中国"举国机制"获国际认可国家应急管理体系不断完善[EB/OL]. 人民网.(2011-05-06)[2012-11-05]. http://society.people.com.cn/GB/14564903.html.

[166] 李小鹏. 狠抓安全就是最大民生[EB/OL]. 新浪网.(2012-11-14)[2012-11-20].

[167] 刘云山. 2008年不平凡的经历的启示与思考[EB/OL]. 人民网. (2008-10-05)[2012-11-12].

[168] 深圳市人民政府应急管理办公室主页: http://www.szemo.gov.cn/yjjy/zzjg/.

[169] 深圳市应急办. 我市成功举办地铁综合应急演练[EB/OL]. (2012-09-14) [2012-11-09]. http://www.szemo.gov.cn/zwgk/gqdt/wbdt/201209/t20120914_2018124.htm.

[170] 深圳市应急管理委员会官网. 深圳市2010年应急管理工作总结及2011年应急管理工作思路(EB/OL). (2011-03-02)[2012-08-24]. http://www.szemo.gov.cn/zwgk/ghjh/ndgzjh/201103/t20110310_1642328.htm.

[171] 外交部领事保护中心. 中国领事保护和协助指南(2010)[EB/OL]. (2011-07-20)[2012-8-20]. http://cs.mfa.gov.cn/lsbh/lbsc/t841030.htm.

[172] 严岳. 超级飓风成美国"新国家公敌"[N/OL]. 国际先驱导报, (2012-11-08)[2012-11-03]. http://ihl.cankaoxiaoxi.com/2012/1108/116880.shtm.

[173] 中国灾害防御协会.灾害防御简讯(272期)[EB/OL].(2012-10-29)[2012-11-05]. http://www.zaihai.cn/a/xiehuigongzuo/20121029/189.htm.